科学家学术成长资料采集工程
科学院院士传记丛书

毓元 然化成 传

李明辉 毛汝倩 杨春皓 著

1924年	1940年	1957年	1965年	1988年	1991年	1994年
出生于北京	考入私立东吴大学	留学苏联科学院天然有机化学研究所	获中国科学院推广奖	参与筹建新药研究国家重点实验室	当选为中国科学院学部委员	被卫生部授予吴阶平医学研究奖

老科学家学术成长资料采集工程
中国科学院院士传记 丛书

本然化成
谢毓元 传

李明辉 毛汝倩 杨春皓 ◎ 著

中国科学技术出版社
上海交通大学出版社

图书在版编目（CIP）数据

本然化成：谢毓元传 / 李明辉，毛汝倩，杨春皓著．—北京：中国科学技术出版社，2014.1

（老科学家学术成长资料采集工程　中国科学院院士传记丛书）

ISBN 978-7-5046-6483-9

Ⅰ.①本… Ⅱ.①李…②毛…③杨… Ⅲ.①谢毓元－传记 Ⅳ.① K826.15

中国版本图书馆 CIP 数据核字（2013）第 283779 号

出 版 人	苏　青　韩建民
责任编辑	许　慧　刘赫铮
责任校对	孟华英
责任印制	张建农　马宇晨
版式设计	中文天地

出　　版	中国科学技术出版社　上海交通大学出版社
发　　行	科学普及出版社发行部
地　　址	北京市海淀区中关村南大街16号
邮　　编	100081
发行电话	010-62173865
传　　真	010-62179148
网　　址	http://www.cspbooks.com.cn

开　　本	787mm×1092mm　1/16
字　　数	230千字
印　　张	16
彩　　插	2
版　　次	2014年1月第1版
印　　次	2014年1月第1次印刷
印　　刷	北京华联印刷有限公司
书　　号	ISBN 978-7-5046-6483-9 / K·136
定　　价	45.00元

（凡购买本社图书，如有缺页、倒页、脱页者，本社发行部负责调换）

老科学家学术成长资料采集工程领导小组专家委员会

主　任：杜祥琬

委　员：（以姓氏拼音为序）

巴德年　陈佳洱　胡启恒　李振声
王礼恒　王春法　张　勤

老科学家学术成长资料采集工程丛书组织机构

特邀顾问（以姓氏拼音为序）

樊洪业　方　新　齐　让　谢克昌

编委会

主　任：王春法　张　藜

成　员：（以姓氏拼音为序）

艾素珍　曹振全　董庆九　胡化凯　韩建民
景晓东　李虹鸣　廖育群　罗　晖　吕瑞花
苏　青　王康友　王扬宗　夏　强　张柏春
张大庆　张　剑　张九辰　周德进

编委会办公室

主　任：张　藜　许向阳

副主任：许　慧　张利洁　刘佩英

成　员：（以姓氏拼音为序）

崔宇红　冯　勤　何继红　何素兴　李金涛
李俊卿　李惠兴　刘　洋　罗兴波　沈林芑
万红军　王传超　言　挺　余　君　张晓华
周　勇

老科学家学术成长资料采集工程简介

老科学家学术成长资料采集工程（以下简称"采集工程"）是根据国务院领导同志的指示精神，由国家科教领导小组于 2010 年正式启动，中国科协牵头，联合中组部、教育部、科技部、工信部、财政部、文化部、国资委、解放军总政治部、中国科学院、中国工程院、国家自然科学基金委员会等 11 部委共同实施的一项抢救性工程，旨在通过实物采集、口述访谈、录音录像等方法，把反映老科学家学术成长历程的关键事件、重要节点、师承关系等各方面的资料保存下来，为深入研究科技人才成长规律，宣传优秀科技人物提供第一手资料和原始素材。按照国务院批准的《老科学家学术成长资料采集工程实施方案》，采集工程一期拟完成 300 位老科学家学术成长资料的采集工作。

采集工程是一项开创性工作。为确保采集工作规范科学，启动之初即成立了由中国科协主要领导任组长、12 个部委分管领导任成员的领导小组，负责采集工程的宏观指导和重要政策措施制定，同时成立领导小组专家委员会负责采集原则确定、采集名单审定和学术咨询，委托中国科学技术史学会承担具体组织和业务指导工作，建立专门的馆藏基地确保采集资料的永久性收藏和提供使用，并研究制定了《采集工作流程》、《采集工作规范》等一系列基础文件，作为采集人员的工作指南。截至 2012 年底，已启动247位老科学家的学术成长资料采集工作，获得手稿、书信等实物原件资料21496件，数字化资料72310件，视频资料96582分钟，音频资料104289分钟，具有重要的史料价值。

采集工程的成果目前主要有三种体现形式，一是建设一套系统的"老科学家学术成长资料数据库"（本丛书简称"采集工程数据库"），提供学术研究和弘扬科学精神、宣传科学家之用；二是编辑制作科学家专题资料片系列，以视频形式播出；三是研究撰写客观反映老科学家学术成长经历的研究报告，以学术传记的形式，与中国科学院、中国工程院联合出版。随着采集工程的不断拓展和深入，将有更多形式的采集成果问世，为社会公众了解老科学家的感人事迹，探索科技人才成长规律，研究中国科技事业的发展历程提供客观翔实的史料支撑。

总序一

中国科学技术协会主席　韩启德

老科学家是共和国建设的重要参与者，也是新中国科技发展历史的亲历者和见证者，他们的学术成长历程生动反映了近现代中国科技事业与科技教育的进展，本身就是新中国科技发展历史的重要组成部分。针对近年来老科学家相继辞世、学术成长资料大量散失的突出问题，中国科协于2009年向国务院提出抢救老科学家学术成长资料的建议，受到国务院领导同志的高度重视和充分肯定，并明确责成中国科协牵头，联合相关部门共同组织实施。根据国务院批复的《老科学家学术成长资料采集工程实施方案》，中国科协联合中组部、教育部、科技部、工业和信息化部、财政部、文化部、国资委、解放军总政治部、中国科学院、中国工程院、国家自然科学基金委员会等11部委共同组成领导小组，从2010年开始组织实施老科学家学术成长资料采集工程。

老科学家学术成长资料采集是一项系统工程，通过文献与口述资料的搜集和整理、录音录像、实物采集等形式，把反映老科学家求学历程、师承关系、科研活动、学术成就等学术成长中关键节点和重要事件的口述资料、实物资料和音像资料完整系统地保存下来，对于充实新中国科技发展的历史文献，理清我国科技界学术传承脉络，探索我国科技发展规律和科技人才成长规律，弘扬我国科技工作者求真务实、无私奉献的精神，在全社会营造爱科学、学科学、用科学的良好氛围，是一件很有意义的事情。采集工程把重点放在年龄在 80 岁以上、学术成长经历丰富的两院院士，以及虽然不是两院院士、但在我国科技事业发展中作出突出贡献的老科技工作者，充分体现了党和国家对老科学家的关心和爱护。

自 2010 年启动实施以来，采集工程以对历史负责、对国家负责、对科技事业负责的精神，开展了一系列工作，获得大量反映老科学家学术成长历程的文字资料、实物资料和音视频资料，其中有一些资料具有很高的史料价值和学术价值，弥足珍贵。

以传记丛书的形式把采集工程的成果展现给社会公众，是采集工程的目标之一，也是社会各界的共同期待。在我看来，这些传记丛书大都是在充分挖掘档案和书信等各种文献资料、与口述访谈相互印证校核、严密考证的基础之上形成的，内中还有许多很有价值的照片、手稿影印件等珍贵图片，基本做到了图文并茂，语言生动，既体现了历史的鲜活，又立体化地刻画了人物，较好地实现了真实性、专业性、可读性的有机统一。通过这套传记丛书，学者能够获得更加丰富扎实的文献依据，公众能够更加系统深入地了解老一辈科学家的成就、贡献、经历和品格，青少年可以更真实地了解科学家、了解科技活动，进而充分激发对科学家职业的浓厚兴趣。

借此机会，向所有接受采集的老科学家及其亲属朋友，向参与采集工程的工作人员和单位，表示衷心感谢。真诚希望这套丛书能够得到学术界的认可和读者的喜爱，希望采集工程能够得到更广泛的关注和支持。我期待并相信，随着时间的流逝，采集工程的成果将以更加丰富多样的形式呈现给社会公众，采集工程的意义也将越来越彰显于天下。

是为序。

总序二

中国科学院院长　白春礼

　　由国家科教领导小组直接启动，中国科学技术协会和中国科学院等12个部门和单位共同组织实施的老科学家学术成长资料采集工程，是国务院交办的一项重要任务，也是中国科技界的一件大事。值此采集工程传记丛书出版之际，我向采集工程的顺利实施表示热烈祝贺，向参与采集工程的老科学家和工作人员表示衷心感谢！

　　按照国务院批准实施的《老科学家学术成长资料采集工程实施方案》，开展这一工作的主要目的就是要通过录音录像、实物采集等多种方式，把反映老科学家学术成长历史的重要资料保存下来，丰富新中国科技发展的历史资料，推动形成新中国的学术传统，激发科技工作者的创新热情和创造活力，在全社会营造爱科学、学科学、用科学的良好氛围。通过实施采集工程，系统搜集、整理反映这些老科学家学术成长历程的关键事件、重要节点、学术传承关系等的各类文献、实物和音视频资料，并结合不同时期的社会发展和国际相关学科领域的发展背景加以梳理和研究，不仅有利于深入了解新中国科学发展的进程特别是老科学家所在学科的发展脉络，而且有利于发现老科学家成长成才中的关键人物、关键事件、关键因素，探索和把握高层次人才培养规律和创新人才成长规律，更有利于理清我国科技界学术传承脉络，深入了解我国科学传统的形成过程，在全社会范围内宣传弘扬老科学家的科学思想、卓越贡献和高尚品质，推动社会主义科学文化和创新文化建设。从这个意义上说，采集工程不仅是一项文化工程，更是一项严肃认真的学术建设工作。

中国科学院是科技事业的国家队，也是凝聚和团结广大院士的大家庭。早在1955年，中国科学院选举产生了第一批学部委员，1993年国务院决定中国科学院学部委员改称中国科学院院士。半个多世纪以来，从学部委员到院士，经历了一个艰难的制度化进程，在我国科学事业发展史上书写了浓墨重彩的一笔。在目前已接受采集的老科学家中，有很大一部分即是上个世纪80、90年代当选的中国科学院学部委员、院士，其中既有学科领域的奠基人和开拓者，也有作出过重大科学成就的著名科学家，更有毕生在专门学科领域默默耕耘的一流学者。作为声誉卓著的学术带头人，他们以发展科技、服务国家、造福人民为己任，求真务实、开拓创新，为我国经济建设、社会发展、科技进步和国家安全作出了重要贡献；作为杰出的科学教育家，他们着力培养、大力提携青年人才，在弘扬科学精神、倡树科学理念方面书写了可歌可泣的光辉篇章。他们的学术成就和成长经历既是新中国科技发展的一个缩影，也是国家和社会的宝贵财富。通过采集工程为老科学家树碑立传，不仅对老科学家们的成就和贡献是一份肯定和安慰，也使我们多年的夙愿得偿！

鲁迅说过，"跨过那站着的前人"。过去的辉煌历史是老一辈科学家铸就的，新的历史篇章需要我们来谱写。衷心希望广大科技工作者能够通过"采集工程"的这套老科学家传记丛书和院士丛书等类似著作，深入具体地了解和学习老一辈科学家学术成长历程中的感人事迹和优秀品质；继承和弘扬老一辈科学家求真务实、勇于创新的科学精神，不畏艰险、勇攀高峰的探索精神，团结协作、淡泊名利的团队精神，报效祖国、服务社会的奉献精神，在推动科技发展和创新型国家建设的广阔道路上取得更辉煌的成绩。

总序三

中国工程院院长 周 济

由中国科协联合相关部门共同组织实施的老科学家学术成长资料采集工程，是一项经国务院批准开展的弘扬老一辈科技专家崇高精神、加强科学道德建设的重要工作，也是我国科技界的共同责任。中国工程院作为采集工程领导小组的成员单位，能够直接参与此项工作，深感责任重大、意义非凡。

在新的历史时期，科学技术作为第一生产力，已经日益成为经济社会发展的主要驱动力。科技工作者作为先进生产力的开拓者和先进文化的传播者，在推动科学技术进步和科技事业发展方面发挥着关键的决定的作用。

新中国成立以来，特别是改革开放30多年来，我们国家的工程科技取得了伟大的历史性成就，为祖国的现代化事业作出了巨大的历史性贡献。两弹一星、三峡工程、高速铁路、载人航天、杂交水稻、载人深潜、超级计算机……一项项重大工程为社会主义事业的蓬勃发展和祖国富强书写了浓墨重彩的篇章。

这些伟大的重大工程成就，凝聚和倾注了以钱学森、朱光亚、周光召、侯祥麟、袁隆平等为代表的一代又一代科技专家们的心血和智慧。他们克服重重困难，攻克无数技术难关，潜心开展科技研究，致力推动创新发展，为实现我国工程科技水平大幅提升和国家综合实力显著增强作出了杰出贡献。他们热爱祖国，忠于人民，自觉把个人事业融入到国家建设大局之中，为实现国家富强而不断奋斗；他们求真务实，勇于创新，用科技为中华民族的伟大复兴铸就了辉煌；他们治学严谨，鞠躬尽瘁，具有崇高的科学精神和科学道德，是我们后代学习的楷模。科学家们的一生是一本珍贵的教科书，他们坚定的理想信念和淡泊名利的崇高品格是中华民族自强不息精神的宝贵财富，永远值得后人铭记和敬仰。

通过实施采集工程，把反映老科学家学术成长经历的重要文字资料、实物资料和音像资料保存下来，把他们卓越的技术成就和可贵的精神品质记录下来，并编辑出版他们的学术传记，对于进一步宣传他们为我国科技发展和民族进步作出的不朽功勋，引导青年科技工作者学习继承他们的可贵精神和优秀品质，不断攀登世界科技高峰，推动在全社会弘扬科学精神，营造爱科学、讲科学、学科学、用科学的良好氛围，无疑有着十分重要的意义。

中国工程院是我国工程科技界的最高荣誉性、咨询性学术机构，集中了一大批成就卓著、德高望重的老科技专家。以各种形式把他们的学术成长经历留存下来，为后人提供启迪，为社会提供借鉴，为共和国的科技发展留下一份珍贵资料。这是我们的愿望和责任，也是科技界和全社会的共同期待。

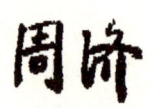

周济

谢毓元

2011年12月2日第二次访谈场景
（谢毓元先生和三位项目组成员）

2011年12月2日第二次访谈项目组全体人员与谢毓元先生合影

序

我在60多年的科研生涯中，由于工作需要，服从组织安排，屡屡变更研究方向，失去了在某一方向取得系统性积累的机会。所幸的是每换一个方向，经过努力，都能较顺利地完成任务，取得一定的社会效益或经济效益。回首过去，扪心自问，觉得没有虚度此生。

我能在科研工作中做出一点成绩，首先要感谢的是恩师张青莲先生，是他引领我踏进了科研殿堂。从大学三年级开始，他便叫我随他做论文实验，从如何查阅文献开始，到规范实验操作，整理实验数据，几乎是手把手地把我从无知带到了可以独立工作的状态，为我以后的科研工作打下了很好的基础。当然，在随后的工作中，也得到很多良师益友的教诲和启发，但是我最不能忘怀的还是张青莲先生。

新药研究近年来正日益受到各级领导重视，财政拨款逐年增加，科研环境大幅改善。就以我所在的中国科学院上海药物研究所为例，科研经费逐年增加，可以陆续购置各种先进仪器设备，建设新药研究各级平台，目前的设备条件，和国外同类研究机构相比，可谓毫不逊色。另外，随着各种软件的大量开发，查阅参考文献和过去相比，省时省力，便捷多多，可以说现在的科技工作者是幸福的一代。有充分理由相信，在这样的环境条件下，新药研究在不远的将来，一定会以一种新的面目出现。我非常希望能多活几年，得以亲眼见到，具有自主知识产权的重磅新药，一个个被开发上市，彻底改变长期落后的局面。相信这也是几代从事新药研究同仁的共同期待。

  这次中国科协组织这样一项浩大的老科学家学术成长资料采集工程，对我国科技史来说，是一件立功立德的大好事，以史为鉴，才可明智。此番调查研究，必然有助于史学家们从中找寻中国近现代史中科技发展的关键因素及发展脉络，也可为后人提供一定的借鉴意义。但从自身来说，被作为本次采集对象还是甚感为难，自己只是尽职尽责地做了一些事情，取得了一些成绩，自觉达不到被树碑立传的地步。但鉴于采集工作的重大意义，以及采集小组成员兢兢业业、认真负责的态度，我是倾力相助，将自己所知、所存倾力奉献，希望对本次采集有所帮助。

  传记写作班子花费了大量时间精力进行调研、采访、搜集资料，对此我表示深切感谢！

谢毓元

目 录

老科学家学术成长资料采集工程简介

总序一 ······ 韩启德

总序二 ······ 白春礼

总序三 ······ 周 济

序 ······ 谢毓元

导 言 ······ 1

|第一章| 书香少年 ······ 13

 家世渊源 ······ 13
 家教有方 ······ 16
 苏州少年 ······ 20
 辗转上海 ······ 33

| 第二章 | 大学时代 | 36 |

东吴大学　36
四年辍学　41
南京临时大学　43
清华大学　45

| 第三章 | 初涉药学 | 60 |

进入药物所　61
从中草药提取到小分子化合物合成　65
抗血吸虫病药物研究　69
二巯基丁二酸成药　73

| 第四章 | 留学苏联 | 78 |

被推荐留苏　78
留苏预备班学习　80
崭露头角　84
留苏见闻　91

| 第五章 | 基础研究 | 95 |

安家抗菌素室　95
灰黄霉素的合成　100
莲心碱的全合成　104
其他天然产物研究　109

| 第六章 | 军工任务 | 112 |

钚-239、钍-234、锆-95促排药物——喹胺酸　113

锶-90促排药——酰膦钙钠 ………………………………… 121
　　"文化大革命"轶事 ………………………………………… 124
　　铀促排药物——双酚胺酸 …………………………………… 129
　　与日本福田博士合作 ………………………………………… 131

第七章 | 拓展领域 ……………………………………………… 134

　　HEDP水处理剂 ……………………………………………… 134
　　抗骨质疏松药物研究 ………………………………………… 136
　　涉足抗肿瘤药物研究 ………………………………………… 141
　　表-油菜素内酯——植物生长调节剂 ……………………… 143

第八章 | 管理岗位 ……………………………………………… 147

　　出任所长 ……………………………………………………… 147
　　国际合作 ……………………………………………………… 152
　　新药研究国家重点实验室 …………………………………… 157

第九章 | 人文素养 ……………………………………………… 161

　　培养后学 ……………………………………………………… 161
　　幸福家庭 ……………………………………………………… 171
　　志趣爱好 ……………………………………………………… 175

结　语 ………………………………………………………………… 178

附录一　谢毓元年表 ………………………………………………… 184

附录二　谢毓元主要论著目录 ……………………………………… 209

附　记 ………………………………………………………………… 212

父亲，我人生道路上最好的导师 ………………………… 212
女儿眼中的父亲 ………………………………………… 216
谢雨礼撰文 ……………………………………………… 219
引路人与践行者——我与谢院士的机缘 ……………… 222

参考文献 …………………………………………………… 226

后　记 …………………………………………………… 229

图片目录

图 1-1　谢毓元父亲谢镜第…………………………………………14
图 1-2　1924 年，交通部派谢镜第暂行兼代路政司司长…………15
图 1-3　谢毓元及父母和三个姐姐的合影…………………………17
图 1-4　谢氏三杰：从左至右依次为谢毓寿、谢毓晋和谢毓元……18
图 1-5　民国年间，苏州水乡运送稻草的柴船………………………20
图 1-6　菉葭巷旧照……………………………………………………21
图 1-7　1998 年赠书仪式………………………………………………23
图 1-8　菉葭巷小学原址………………………………………………25
图 1-9　大儒小学旧址面貌……………………………………………27
图 1-10　初中时的谢毓元……………………………………………29
图 1-11　1936 年苏州同学录中的谢毓元……………………………29
图 1-12　谢毓元初中时身穿童子军服装和三个姐姐的合影………32
图 1-13　高中时代的谢毓元…………………………………………33
图 1-14　苏中沪校旧照………………………………………………35
图 2-1　1941 年东吴大学学生名单…………………………………37
图 2-2　东吴大学校训…………………………………………………37
图 2-3　1933 年刚落成的清华大学化学馆…………………………46
图 2-4　谢毓元 1946 年国立清华大学学生注册片…………………46
图 2-5　谢毓元清华大学三、四年级开设的课程及考试成绩………47
图 2-6　1948 年化学系师生在化学馆前合影………………………50
图 2-7　谢毓元清华大学毕业证………………………………………52
图 2-8　1950 年任助教时与学生合影………………………………56
图 2-9　1946 年，谢毓元参加沈崇事件反美暴行运动………………58
图 3-1　北平研究院药物研究所旧貌…………………………………62
图 3-2　中科院药物研究所武康路旧貌………………………………62

图 3-3	1952 年，药物所成立 20 周年合影（武康路旧址）	63
图 3-4	1953 年，谢毓元在武康路 395 号实验室做实验	65
图 3-5	1965 年，普鲁卡因工业制备获中科院推广奖	68
图 3-6	从左至右依次为 BAL、酒石酸锑钾、二巯基丁二酸钠、巯锑钠（Sb-58）的化学结构式	72
图 3-7	从左至右依次为二巯基丁二钠（DMS）、BAL 和二巯基丙磺酸钠（DMPS）的化学结构式	74
图 3-8	二巯基丁二酸于 1991 年获国家科技进步二等奖的奖状	77
图 3-9	二巯基丁二酸成药	77
图 4-1	1957 年，谢毓元留学苏联前在上海留影	83
图 4-2	1957 年谢毓元全家福	84
图 4-3	1958 年，谢毓元在莫斯科红场留影	85
图 4-4	1959 年，谢毓元在莫斯科的留苏学生宿舍	87
图 4-5	1961 年，谢毓元副博士论文答辩后与同事同学合影	89
图 4-6	1960 年黄鸣龙访问苏联期间，谢毓元全程陪同时合影	92
图 4-7	1987 年谢毓元携夫人回访苏联	93
图 5-1	枫林路抗菌素室大楼旧貌	97
图 5-2	岳阳路 319 号大院门口	97
图 5-3	1961 年，中科院药物所新一届学术委员会成员合影	98
图 5-4	80 年代，谢毓元与高怡生、潘百川合影	105
图 5-5	中草药活性成分的研究——12 种新有效成分的发现获 1982 年国家自然科学二等奖的奖状	106
图 5-6	武康路 395 号药物所图书馆	108
图 5-7	岳阳路 319 号药物所图书馆	108
图 5-8	2013 年，谢毓元在祖冲之路 555 号药物所图书馆查阅 CA	108
图 5-9	2013 年，谢毓元在祖冲之路 555 号药物所图书馆看书	108
图 5-10	80 年代，谢毓元和徐任生的合影	111
图 6-1	EDTA 和 DTPA 的化学结构式	116
图 6-2	811（喹胺酸）化学结构式	118
图 6-3	1980 年，螯合羧酚获国防科委三等奖奖状	120
图 6-4	1977 年，螯合羧酚鉴定会合影	120
图 6-5	BADE、BADS、EHDP 和 S-186 的化学结构式	122

图 6-6	1982 年，S-186 鉴定会合影	123
图 6-7	1983 年，S-186 获卫生部甲级成果奖奖状	124
图 6-8	岳阳路 319 号第五研究室旧貌	129
图 6-9	岳阳路 319 号合成楼旧貌	129
图 6-10	1982 年，谢毓元在实验室给组里的科研人员讲授螯合剂方面的知识	130
图 6-11	双酚胺酸化学结构式	131
图 6-12	1986 年 5 月 14 日文汇报对铀解毒药物——双酚胺酸的报道	131
图 6-13	2009 年，在上海药物所与福田和大町交流如何加强放射性核素促排药物研究	133
图 7-1	1986 年，HEDP 技术鉴定会现场	135
图 7-2	2012 年，谢毓元和课题组所有人员合影	143
图 7-3	1995 年，油菜素内酯技术转让后去广东江门农药厂实地考察	145
图 8-1	1980 年谢毓元在东京	150
图 8-2	1984 年，在上海太原路 294 号贵宾室，药物所与日本全药株式会社合作留影	153
图 8-3	1984 年，谢毓元在分院组团下，参加与日本山之内药厂年会	153
图 8-4	1987 年，谢毓元访问 Lilly 公司总部时留影	154
图 8-5	1986 年，在美国芝加哥，药物所与普强公司总裁签订合作协议	154
图 8-6	1995 年，新药研究国家重点实验室验收会留影	160
图 9-1	1985 年教师节，谢毓元与药物所师生合影	163
图 9-2	2012 年 4 月 16 日，在上海张生记为谢毓元庆祝 88 岁生日	165
图 9-3	90 年代，谢毓元在岳阳路 319 号合成楼做化学实验	168
图 9-4	1991 年，谢毓元和李援朝在重点实验室讨论学术问题	170
图 9-5	2000 年，谢毓元夫妇游尼亚加拉瀑布	172
图 9-6	1954 年，谢毓元和叶德华结婚照	172
图 9-7	1995 年，谢家叶 40 岁生日时的全家福	173
图 9-8	2011 年 5 月，汪洋接见谢家叶为团长的旅美学人代表团	174
图 9-9	2009 年 9 月，谢家叶参加在纽约总领事馆召开的千人计划讨论会	174
图 9-10	1983 年，在美国纽约和友人下象棋	176
图 9-11	2001 年，谢毓元夫妇在上海家中下飞行棋	176

导 言

传主简介

  谢毓元是我国著名的药物化学家和有机化学家。1924 年 4 月，他出生于北京，少年时期在苏州度过，中学就读于江苏省省立苏州中学。1940 年中学毕业后考入私立东吴大学（教会大学），酷爱文史的他，受父兄一定要学一门技术观点的影响，选择化工系。太平洋战争爆发后，无奈辍学在家。直到 1945 年抗战胜利，才得以继续学业。谢毓元先是就读于南京临时大学化学系，后因临时大学停办，遂报考国立清华大学。1946 年 10 月，谢毓元插班考入清华大学化学系二年级，受多位名师指点。三年级时跟随张青莲教授从事重水方面研究，本科时期即发表三篇论文。清华毕业后，因成绩优秀而留校，先后任无机、有机分析助教。

  因兴趣关系，1951 年，谢毓元进入中科院有机化学所药物研究室（该室于 1953 年独立为中科院药物研究所）工作，从此跟瓶瓶罐罐的药物研究打了一辈子交道。无条件服从组织安排的谢毓元，一生曾多次转换科研方向，并在多个科研领域里都取得了重大成绩。①入所初期，谢毓元主要做中草药的提取及简单化合物的合成工作，其中普鲁卡因合成在 1965 年获中国科学院推广奖。② 1953 年，他开始防治血吸虫病药物的研究，合成的一个中间体二巯基丁二酸，经后续开发，成为治疗铅、汞、砷和铜等金属中毒的理想解毒药物，还在1991年作为小儿铅中毒解毒药物被美国仿制经FDA批准上市。③1956年，谢毓元被推荐留学苏联科学院天然有机化合物化学研究所，从事四环素类化合物的合成工作。1961年取得副博士学位。归国后的谢毓元全身心投入天然产物化学的研究中，先后完成了灰黄霉素的全合成、莲心碱绝对构型的确定及全合成，甘草查尔酮的结构确定及全合成。其中，莲心碱及甘草查尔酮的研究作为中科院药物所"中草药活性成分的研究——十二种新有效成分的发现"的组成部分，在1982年获得国家自然科学二等奖。④正当谢毓元天然产物研究得心应手之际，于1966年他接受了二机部（现核工业部）任务，转向放射性核素促排药物的研发，从此与螯合剂研究结下多年情缘。即使在"文化大革命"期间，谢毓元也克服重重困难，取得了丰硕的成果，他首创的放射性核素钚-239、钍-234、锆-95促排药物"喹胺酸"，于1980年获国防技术重大成果三等奖，同时还实现了价格昂贵的震颤麻痹症治疗药物左旋多巴的国产化，并入1977版中华人民共和国药典。他首创的放射性核素锶-90促排药物"酰膦钙钠"，于1983年获中央卫生部甲级成果奖。⑤"文化大革命"后，科研任务发生很大改变，谢毓元尝试将螯合剂研究应用于民用，先后进行了放射性核燃料铀的促排药物研究、抗骨质疏松药物研究、抗肿瘤药物研究。在放射性核素促排铀研究中，发现双酚胺酸促排效果优于国际上任何报道的化合物，并和日本国立放射研究所的福田俊博士展开多年合作，却因临床困难至今无果。抗骨质疏松药物研究中，也发现了很好的苗头化合物，同样因临床困难而止步。⑥20世纪80年代中期，谢毓元完成了一种新的高效植物生长激素"表-油菜素内酯"（天丰素）的合成工艺探索，最终实现规模化生产，1995年产值达到一千万元。

　　1984年，谢毓元就任药物所第三任所长，他殚心竭力，大力展开国际合作，推进新药研发及科研基本条件的建设，打开了研究所发展的新局面。1988年又开始参与新药研究国家重点实验的筹建工作。1991年，谢毓元在恢复学部委员选举时被评为中国科学院学部委员（院士）。

采集工作介绍

采集小组构成

2011年4月，中科院上海药物所同时启动三位85岁以上院士的采集工作，谢毓元院士是其中之一。本次采集是由中科院上海药物所党委书记成建军牵头，药物所信息中心高柳滨主任总负责，三个小组的组长负责本组整体工作。谢毓元院士采集小组主体成员为5名，组长为信息中心情报研究部的李明辉，负责项目主体工作及大部分研究报告撰写；组员有信息中心网络部的毛汝倩，协助主体工作顺利进行，并负责资料采集、整理及部分报告撰写；传主的关门弟子课题组的杨春皓研究员，负责资料采集及部分撰写工作，且作为受访人提供信息；人力资源部的沈燕京，负责与传主沟通、协调及资料采集；上海科学事业发展中心的瞿建华，负责协调及联系视频拍摄。此外，2012年3月返聘陈黎琳老师为三个采集小组进行资料整理及编目工作。在采集过程中，药物所信息中心多位人员参与其中，网络部的老师负责视频及实地采访时的照片拍摄，信息服务部的老师负责论文的全文传递及各类资料的复印、扫描等等，协助项目顺利进行。

采集思路与流程

在了解传主一生重要成果的基础上，采集小组展开对其学术成长经历的系统性研究。本研究是以时间发展为主线，对其家庭背景、求学经历、师承关系、以及在他学术成长过程中产生深刻影响的工作环境、关键人物及关键事件进行梳理，从而勾勒其学术思想、观点和理念产生、形成、发展的过程，并提炼其学术成长的特点及重要影响因素。

因谢毓元院士身体状况良好，并对本次采集工作积极配合，采集小组设定了如下采集流程：首先展开对传主本人地毯式提问方式的访谈，在每次直接访谈之前，先就本次访谈的主题和内容进行详尽的案头准备，包括调阅各类档案、仔细研读其代表性论著以及对他人进行正式和非正式的访谈等等，力求每次做到深度访谈。其次，在对传主不断了解和熟悉的基础上，进行实地采访工作，对其曾经生活和学习过的城市、学校以及当地的档案馆、图书馆、展览馆等进行实地调研，获取证明性及补充性资料。最后在收集到传主大量资料的基础上，对其进行详细解读，开始报告的撰写工作。

具体采集过程

自2011年4月参加"老科学家学术成长资料采集工程培训"，采集小组一年多来进行了如下采集工作。

案头准备：此工作贯穿整个采集过程。首先，自2011年4月参加培训以来，进行互联网和相关数据库搜索，获取传主综合信息。然后，购买及借阅各类相关书籍，从零开始学习口述访谈的知识，对近代史，近代科技史进行学习。尔后在对传主有一定了解并把握采集要求的基础上，展开访谈的案前工作，包括研读其代表性论文，以及陆续查阅他在药物所工作后的各类档案：2011年8月，开始对传主人事档案详细查询，获取权威及确切信息；2011年10月，开始查阅其科研档案，包括科研成果汇编、特殊档案、科研档案、开放实验室档案等，逐步获取和他科研相关的所有内容；2012年4月，开始查阅传主任所长期间的所有文书档案，获取其学术交流、国际合作、行政管理方面的内容。最后，在报告撰写阶段，结合已有资料，查阅并购买各类校史资料、背景资料等，为写作提供素材。

音视频采访：至2012年10月，采集小组共进行五次视频采访，其中四次是对传主本人采访，内容涉及其家庭背景、求学经历、师承关系、科研工作及管理工作等方面。一次是传主88岁生日时拍摄的视频，内容包括与他共事多年的一批老同事、老朋友和学生为他祝寿的场景，及期间采访两位他的学生和同事的过程。在五次视频中，分别拍摄了他在家中、办公室、实验室、图书馆、药物所展览馆、药物所园区里的各处场景。除了对本人的直接访谈外，还对其学生、同事、朋友、哥哥分别进行了外围音频采访，共10人次。全部口述访谈均已整理出访谈稿，传主本人还进行了仔细校对。除了正式的音视频访谈外，还进行过多次非正式的访谈，如在每次正式访谈前，会就本次访谈内容和传主本人沟通交流，根据需要对相关外围人员进行咨询，在写作阶段，就每一阶段的细节问题，再对传主进行补充访谈，等等。

实地采访：分别去了北京和苏州两地。北京主要调研了中科院档案馆、北京外国语大学档案馆、清华大学的档案馆、图书馆、校史馆、清华大学化学系各处。最为难得的是，在北京采访到传主的三哥谢毓寿先生。在谢毓元一生中多个转折点上，他都发挥了重要的影响作用。去苏州实地调研时，先后去了苏州市档案馆、传主曾上学的三个小学和一个中学、苏州市名人馆以及谢毓元老家旧址等地。在实地采访中，获取到大量相关资料，补充和丰富了之前采集工作内容。

资料采集：自项目启动之初，就开始各类资料的采集工作。分别向他的学生、助手、朋友进行征集，获得一些手稿。在案头准备阶段，获得各类报道、照片、论文、档案、证书等。在实地采访中，获得大量照片及档案资料。在和传主逐渐熟悉之后，采访后期获得传主分批提供的若干照片、证书、手稿、信件等，极大地丰富了采集资料的内容。最让采集小组感动的是，采集小组的工作得到传主本人的真切肯定，并为采集小组书写肯定信。

报告撰写：在掌握大量现有资料的基础上，通过认真解读，结合背景知识的穿插，进行报告撰写。

采集获得的重要成果

下面是采集小组本次采集到的具有代表性成果的资料，有几点在各类公开资料中未被提及过的重要发现。

一是研究论文和专利：立项之初收集到一本《谢毓元论文选集》，是中科院上海药物所在祝贺谢毓元先生八十华诞时编写的一本论文集，将传主的主要论文选编入内。从杨春皓老师处获得一份传主所有发表文章清单，从国家知识产权局网站下载传主的各项专利。从论文目录清单可大致获取传主的科研历程，师承关系，合作关系等。经仔细研读代表性论文，获取传主的学术思想发展脉络及学术成就。在这些资料中，非常难得的是找到了谢毓元1961年在苏联攻读副博士学位时的毕业论文，传主本人一直珍藏完好。

二是各类档案资料：经过对药物所人事档案的采集，发现两份传主分别于50年代和60年代手写的自传，虽都只有两三千字，却为采集小组提供了不少传主入药物所之前的信息，帮助了解传主家世、家庭情况，也为下一步的实地采访提供了线索。尔后对药物所科研档案进行了仔细筛查，除了1951—1953年左右有关传主的科研记录无迹可寻外，其余阶段所取得的每项成绩的重要史料均有所发现。这不仅为拟定访谈提纲，也为研究报告的撰写提供大量素材。因传主曾任药物所第三任（1984—1987）所长，再后又调阅了1983—1988年的所有文书档案，从中查询到大量有关推动国际合作、参加学术交流的资料。查阅新药研究国家重点实验室档案（1990—1996年）后，获取传主参与筹建开放实验室的详细资料。因传主的所有科研成就，都是在中科院上海药物所取得，从药物所各类档案中获取的资料，是对重现传主的学术成长历程最为有力、最为可靠的资料。

除了查询本所各类档案，还在实地采访的多个档案馆获取到与传主有关的早期资料。北京外国语大学实地采访中，获取传主1956年在留苏预备班的学籍卡，以及大量的背景资料。清华大学实地采访中，获取到传主1946年入学的学籍卡，1947的学员名册及1951年任助教时的职工名册。在苏州市档案馆和苏州中学校史馆，获取到传主在东吴大学一年级时1940年的学员名册，1935年苏州中学同学录，苏中沪校的两张老照片。上海图书馆获取到1934年苏州中学的训育规程，1940年私立东吴大学文理学院章程，另外还拿到几份有关谢毓元父亲谢镜第早在1916—1925年间的几份交通部的任命书，这对研究交通史的人员或许比较有价值，对采集小组来说，这是谢毓元父亲曾位居高官的有力证据。此外，从传主本人处得到一份其清华大学时期的学生证，包含其东吴大学一年级、清华大学二至四年级时的课程设置及相应的成绩表，这是本次采集中获取的传主的唯一一份成绩单，可充分证明清华期间他的成绩极其优秀。

三是回忆录类资料：采集小组从苏州大儒小学得到《一百年前的小学校》（苏州市原吴县县立五所高等小学校校史，大儒小学仅有两本，捐赠给采集小组一本）、《儒雅集》（大儒蓁葭中心小学百年校庆纪念册，大儒小学仅存一本，只提供复印），从这两本内刊中，获取到谢毓元小学时代苏州小学教育的整体情况，以及对他上过的两所小学的细节描写，实为难得。再结合《苏州地方志》、《平江地方志》等资料，为撰写报告第一章（童年、少年时期）提供各类背景资料及细节资料。从谢毓元办公室的书架上，发现一本《苏州中学校史（1035—1949）》并借来参阅，后来在实地采访中才发现，这竟然是一本非常宝贵的史料书籍，在如今苏州中学的校史馆及档案馆都没有收藏，上海图书馆也没有收藏，这本书清晰交代了谢毓元在苏州中学上学时期的前前后后，再结合苏州中学网站上提供的几本校史书籍，采集小组获得了谢毓元在苏州中学的各类背景及细节资料。从清华大学化学系获得了《清华大学化学系80周年系庆纪念册》和《高崇熙教授纪念塑像落成纪念文集》，传主本人又提供了《张青莲教授九五华诞——志庆集》，这些难得的内刊资料中，包含大量清华大学化学系的历史资料及别人在回忆化学系及各位大师的细节资料，这为了解传主在清华大学的学习及成长经历提供了大量细节。另外从中科院上海药物所退管会老师处获赠一本《中国科学院上海药物研究所七十年光辉历程1932—2002》，里面包含所史回顾，各研究室的创建和发展，以及从建所以来所有学生及职工名单等等，这在所有已发表的刊物中是难以见到的，这本书后来简直成为采集小组的一本手册，从中查询与谢毓元相关的学生、同事等等，此书也为了解药物所早期的历史以及传主当时所处的科研环境提供大量信息。此外，采集小组在偶然的机会，从上海图书馆获取到一本谢毓元二哥谢毓晋的传记《免疫学家谢毓晋》，书中对谢家的家世背景有详细的描述，虽然曾对谢毓元及他的三哥谢毓寿曾做过口述访谈，但都不及此书详细。

  四是音视频资料：在直接访谈中，传主曾谈及大量从别处无法获取的细节资料，比如父亲从小的教诲，三哥谢毓寿在他一生中多个关键点所起的影响作用，受苏联导师的影响，研究生涯中的各转折点，在"文化大革命"期间说似轻松实则酸涩的经历，任所长期间的一些无奈等等。在间接访谈中，从不同的角度来多方面了解传主一些鲜为人知的细节。陈文致是谢毓元1961年苏联归国后招收的第一名研究生，并在他的课题组工作近40年，对她的采访帮助我们了解谢毓元在科研、生活、为人及培养学生方面的种种细节。对药理学家丁光生的采访，将有谢毓元参与的重金属解毒药二巯基丁二酸的开发过程进行系统的了解。对严雪铭的采访，帮助我们对传主从事铀促排药物双酚胺酸研究、与日本放射医学研究所的福田博士的合作、抗骨质疏松药物研究的始末进行梳理。对胡玉麟和费开逵的采访，体会到传主惜才、爱才、不拘一格培养人才的方式。三哥谢毓寿年长传主七岁，对他的采访帮助我们更多地了解到他的家世背景。

若说从学术论文及档案资料中获取到的是对传主学术成长经历的骨架支撑，那么从回忆录类资料及各类音视频资料获取到的则是对他生平及学术经历的血肉补充。

对所有资料进行研究，获得如下重要发现：

（一）传主的整个科学生涯中，虽曾多次发生科研方向的转变，但其主线为两条，一条是医用螯合剂的研究，不论是前期的重金属解毒药二巯基丁二酸，中期的放射性核素促排药物（包括喹胺酸，酰膦钙钠，双酚胺酸）研究，以及后期的肿瘤药初探、抗骨质疏松药物，包括水处理剂HEDP的研究，都是围绕医用螯合剂来展开。在医用螯合剂领域，谢毓元取得的成就是独树一帜的，不论是在国内还是在国际都处于领先地位。另一条是天然产物研究，他从苏联导师那里继承了一套对天然产物系统性研究的方法，从发现活性物质、到阐明结构、再到全合成。虽然这种做法在国际已是惯例，但当时国内还较少有人能系统性完成。他运用这套方法，先后完成了灰黄霉素、莲心碱、甘草查尔酮等天然产物的结构鉴定及全合成工作。

（二）不论是报道还是宣传，提起谢毓元多会谈起重金属解毒药二巯丁二酸，但从谢先生本人来说，他一生中最引以为豪的是在放射性核素促排药物方面的研究成果，"文化大革命"期间的钚-239、钍-234、锆-95促排药"喹胺酸"和锶-90促排药"酰膦钙钠"，都是他经过深入调研，自己设计并合成的全新结构的化合物，至今为止仍处于国际领先地位。"文化大革命"过后，又集中优势力量开发了放射性核素铀的促排药物双酚胺酸，此药后经日本放射医学研究所的福田俊博士反复药理研究，被认为是国际上目前放射性核素铀促排最有效的化合物。谢毓元对促排药物的设计、合成、药物筛选、作用机制及配位化学等方面有系统完整的研究。

（三）关于放射性核素促排药物的研究，目前国内基本是处于一种断层阶段，即使在国际上，对其进行系统性研究的机构也很少。因受困于临床病例难寻，难以完成药品监管机构的临床试验要求，大多数药物仅能作为临床试验药品用于紧急放射污染患者。在本次采集中，传主曾多次表示，随着核事故的频频发生，希望放射性核素促排药物的研究能得到重视，也希望国家药品审评机构可以适当调整相关政策，可以对这种难以实现临床的药物特办特批。

（四）谢毓元很早就开始重视知识产权问题。早在1985年，中国专利法刚刚实施，要求各个研究所派一人去学习专利知识，做专利代理，谢毓元就派组里的科研人员费开逵去北京学习。后来，又支持并帮助费开逵去美国专门学习最新的专利知识。费开逵老师也成为了我国专利法制定以来的第一批专利代理人之一。谢毓元的知识产权意识，跟他在多次出国学术交流以及与国外大型药企合作过程中的种种体会是分不开的，专利保护，尤其是药物研发过程中的专利保护是格外重要。

（五）谢毓元在科研中是基础与应用齐头并进。在重视基础研究的同时，不放过任何可以产业化并造福于民的应用机会。比如，在放射性核素促排药物喹胺酸的研发过程中，发现其中一个中间体左旋多巴需从国外进口，价格昂贵，无法产业化，后经多番调研，发现从藜豆中可以提取，含量很高，而且价格低廉，同时也实现了治疗震颤麻痹症药物左旋多巴的国产化。他在八九十年代的一项植物生长激素——表油菜素内酯合成工艺研究，顺利实现成果转化，并规模生产，1995年实现产值一千万元，表油菜素内酯对各类粮食作物增产增收效果显著，并能提高作物的免疫功能。

（六）在对谢毓元的中学及大学经历研究中发现，当时活跃在教育第一线的老师大都是学识渊博的好老师。如清华大学化学系每个年级的基础课，均是由国外留学回来的教授来任课，讲师都没有资格的，可见当时对基础教育的重视程度。

（七）发现了部分在以往报道中不实或有误的写法。从对谢毓元本人的访谈以及获得的奖章证书中确证，喹胺酸是于1980年获得国防技术工作重大成果奖三等奖，而报道中多写为1981年，获得的是二等奖；二巯基丁二酸，是于1991年被美国仿制经FDA批准上市，报道中多写为1992年；在以往报道中，对二巯丁二钠及二巯基丁二酸的报道多有混淆，在本次采集中，通过对二巯基丁二酸研发的主要贡献者丁光生本人的采访，以及档案资料的查阅，基本理清了二巯丁二钠和二巯基丁二酸开发的详细过程。

已有传记性资料综述

经详细查阅，目前发现有关传主的传记资料及报道都较少。传记类条目不足10件，包括《中国现代化学史略》，《中国科学院院士自述》，《清华人物志》（清华校史丛书），《院士风采录》，《院士春秋》，《我的科学生涯》，《中国当代精华·化学卷》等已出版的重要书籍，也包括《谢毓元论文选集》（内刊），及传主的弟子杨春皓老师撰写的6000余字的谢毓元传记，将收录在《二十世纪中国知名科学家学术成就概览》。报道类条目约10篇，包括《解放日报》、《新民晚报》、《上海滩》、《上海科技报》、《上海画报》、《文汇报》，China Daily 等报纸。也收集到一份2004年上海市委组织部为传主拍摄的一份视频，题目为《不为良相，只为良药》，约25分钟。这些材料大都是对谢毓元生平及研究成果的简短介绍，比较粗略，不够详实，缺乏对谢毓元学术成长经历各个具体环节的细致考证与详细描述。而本研究报告是在资料详实的基础上，经考证、辨识，从史学角度来还原传主一生的学术成长历程，从中寻求影响其学术成长的关键因素，从而提炼出其学术成长经历的特点，以求为我们今天的教育及科学研究提供启示。

研究报告的思路与框架

本报告的基本思路为，基本以时间为主线，将谢毓元学术成长的重要时间节点和阶段作为章节划分的标准，同时在不影响主题结构的前提下，将每一特定时间段内所取得的成果做系统阐述，以求完整性和连续性。因报告主旨是为老科学家撰写学术成长传记，通篇自然是围绕其学术成长及科学成就来展开。包括前期对家世背景及求学经历的撰写，均是为后面的学术成长及取得成就做有力的铺垫。在撰写过程中，笔者竭尽所能地希望可以从科学史角度来尽力还原老科学家的学术成长历程。尽力将每一阶段相关的社会背景、国家政策、学科背景交代清楚，在此基础上着力描述学术成就、创新成果的形成过程和主要特点，同时将家庭影响、培养后学、同事朋友等各方面内容融入其中，力求充实、鲜活。

目前报告共分如下九章：书香少年（1924—1940年），大学时代（1940—1951年），初涉药学（1951—1956年），留学苏联（1956—1961年），基础研究（1961—1966年），军工任务（1966—），拓展领域，管理岗位，和人文素养。

从章节分布来看，第一章、第二章主旨介绍其家世背景和求学经历，第三章至第七章均为其科研工作，是本报告的核心部分，在对本部分撰写中，将紧密围绕谢毓元一生科研生涯的两条主线（医用螯合剂的研究和天然产物的研究）来进行系统阐述。第八章将着重突出其作为药物所第三任所长期间，如何勇敢地走出去寻找合作伙伴、寻找科研资金，大力推进国际合作。最后一章重点介绍其培养后学、幸福家庭、志趣爱好等人文素养方面的内容。

事实上，传主的经历实在太丰富多彩，在本研究报告中实难面面俱到，唯有择取与传主学术成长历程密切相关的部分内容来详细阐述与分析，力求理清传主的学术思想发展脉络及成长过程中的关键因素。

第一章
书香少年

谢毓元出生之际，正值父亲谢镜第壮年之时，且位居高官，家境殷实。因时局动荡，四岁时随父举家由北京迁回苏州老家，童年和少年的大半时光是在那里度过的。受父亲的影响及苏州特有文化氛围的孕育和滋养，谢毓元自幼熟读古文经典，文学造诣颇深。然而动荡年代，无人可以置身事外，初中毕业之际，七七事变爆发，全家避居洞庭东山，后辗转上海租界，幸得苏州中学在上海复校，才得以完成中学学业。

家 世 渊 源

谢毓元的父亲谢镜第，字容初，1881年出生于江苏吴县（现在的苏州市[①]）。其始祖宝树公自皖迁苏[②]，家境贫寒，到谢镜第父亲此辈，识

[①] 清代的苏州府辖吴县、长洲县、元和县。参见苏州地方志网站。
[②] 谢毓寿访谈，2012年5月22日，北京。资料存于采集工程数据库。

字不多,以小买卖为生,勉强糊口。然而谢镜第年幼时家里发生的一件惨事,使这个平淡的家庭骤然发生了转变。

谢镜第八岁时,债主拿借据上门逼债,父亲看着借据上的数额远远超出实际数字,一时又急又气,吐血猝死,抛下孤儿寡母七人。谢镜第母亲谢氏,目睹丈夫惨死之状,发誓不论再苦再难也要培养一个孩子念书识字,再不受人蒙骗欺负。因家境穷困,仅能将长子送到私塾念书。谢镜第排行第四,不得不从小帮助母亲分担生活的重担。但谢镜第却酷爱读书,在劳动之余,不仅自学完大哥的课本,还借亲戚邻居的书本发奋学习[1]。

机遇总是垂青有准备之人。清末年前,政府举办洋务,于1898年成立了"京师大学堂"(北京大学前身),当朝状元、末代皇帝的老师陆润庠[2]关心家乡子弟,亲自回苏州招收考生,历经面试、笔试,谢镜第以优异的成绩被选中。1899年,谢镜第进京,成为京师大学堂的第二期学员(博物专业)。谢镜第毕业后就职于邮传部[3],第一个月的工资是五十块银元[4]。

陆润庠,苏州最后一名状元,对谢镜第的一生颇具影响力。他对出身寒门的谢镜第倍加赞赏,关怀备至,还亲自为谢镜第做媒,将苏州豪门之后徐墨蕾许配于他[5]。徐墨蕾(1883—1965)出身名门,没在正式学堂上过学,但在家师指导下,

图1-1 谢毓元父亲谢镜第
(谢毓寿提供)

---

[1] 祝久红,秦宗良:《免疫学家谢毓晋》。武汉:湖北人民出版社,2006年9月。
[2] 陆润庠(1841—1915),江苏元和县人。同治十三年(1874)甲戌科状元。光绪间,曾总办苏州商务,创办苏纶纱厂、苏州丝厂。后历任内阁学士、署工部侍郎、工部尚书、吏部尚书等等。宣统间,任协办大学士,毓庆宫授读兼顾问大臣。辛亥革命后,留清宫为废帝溥仪师傅,授太保。参见苏州地方志网站;苏州名人馆介绍。
[3] 邮传部是晚清时期的名称,1912年改为中华民国交通部。
[4] 谢毓寿访谈,2012年5月22日,北京。资料存于采集工程数据库。
[5] 同[1]。

也学识见长,举手投足带大家风范。婚后的徐墨蕾严遵礼教,为谢家开枝散叶,相夫教子,勤俭持家,费尽心血。此外,陆润庠还将一八旗贵族子弟卖给他的院子——西四兵马司胡同13号,低价转卖给谢镜第。这是一座十分气派的大四合院,内有30多间房。1928年谢镜第举家返回苏州之前,便一直居住在此院。

毕业于京师大学堂的谢镜第,满腹才华,精明能干,颇受重用,在北洋政府和国民党南京政府时期,一度历任交通部路政司总务科长(主管文牍,机要)和路政司代司长等职,兼任铁路职工教育委员会委员长,在编纂《交通史》时,任路政股主任[①]。然而因动荡年代,政府更迭,谢镜第为人耿直,得罪了上司,先后两度被架空。谢镜第目睹官场上的黑暗、腐败,倍感世态炎凉。20世纪30年代早期,谢镜第告老还乡,回到苏州老家隐居,时年不过51岁。而在此之前,即1928年南京政府成立之初,其家人已迁回苏州老家[②][③]。

富贵不能淫,贫贱不能移,威武不能屈,此之谓大丈夫。抗日战争期间,谢镜第在苏州的生活日渐清苦,汪伪政府曾多次请他出山,许以司长、次长等职,都被他严词拒绝,"绝不当汉奸,做害国害民

图1-2 1924年,交通部派谢镜第暂行兼代路政司司长(上海图书馆提供)

[①] 交通部令第234号;交通部令第45号;交通部令第291号;交通部令第660号;委员长谢镜第发刊词。存于上海图书馆。

[②] 谢毓元访谈,2011年9月29日,上海。资料存于采集工程数据库;谢毓寿访谈,2012年5月22日,北京,存地同上。

[③] 1927年南京政府成立后,5月在南京成立交通部。参见苏全有:《清末邮传部研究》,华中师范大学博士论文,2005年。

害子孙的事情！"[①] 此后，酷爱古文字画的他一直隐居苏州老家菉葭巷，在苏州这块人杰地灵之地安度余生，于1953年9月逝于食道癌，享年72岁。

家教有方

1924年4月19日，谢毓元出生于北京西四兵马胡同谢氏深宅大院。因1924年为甲子年，天干地支均为首位。《周易·文言》谓："元者，善之长也"，后世注者，或以元为始，或以元为大预示着，故取"元"字。又因排行"毓"字辈，故取名为谢毓元。至此，谢镜第膝下有四男三女，按出生顺序依次是：长子谢毓申（出生不详—1928），长女谢毓繁（1909—2004），次子谢毓晋（1913—1983）、次女谢毓华（1918—1970）、三子谢毓寿（1917—）、三女谢毓英（1923—2009）、四子谢毓元。

谢毓元出生之际，父亲正值壮年，时任交通部路政司代司长。虽位居高官，家境殷实，有专职佣人，但父亲对子女们要求甚严，不仅在生活上严格要求，教育上更是毫不懈怠。比如，谢镜第规定子女们不能擅自使唤家中佣人、车夫，绝不能享受饭来张口、衣来伸手的少爷小姐生活；子女没有得到允许不能随便跑出来叨扰客人或嬉戏玩耍；小孩不上席，任何时候都要先老后幼，等等。在教育方面更是不遗余力，在北京时，谢镜第专门为子女请了几位家教。一位是老夫子，清末秀才，专门教授古文，二哥念《论语》、三哥念《孟子》，每次都要背诵给老师听。另一位是北京大学的在校学生，教授英文和数学。从家教来看，谢镜第是新学旧学一起抓，既要求继承传统，又要勇于接受新知识。这使得二哥谢毓晋和三哥谢毓寿受益良多。谢镜第虽然平素看似严肃、不近人情，却非常注意劳逸结合，寓教于乐，深谙教育之道。在繁重的工作之余，谢镜第会抽空带子女们一起四处走走，每到一处，他都会讲一些典故给他们听，如皇帝如何沐浴更衣，如何在祈年殿祭天，如何祈求上苍赐福……颇有

---

① 谢毓寿访谈，2012年5月22日，北京。资料存于采集工程数据库。

图1-3　谢毓元及父母和三个姐姐的合影。左一为谢毓元，左三为父亲谢镜第，左四为母亲徐墨蕾，右一到右三依次为三姐谢毓英，二姐谢毓华，大姐谢毓蘩（谢毓寿提供）

教育意义[1]。

此外，谢镜第深感清政府的无能，官场难行，落后就要挨打等教训，特立五条家规，让子孙后代铭记[2]：

（1）一代当官，三代穷——第一代当官可以福及第二代，到第三代就走下坡路了。

（2）严以律己，宽以待人——家长要言传身教，以身作则。

（3）己所不欲，勿施于人——自己不愿做的事，不要强求于他人。

（4）自立更生，艰苦奋斗——什么事都得自己干，不许支使用人。

（5）零花钱一分不给——教育费用随便多少都给，但是只能学理、工、医、农，将来靠"本事"吃饭；学文、法科，当官，永久受人气，不许念。

---

[1] 谢毓寿访谈，2012年5月22日，北京。资料存于采集工程数据库。
[2] 祝久红，秦宗良：《免疫学家谢毓晋》。武汉：湖北人民出版社，2006年9月。

第一章　书香少年　17

图1-4 谢氏三杰：从左至右依次为谢毓寿、谢毓晋和谢毓元（谢毓寿提供）

谢镜第深广渊博的知识面、严格的家训家风，对谢毓元兄弟姐妹一生影响颇深。也许正是这种潜移默化式的家庭影响，促使谢家三个男儿（大儿子谢毓申因肺痨于1928年早逝），都各有建树。最终成就谢氏一门三杰的佳话。

二子谢毓晋是我国最早的著名微生物免疫学家之一。他早年留学德国，1939年获弗莱堡大学医学博士学位。回国后先后任同济大学医学院和上海医学院细菌学教授、同济大学医学院院长兼免疫学研究所所长，创办上海民生实验治疗研究所并任所长，新中国成立后担任武汉生物制品研究所总技师，在任期间指导生产、开展科研、培养人才，共取得了50余项成果，其中VI型治疗血清获得卫生部一等奖[1]。

三子谢毓寿是知名地球物理学家。他在我国地震台站的建设、地方地震烈度的确定工作等方面成绩卓著，是我国工程地震研究的奠基者之一。他主编的《中国地震历史资料汇编》全书共五卷七册，受到国内、国际学术界的高度评价，被认为是对世界地震学界的重要贡献，1987年荣获国家图书奖，1989年荣获国家地震局科学技术进步一等奖[2]。

最为难得的是，他们不仅在各自领域成绩卓著，兄弟姐妹间互帮互助的轶事，更让外人称道。

谢毓寿老人口述，在他大学四年级时，父亲谢镜第突然下了一道命

---

[1] 祝久红，秦宗良：《免疫学家谢毓晋》。武汉：湖北人民出版社，2006年9月。
[2] 陈运泰主编：《中国地震学研究进展——庆贺谢毓寿教授八十寿辰》。北京：地震出版社，1997年。

令，让他和哥哥谢毓晋自行商量一下谁先出国，两个人同时出国他是拿不出钱的，谁先去都可以，但先出国的人回来以后，一定要出钱送另外一个出去。最后谢毓寿慷慨谦让，确定哥哥谢毓晋先出国。1937年2月谢毓晋留学德国[①]。

谢毓元是家中最小的孩子，还在上小学四五年级的时候，两个哥哥已经考取了不同的大学，二哥谢毓晋考入同济大学医学院，三哥谢毓寿则考入东吴大学数理系。跟两个哥哥相比，他和父母相处时间最多，除了享受到父母更多的关爱，也得到哥哥们的指点和帮助。三哥谢毓寿对他的影响巨大，可以说他人生中几个重要的转折点，都离不开谢毓寿的指点和帮助。抗战胜利后，就是在三哥的安排下，谢毓元才得以到南京临时大学补习班学习，也正是在三哥的建议和鼓励下，谢毓元在临时大学停办之际报考了国立清华大学化学系，一举考入清华。在清华任助教期间，也是在谢毓寿的介绍和引荐之下，谢毓元才来到地处上海的中国科学院药物研究所。谢毓元曾坦言，"我从来就不是一个主动的人"。虽然他很少主动去选择，但每次选择之后，都会全力以赴地去迎接，机遇总是垂青有准备的人，他的付出如今收到如此丰厚的回报[②]。

除了三哥谢毓寿，二哥谢毓晋对他的影响也是多方面的。1941年谢毓元在苏州老家辍学时，谢毓晋回国后在兰州的卫生署西北防疫处工作，他经常写信鼓励谢毓元，一定要坚持学习外语，还让他坚持写英文日记，并定期寄给他修改。谢毓元的英文正是在那时打下了深厚的基础。二哥是学医的，1948年在上海同济大学医学院任教授，于1949年创办上海民生实验治疗研究所，医、药不分家，而上海距离苏州老家更近，正是由于这些原因，才促使谢毓元果断地转到上海的中国科学院药物研究所[③]。

受惠于两个哥哥的谢毓元，同样对家人照顾有加。1951年他来到药物所之后，看到研究所正是用人之际，就将自己在东吴大学同班的三姐谢毓

---

① 谢毓寿访谈，2012年5月22日，北京，资料存于采集工程数据库。
② 谢毓元历次访谈汇总。上海，存地同上。
③ 同上。

英介绍到所里,领导对谢毓英很是满意,安排她到抗菌素研究室工作。从药物所的档案资料可以看出,谢毓英是抗菌素室创建时的元老之一。

苏 州 少 年

苏州的记忆

1928 年,谢镜第携全家返回苏州后,一直居住在苏州菉葭巷。在苏州古老的小巷中,有着谢毓元对儿时最美好的记忆。

图 1-5　民国年间,苏州水乡运送稻草的柴船(资料来源:王稼句编著:《苏州旧梦》。苏州:苏州大学出版社,2001 年,第 50 页)

苏州,从前有东方威尼斯之称。那时候我家门口就有一条河(现在都填平了,完全变样了)。从前的苏州河流四通八达,从乡下摇船一直可以摇到城里面,随便什么地方都可以摇到。所以,有相当多的东西是在船上买。比如,那时候烧饭是用灶头的,灶头要用稻草,稻草都是一船一船从乡下运进来,只要在门口叫住了,讲好价钱就一船买下来,他还帮你搬到储藏室里。还有,夏天吃西瓜也是,都是在门口的船上买的,很有意思。①

后来,因河道填充及两次道路

---

① 谢毓元访谈,2011 年 9 月 29 日,上海。资料存于采集工程数据库。

图 1-6　菉葭巷旧照（资料来源：徐刚毅编著：《苏州旧街巷图录》。苏州，广陵书社出版，2005 年，第 121 页）

改建和拓宽，苏州菉葭巷靠近临顿路的谢家旧址上，已经全部是新的楼房，找不到当年谢家的任何痕迹，只能靠谢家后人的描述来想象一下[1]。

最让谢毓元念念不忘的是跟随父亲淘旧书的经历。

> 我父亲挺喜欢淘旧书，他经常带我到旧学前（苏州的一条老街），旧学前里旧书店很多，一排一排的，他就一家一家看过去，自己喜欢的就买下来。有时候，看见自己正想买的东西，开心得不得了。他喜欢历史方面的书，《二十四史》他都齐的，另外还缺清史，清史因还没正式出版，只有清史稿，结果有一次带我到旧学前，看见正好有一部清史稿，他得意得不得了，马上买回来。所以我对淘旧书也很有兴趣，跟着父亲经常去淘，自己也有点乐趣[2]。

谢镜第藏书特别丰富，尤其是历史方面的书最多，包括完整的《二十四史》、《资治通鉴》、《续资治通鉴》、《纲鉴易知录》、《史记》，等等。还有

---

[1]　2012 年 6 月，采集小组对谢毓元苏州老家实地采访。
[2]　谢毓元访谈，2011 年 9 月 29 日，上海。资料存于采集工程数据库。

五花八门的小说，如《三国演义》、《水浒》、《红楼梦》、《聊斋志异》、《阅微草堂笔记》，等等。正是受父亲的影响，谢毓元从小就对古文经典产生了浓厚的兴趣，饱览群书，徜徉其中，乐不思蜀。

父亲对他读书也会略加指导，这时听来，即是泛读和精读的概念。比如多读经典故事，有选择性地精读《论语》、《孟子》等。

> 那种古文我小时候他倒并不要求，他就给我看看《水浒》、《三国》等。这是中国的经典文学作品，看了是有好处没有坏处的。我都看得入了迷，很新鲜。尤其《水浒》，《水浒》一百零八将。在学校里我有同学也看水浒，就跟他比赛谁记得一百零八将的绰号，都要背齐，我背一个，你背一个，谁背到后面背不出来了，谁就输掉。所以，我从小就培养出来对那种小说的入迷。我小学里这种小说就看得很多了，包括《封神榜》。①

谢毓元对这些岁月始终念念不忘，尤其是从书中体会的做人道理，更让他受益终生。

> 我现在回想起来，无形之中给我的影响很大。譬如，那时候我父亲跟我说，《四书五经》里面五经你不用看，四书里面的《大学》、《中庸》你也不用看，《论语》、《孟子》你是必读的，而且要背。我觉得《论语》、《孟子》的确是对你的人生哲学影响是很大的，孔夫子的忠恕之道，我到现在还是认为是很有道理的，一个人立身处世，都是要遵循忠恕之道，要忠于国家、忠于朋友、忠于自己的工作，恕就是你要对人以宽，对自己严格一点，但是对人家呢要宽容一点，这是你为人处世的一套东西。孔夫子的话很有他的道理，譬如"知之为知之，不知为不知是知也"就是知道的你是知道的，不知道你就是不知道，不要不懂装懂，很多很多这种人生的格言。这些你背熟以后，脑子里自然而然就有了。

---

① 谢毓元访谈，2011年9月29日，上海。资料存于采集工程数据库。

还有，一直到现在，我都不参与文人相轻。我很遵循一个道理，我有恩与人，我就忘记它，人家有恩于我，我一定要记住，要报答。人要韬光养晦，千万不要跟人家有矛盾，也是处事的一个基本道理。历史上有很多人就是太骄傲，或者是太得罪人惹来杀头之祸。所以，我这一辈子基本是息事宁人，与世无争。曹操是宁可我负天下人，不让天下人负我，我是倒过来，宁可天下人负我，我不负天下人。这些老话在我脑子里面一跳就跳出来。我到现在还是认为孔孟之道是很有道理的。我觉得做人，我要是能做到这样子的话，肯定是一个有益于国家的人。①

谢毓元从书中获得的感悟，奠定了他一生为人处世的基调。在以后求学及工作过程中，他向来与人为善，勤勤恳恳，淡泊明志，不求闻名腾达，但求问心无愧。

因为家中的藏书实在太多，他们居住的二楼的好几个大书橱，堆得满满当当。为防止虫蛀，每年还要拿出来晾晒，并用樟脑维持。后来，因政

图 1-7 1998 年赠书仪式。左二为谢毓元

---

① 谢毓元访谈，2011 年 9 月 29 日，上海。资料存于采集工程数据库。

府拆迁，要收购谢家老宅所在的一片地方，不得已，要为这批珍贵的书籍寻找一个更好的去处。于是在1998年，谢毓元做主，由原苏州市市委副书记谢家宾（谢毓晋之子）参与，将家藏的207种总计2035册图书及谢镜第先生手迹捐赠给苏州图书馆。这批图书绝大多数都是线装古籍，其中不乏填补该馆馆藏空白的珍贵资料[①]。

谢镜第除了喜欢藏书，还酷爱字画及文房四宝，对几个孩子从小就要求练习大字。谢毓元回忆道：

> 父亲叫我练字，大楷、小楷，家里帖也很多，华严帖、柳帖（柳公权的柳帖）、赵帖（赵孟頫的赵帖），叫我自己挑，我是比较喜欢赵帖，赵孟頫的比较飘逸，我就专门练赵孟頫的帖。他要大楷、小楷都要临空，写大楷一定要悬空。而且在练的时候，他要抽你的笔，如果被他抽掉的话，就根本不够格，要求很高，他说写的字是人的门面[②]。

相较于父亲的言传身教，谢毓元对母亲的记忆则更亲切、温暖些。"母亲最大的优点就是善良，她人特别特别善良，从不会跟别人争什么或计较什么"。而让谢毓元最难忘的是母亲做的菜，他时常感慨自从母亲去世后，就再也没吃过那么好吃的菜。据谢毓寿回忆，弟弟谢毓元从小就很乖巧，不淘气，在北京时哥哥姐姐都上学去后，经常跟在妈妈身边转悠。作为家里最小的孩子，难免受到父母亲格外的疼爱，也得以和父母在一起的时间最多。据谢毓元回忆，在苏州时，父亲出去听戏或外出吃西餐时，都只带他一人（当时两个哥哥都在外地上学），谢镜第也有重男轻女的封建思想，姐姐们享受不了这样的待遇。

三个小学

谢毓元曾先后就读于三个小学，这其中的缘由得从民国前后的基础教

---

① 苏州大事记。1998年第4期。参见苏州市档案馆网站。
② 谢毓元访谈，2011年9月29日，上海。资料存于采集工程数据库。

图1-8　菉葭巷小学原址（左图中汽车的位置即为谢毓元老家的弄堂。2012年6月，采集小组对谢毓元苏州老家实地采访拍摄）

育制度说起。

清光绪年间，清政府颁布《壬寅学制》。宣统元年（1909）至民国元年（1912）9月，苏州初等教育实行九年制。清末设小学堂，分初等和高等，合并设立者称两等小学堂。初等小学堂和两等小学堂初等部修业年限五年（翌年改为四年），高等小学堂和两等小学堂高等部四年，女子小学堂比男子小学堂缩短一年。辛亥革命后，一律改小学堂为小学校。民国元年（1912）9月至民国11年（1922）新学制颁布前，改行七年制。一些私立小学则不按政府教育部门规定。1922年秋新学制颁布后，小学一律实行"四二制"，即初级小学四年，高级小学二年[1]。

1929年，5岁的谢毓元开始了小学生涯。为了便利，谢毓元最初就读于隔壁的菉葭小学校。菉葭小学，地处菉葭巷12-1号，始建于清末民初，因地处菉葭巷而得名[2]。谢毓元苏州老家位居菉葭巷18号（后填河及扩建后，改为菉葭巷5号），在天宫寺弄内。而菉葭巷小学在天宫寺弄也有一校门，所以谢毓元上学非常便利。后人对学校当时的情景有模糊的记忆，菉葭小学校的大门是一间墙门间（当时校门前有一条河，已于1958年填没），校门是六扇头大门，似家居屋。走进石库门，里面就是一个大石板大天井（三开间），似现在园林中的一些庭院格式，两边各植一棵大

---

[1]　参见苏州地方志网站中的《苏州市志》第四十四卷（教育）第三章（小学教育）。

[2]　菉葭小学：自创办曾先后用过奏办元和初等学堂、吴县东区第三国民学校、苏州市菉葭初级小学校、吴县县立菉葭初级小学堂等名称。学校已于2004年并入苏州市大儒中心小学。参见苏州地方志网站中的《平江区志》第十七卷（教育科技）第三章（小学教育）。

榆树，很高大，分别有三个台阶式的石阶进入礼堂。礼堂地面都由一平方米一块的特制大青水砖砌成，有六根黑漆大圆柱支撑屋顶，屋顶距地面有二三十米高，上面屋梁上还绘有彩色图案及字迹，但由于太高看不清楚，大概是写有清朝的年代等。所以礼堂内高爽非凡。①

虽然上学非常便利，学校历史也很悠久，谢毓元还是在家人安排下，读完三年级后（八岁，1932年）转而进入教学质量更好②的私立明德小学③。谢毓元晚年谈起对私立明德小学的回忆，几近空白，仅依稀记得当时的校长（顾玉振）很厉害。校长的子女均很有出息，多年后和谢毓元还有联系。

谢毓元九岁在私立明德小学毕业后④，又在家人安排下于1933年考入当时的苏州县立大儒小学（即现在大儒中心小学的前身）春季班上五年级。当时的苏州县立大儒小学，是苏州赫赫有名的几个官办小学之一，前身是"元和官立高等小学堂"，若想了解其中的缘由，还要从早期的苏州小学谈起。

1906年时，苏州不叫苏州市，而叫"苏州府"。苏州府下设有三个县，分别为"长洲县"、"元和县"和"吴县"，他们的规格有点像今天的区。那时的小学校叫小学堂，官办的小学校，就叫"官立小学堂"，又因为招收的是初等小学堂毕业之后的小学生，就加入"高等"二字。所以比如长洲县官办的小学校，就叫"长洲官立高等小学堂"；元和县官办的小学校，就叫"元和官立高等小学堂"，而吴县呢，则叫"吴县官立高等小学堂"。这些小学堂，像今天苏州每个区的实验小学一样，有点样板校的味道，起到窗口的作用。地由国家出，钱由政府拨，校长和教职员工也大多

---

① 陈敏主编：《儒雅集——大儒蒌葭中心小学百年校庆纪念册》，2006年，内部资料。

② 谢毓元补充访谈，2012年6月19日，上海。存于中国科学院上海药物研究所。

③ 私立明德小学，创办于1906年，是由李根源董事长、顾振玉校长为解放女性而创办的私立女子小学（后男女兼收）。创办时租赁南石子街14号为校舍。在1915年左右购买了南石子街10号（原织造局旧址），房屋和园地面积五亩左右，经改建修建后，作为私立明德女子小学校舍（即现在大儒中心小学的校址）。1956年8月并入大儒中心小学。参见：大儒小学，内部资料。

④ 私立明德小学为私人创办，是四年制初级小学，九岁在该校毕业后考入苏州县立大儒小学五年级下期，11岁毕业。参见谢毓元人事档案中1956年自传，存于中国科学院上海药物研究所档案室。

由政府选聘和任用[1]。1912年时，成立了民国，区域建制发生了变化，原长洲县、元和县和吴县合并起来，再加上东山和西山（那时叫太湖厅和靖和厅），统称"吴县"。这时候的吴县，则可统称为"大吴县"。"大吴县"的所有官办小学堂和公立小学堂，这时候就得重新起名字。恰好南京临时政府下了令，让全国的学堂一律改称为"学校"，所以，几个官办学堂就有了"吴县县立"统一的牌头，比如元和官立高等小学堂，1912年重新命名为吴县县立第三高等小学校（简称三高），后来又几次易名，于1951年，定名为苏州市大儒中心小学校。其中由在陶行知先生亲自指导办学的由名誉董事长宋庆龄、董事长冯玉祥、周至柔、校长施剑翘创办的从云小学（1946—1952）于1952年秋季并入了大儒中心小学；由董事长李根源、校长顾玉振创办的私立明德小学（1906—1956）于1956年秋并入大儒中心小学。2004年，菉葭巷小学并入，大儒小学又叫大儒菉葭中心小学。

20世纪三四十年代的大儒小学位于苏州府城北大儒巷55号[2]，是由一座由古寺庙（古召庆寺）改建而成的校舍。一条狭窄的街巷（约三米许）由小块花岗石堆砌，小巷南侧是一条四米来长的小河，校门朝南，由青红相间的黏土砖块砌成当时流行的校门款式。门前河岸边耸立着一棵参天古树，构成了学校标准的特殊景观。校舍就庙堂改建而成，进入校门后

图1-9　大儒小学旧址面貌（2012年6月，采集小组对谢毓元苏州老家实地采访拍摄）

[1]　参见苏州市原吴县县立五所高等小学校百年校庆联合委员会主编：《一百年前的小学校》（苏州市原吴县县立五所高等小学校校史），2006年。

[2]　原大儒巷55号，现门牌号已改为大儒巷38号，1971年，大儒小学迁校至私立明德小学的旧址，也即今日的南石子街10-2号。学校旧址已改为苏州市文化馆，大多旧建筑保存完整。（2012年6月，采集小组对谢毓元苏州老家实地采访）。

由天井进入小礼堂，厅堂两侧的房屋建筑是低年级教室，再入正殿改建而成的大礼堂，两侧上书有"礼、义、廉、耻"四个大字，堂前正方设有讲台，前厅12扇落地屏风大门上写有12条青年守则，礼堂右侧一条走廊直通操场，紧靠其南边有两层木结构的小楼一座，是四五年级的教室。管辖全校作息时间的一座铜铸"大钟"就在小楼的楼梯入口处。"大钟"作为时间的见证者，年年月月巍然悬于殿堂高空。学校最北面铺有水泥地坪的三间平房则是全校最高学殿六年级的教室了，在这古老的殿堂里有众多苏州学子就读于此，完成了蒙学阶段的学习生活[1]。

大儒的校训为"儒雅博纳"，大儒小学作为世纪老校钟灵毓秀，人杰地灵，尊师重教，源远流长。在早期一份《吴县教育》中曾记录大儒小学当时的一份《训导报告》，摘录如下[2]：

> 大儒中心小学优点：每学期举行母姊会、恳亲会、游艺会、音乐会等，籍以联络家属；集会训话者考查等训导设施，办理切实，校风严整；儿童自治设施，指导不苟；各科课卷完备，均能认真订正，程度颇见整齐；整洁，出席秩序，均有锦标竞赛；布置能因地制宜，教室环境，亦有美观及训育意味。

30年代的大儒小学，已经非常重视在细微处培养儿童的文化品格和自觉能力。所谓"布置能因地制宜，教室环境，亦有美感及训育意味"，按照今天的理解，就是"让每一面墙壁都说话"，即时时有教育，处处有文化，让学生一踏进学校，便浸润在教育和文化的氛围之中而滋长、养成。谢毓元就是在这所历史悠久，富有浓厚文化氛围的学校中，完成了五六年级的小学生涯。

---

[1] 参见苏州市原吴县县立五所高等小学校百年校庆联合委员会主编：《一百年前的小学校》（苏州市原吴县县立五所高等小学校校史），2006年。

[2] 《吴县教育》曾经在民国三十四年第一学期，也就是1935年的春季，对辖区内的所有小学进行了教育训导，撰写出了数万字的《训导报告》。

草桥中学（苏州中学初中部）

1935 年，11 岁的谢毓元考入江苏省省立苏州中学初中部，苏州中学是当时苏州唯一的一所省立中学，教育质量之高，追溯其历史渊源和师资力量可窥一斑。

苏州中学组建于 1927 年[①]，由三校合并而成。三校分别为江苏省立第一师范学院，其前身为江苏师范学堂，再前身为紫阳书院，书院前身为府学，是范仲淹于 1035 年创建；江苏省立苏州专科学校之高中部和高中补习班，前身是 1911 年创办的官立中等工业学堂；江苏省立第二中学校，前身为吴县县立中学校，最早为 1907 年由地方官绅王同愈、蒋炳章、吴本善等人创办的苏州公立第一中学堂。三校中，前两校位居苏州三元坊，后者位于草桥。所以苏州中学自创办之初就分为三元坊（设高中部及师范科）与草桥（设初中部）两部。

图 1-10　初中时的谢毓元（谢毓元提供）

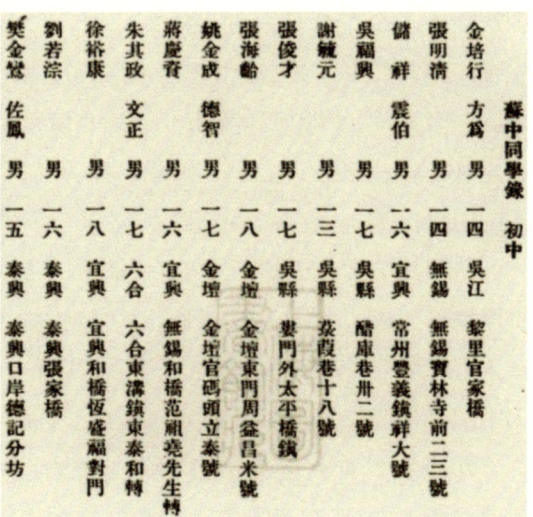

图 1-11　1936 年苏州同学录中的谢毓元（资料来源：上海图书馆）

[①] 1927 年 6 月，国民党政府改教育部为大学院，任蔡元培为大学院院长，试行大学区制（模仿法国）。很多学校被撤销、合并。见：金德门主编，《苏州中学校史 1035-1949》。苏州：苏州大学出版社，2011 年 5 月，第 69 页。

苏州中学首任校长汪懋祖（1891—1949），字典存，江苏吴县人。1916年留学美国，就读于哥伦比亚大学教育学院，受教于杜威。1920年回国，历任国立北京师范大学教务长兼代理校长、国立北京女子师范大学哲学系教授和主任、国立东南大学教育系教授和主任等职。1927年回家乡，组建苏中，担任校长，借此实现他多年来亲自办学的理想。用他自己的话说就是"苏中规模大，人才多，实可作为一个实验中学。"他在创办苏州中学期间，仿照杜威在芝加哥的实验学校，不仅培养的学生学业优秀，升学率高，而且特别注意德性的陶冶，尊师崇道，师生情趣欢洽，形成浓厚的学术研讨气氛。汪懋祖强调在真实的自然环境中学习，使书本知识与感知经验结合起来[1]。

实践证明，在汪校长后，学校成绩斐然。先后有国学大师王国维、钱穆，语言学家吕叔湘，史学家杨人楩、吕思勉，人口地理学家胡焕庸等在苏中执教。又有胡焕庸、吴元涤、陈六中等名流先后执掌学校，创造了苏中历史上一个个辉煌时期。1933年时，江苏省立苏州中学高中部的毕业生在江苏省高中毕业会考中囊括前三名，因而在全国的公立中学中享有盛名。一时之间，"四方负笈来此，远自陕滇。毕业生考升国立大学者，岁有增加。就业服务，无一人向隅。体育竞赛，连年冠军。于是声誉鹊起，满国中矣！"[2]

从苏州中学走出的名人志士更是数不胜数，史学家顾颉刚、胡绳，教育学家叶圣陶，科学家钱伟长、"生物力学之父"冯元桢，高分子科学家钱人元，著名物理学家冯端，药理学家丁光生，等等。已知有37人当选为中国科学院院士、中国工程院院士。

20世纪20年代末至30年代末，正值苏州中学师资队伍处于鼎盛时期，谢毓元于1935年春季（分春季和秋季两次招生）考入了苏州中学的初中部，初中部设在苏州城内草桥头，草桥是一座新式平桥，可以通汽车，桥

---

[1] 三种教育学说。见：胡铁军主编，《百年苏中卷一·三元春秋》。苏州：苏州大学出版社，2005年9月，第44页。

[2] 汪懋祖先生二三事。见：胡铁军主编，《百年苏中卷一·三元春秋》。苏州：大学出版社，2005年9月，第42页。

下有东西向的小河。那时农民用船把稻草（苏州市民的主要燃料）运到这里挑上岸，这座桥也就因此而得名"草桥"[1]，桥的东南就是苏州中学初中部，俗称草桥中学（1953年划归现在的苏州市一中[2]）。

当时的苏州中学初中部学制三年，课程设置以国民政府大学院1928年3月颁定的《中学校课程标准》为根据，并根据学校实际情况拟定。必修课程注意基本训练与人文常识，课程规定如下：公民与三民主义、国文、英文、算学、历史、地理、物理、化学、生物与生理卫生、手工、图画、体育（附童子军及军事训练）。初中第三年为适应升学与择业起见，设选修课程。课程分别为符号学科、艺术学科、升学指导学科、职业指导学科四大类[3]。谢毓元印象中当时的老师都很严格，课外作业也较多。不过学校也很注重学生的全面发展，开设有美术、音乐等课程，还经常组织学生郊游，领略祖国的山川美景。或许是从小受文史熏陶已久的缘故，谢毓元记忆最深的几个老师都是文、史、地理方面的老师。

苏中历史教员（杭海槎[4]）肚子里的东西很多，他上历史课就像讲故事一样，听得你简直入神。什么希腊帝国、罗马帝国，希腊妖后克里欧帕屈拉，讲的你兴趣盎然，上他的课一点也不觉得累。国文老师姓夏（夏蕴文[5]），严格的不得了，人家叫他"夏铁板"，但他人还是很好的，要你阅读一些课外作品，比如叶圣陶的《稻草人》，谢冰心的《寄小读者》。那时初中已经有了图书馆，可以去借书，散文看看挺有意思。还有地理老师（钱兆隆[6]），每周都会让画张地图，

---

[1] 丁光生：寻梦苏州母校。见：《中国名校优良传统丛书》编委会主编，《往事寻踪》（苏州中学优良传统史料汇编），2008年，第55页。

[2] 参见苏州地方志网站中的《苏州市志》第四十四卷（教育卷），第四章（中学教育）。

[3] 苏州中学必修和选修课程表。见：金德门主编，《苏州中学校史1035-1949》。苏州：苏州大学出版社，2011年5月，第108页。

[4] 杭海槎：宜兴人，苏州中学高初中史地教员。见1935年苏州中学同学录，存于苏州档案馆；1936年苏州中学同学录，存于上海图书馆。

[5] 夏蕴文：吴江人，苏州中学国文教员。参见及存地同[4]。

[6] 钱兆隆：宜兴人，1933-1949苏州中学地理教员。参见及存地同[4]。

我画的不好，心里挺怕的。另外有个音乐老师陆修棠①，当时是小有名气的，教学用五线谱。总之我觉得当时接受的教育、打得基础还是可以的。但那时候，我数学方面脑子就是不行，数学分数老是考不好，越考不好越是没信心。②

除了学习，学校还非常重视锻炼身体，谢毓元记忆深刻的是，当时上学都要穿童子军服，还要进行军训，负责训练的老师非常严格③。"草桥中学的学生全部都是男童子军（Boyscouts），学生与体育老师全穿黄色制服。每日在四合院中央出早操。而每周的体育课则需列队去校园前几十米外的大操场。大操场的西北角是大门（门房内储存有球类及运动器材）。中央是一个足球场，周围是跑道，每年在此开全校运动会。"④

谢毓元在草桥中学的学习是紧张有趣，收获颇丰。只是至今让谢毓元有点遗憾的是当时没有住读。因当时学校学生都是从各地考来的，宜兴和吴江的较多，为住校生。学校宿舍较为紧张，苏州本地的学生

图1-12 谢毓元初中时身穿童子军服装和三个姐姐的合影

---

① 陆修棠：昆山人，初中音乐教员兼音乐课外指导。见1935年苏州中学同学录，存于苏州档案馆；1936年苏州中学同学录，存于上海图书馆。

② 谢毓元访谈，2011年9月29日，上海。资料存于采集工程数据库；谢毓元补充访谈，2012年6月19日，上海。存于中国科学院上海药物研究所。

③ 教员是徐克刚。参见谢毓元补充访谈，2012年6月19日，上海。存于中国科学院上海药物研究所。

④ 丁光生：寻梦苏州母校。见：《中国名校优良传统丛书》编委会主编，《往事寻踪》（苏州中学优良传统史料汇编），2008年，第55页。

就作为"通学生"(走读生),每天回家居住。谢毓元认为住读的话学习环境会好些,走读的话,回去后有些马马虎虎,而且跟老师和同学接触的机会也少很多。

转眼间,谢毓元在草桥中学徜徉了两年半,就在离初中毕业仅有半年的时间,1937年,七七事变爆发,日本对华发动全面侵略战争,顷刻间,苏州危急。八一三抗战时,谢毓元全家首先逃难到洞庭东山,但很快日本人把东山也占领了,只好又回到苏州。后来又由父亲做主,躲入上海租界,开始了在上海的避难生活。

辗 转 上 海

避居上海租界的谢毓元一家,在金神父路(现在的瑞金南路)的明德里暂住。虽生活清苦,父亲谢镜第和三哥谢毓寿仍想方设法为谢毓元寻找学校以继续学业。因无太多的选择,于1938年春季插班进入当时的上海私立中国中学高一下学期。

当时的上海私立中国中学[①],位于西爱咸斯路386号(现永嘉路388号),谢毓元本人回忆,当时这是很一般的学校(和之前自己就读的苏州中学相比)。但为日后能作为升入高年级的跳板,勉

图 1-13 高中时代的谢毓元
(谢毓元提供)

[①] 现上海市中国中学的前身,创办于1933年。开始校址在西爱咸斯路249号(现永嘉路第三小学校址)为校舍。1935年9月,因大量人口迁入上海租界,原有校舍不敷应用,遂租西爱咸斯路386号(现永嘉路388号)慈善家黄涵之先生寓所为中国中学校舍,沿用至今。参见:上海市中国中学校园风采,中国教育研究网站。

强在此学习，仅以不中断学业为念。

1938年夏，听闻江苏省省立苏州中学要在上海复校[①]，谢毓元一家欣喜不已，经一番打听和准备，终于在阔别一年之后，于1938年8月重新回到母校苏州中学的怀抱，只是此时苏州中学的规模和之前在苏州时的规模已无可比拟。筹备复校时，为避日伪注意和迫害，当时学校命名时特意删去"江苏省立"字样，只称"苏州中学"，简称"苏中沪校"。苏中沪校租用福州路53号的威利翰大厦的三层楼为校舍，第四、五层为初高中教室，第三层为理化实验室。当时的校长开始以张仲有代理校长，继委童致旋代理校长，后任杭海槎为校长。

虽然只有威利翰大厦三层楼的规模，但自7月份，复校招生启事见报后，吸引了许多学生，复学者、报考者逾千人。除了原来苏州中学的大部分老师外，不少高水平的老师也慕名而来。到开学上课时实有18个班级、学生800余人，教职员工达55人。班级设置除化工科[②]外，其余均为高、初中普通科与简师一至三年级。其中高三全是苏中旧生，他们经过暑期补习后就发证给予毕业，高一、高二有原苏中学生，也有其他学校转考来的学生。

当时高中部课程设有公民、国文、英语、算学、物理、化学、历史、地理、生物，共九门34课时。高三年级，除基本课程外，专设选修科，任学生自择，有英文时事阅读、簿记、公文程式等，以使不能升学的学生，掌握一些实用技能，利于寻找职业。当时无运动场地、音乐设备，体育、音乐两科暂时停开。不过，这绝不是说学生不锻炼，不唱歌，而是在马路边跑步，在课余时歌咏。

在谢毓元印象中，当时老师水平都是很高的，很多有留洋经历，大概因战乱影响，只好屈居在此。虽然是战乱期间，老师和学生都没有丝毫松懈，仍按原来苏中标准自律。当时苏中英文教育在全国有名，由苏中英文

---

① 金德门主编：《苏州中学校史 1035-1949》。苏州：苏州大学出版社，2011年5月。

② 化工科是苏州中学于1931年胡焕庸做校长后，新开设的分科。从这里走出的有：第一届中科院士钱人元，另外有丁光生的哥哥丁普生，第二届有金山石化的总指挥徐以浚，第五届有药理学家丁光生。见：金德门主编，《苏州中学校史 1035-1949》。苏州：苏州大学出版社，2011年5月；1984年的苏州中学校友同学录，存于苏州市档案馆。

校门之一　　　　　　　　　　校门之二

图1-14　苏中沪校旧照（资料来源：苏州市档案馆）

教师自己编写的《高中英文选》，已由上海中华书局出版，分三册，作为高中一二三年级的课本。内容包括论述、散文、小说、戏剧、诗歌等各类文章，每篇附有背景简介和文字注释，这种多题材的英文教科书尤其能引起学生的兴趣。另外当时苏中所用的理科教材，除生物学是本校教师吴元涤先生自编课本外，其余如数学（包括三角、高等代数和解析几何）、物理、化学等，全部是英文原版。这对初学者可能会感觉吃力，但久而久之，不仅学到了理科知识，还大大提高了英语水平。

谢毓元非常珍惜在战乱期间来之不易的学习机会，在苏中沪校期间学习异常刻苦，为以后步入大学打下了扎实的基础。

第二章
大学时代

1940年6月，谢毓元毕业于苏中沪校高中部。随即考入迁沪的私立东吴大学，就读于理学院化学工程系。孰料一年后太平洋战争爆发，上海沦陷，谢毓元无奈中断学业达四年之久，四年之中令他聊以慰藉的是极大地夯实了古文和英文基础。1945年战争胜利后，在三哥谢毓寿帮助下往南京求学，参加南京临时大学补习班，然而，一年不到临时大学就被取消，谢毓元破釜沉舟于1946年考取清华大学，插班进入化学系二年级，直至1949年毕业。毕业时因成绩优秀，留校任助教。

东 吴 大 学

1940年的中国，正处于全面抗日抗战时期，很多优秀的国立大学大都迁往内地，留在上海的主要是一些有西方背景庇护的教会学校，如圣约翰大学、沪江大学、震旦大学以及由苏州迁沪的东吴大学。因其三哥谢毓寿曾于 1938 年毕业于东吴大学理学院数理系[①]，姐姐谢毓英也就读于东吴大学，为方便互相照应，在家人建议下，谢毓元报考了当时地处上海的私立东吴大学[②]。

东吴大学创建于 1901 年，是由美国基督教监理公会在中国创办的第一所教会大学。至 20 世纪 20 年代初期，东吴大学已基本形成包括文理科（地处苏州）和法科（地处上海）的综合性大学格局[③]，1927 年正名为文学院、理学院和法学院。1937 年抗战爆发前理学院主要包括生物系、化学系、物理系和数学系，抗战期间，校长杨永清认为："为了在国家不久将来的物质重建方面做出我们有效的贡献，除了纯科学外，我们应重点开展应用教学工作。"[④] 于是从 1940 年开始，在原有各系科的理论课之外逐渐增加应用性课程的教学，1940 年秋首先在化学系外增加了化工系（这是三个理科系逐年增加应用学科和计划的

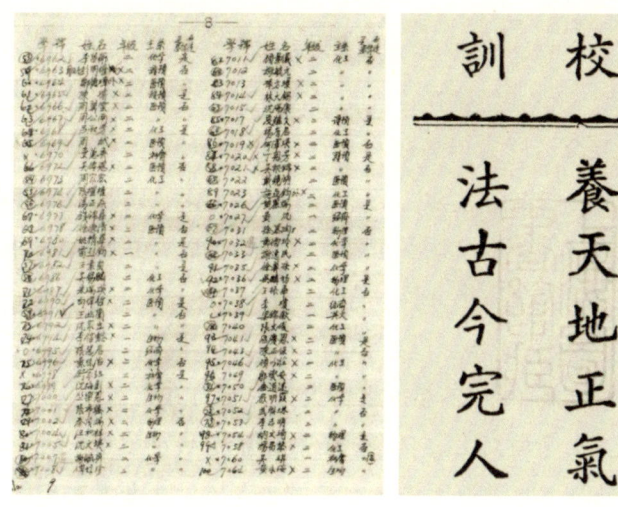

图 2-1　1941 年东吴大学学生名单
（资料来源：苏州市档案馆）

图 2-2　东吴大学校训

[①] 谢毓寿，1933 年考进东吴大学数理系，一年后又去投考海关税务专科学校，毕业后担任半年海关外勤工作，1935 年回东吴大学复学。1937 年七七事变爆发，因不甘当亡国奴，只身奔赴内地。1938 年，他以优异的成绩毕业于东吴大学理学院数理系，获理科学士学位。1941 年初，他回到上海，在东吴大学等几所教会大学成立的联合大学里担任助教。参见陈洪鹗：中国工程地震学的开创者——谢毓寿. 中国地震局地球物理研究所主页。

[②] 东吴大学原是一所典型的美国教会大学，1927 年起，中国教会大学普遍实行由美国教会学校向中国私立学校的转变，这种转变是教会大学中国化改革的集中体现。见：周建屏、王国平、王卓君、朱秀林编，《苏州大学校史研究文选》. 苏州：苏州大学出版社，2008 年 12 月，第 53、56 页。

[③] 王国平著：《东吴大学简史》. 苏州：苏州大学出版社，2009 年 7 月，第 56 页。

[④] 同[③]，第 140 页。

开始)①。

喜欢文史的谢毓元，若如他所愿，上大学时最想报考的是文史专业，但父亲要求子女一定要学一门技术，理、工、农、医任选。因二哥谢毓晋学医，三哥谢毓寿学物理，谢毓元考虑到自己的数学成绩一直不太理想，便选择了化学，就这样，谢毓元成为东吴大学理学院化学工程系的第一届学生。

当时东吴大学文、理学院几经辗转从苏州来到上海租界，租借南京路上一栋办公楼（慈淑大楼）作为教室。这时一部分之江大学人员也来到上海，圣约翰、沪江大学也被迫离开校园在租界内租屋授课。四校经协商决定联合办学，共同组成上海基督教联合大学，共同租用慈淑大楼百余间。东吴大学文、理学院在三楼，圣约翰大学在四楼，沪江大学在五楼，之江大学在六楼。四校共用图书馆和实验室，课程互通，供学生相互自由选修②。谢毓元就是在这样的时代背景下，就读于这所基督教联合大学。虽然是联合教学，但各校自制，因此在谢毓元印象里，他就读的是东吴大学，而不是联合大学。虽然属于教会大学，宗教氛围并不浓厚，宗教课程属于选修课，学校并不强迫③。关于当时在东吴大学时的情景，谢毓元曾在《东吴大学访谈录》中有段回忆。

> 我1940年考进东吴大学，那时候大片土地都是沦陷区，所以东吴大学搬到上海租界。上海租界是一座孤岛，这个孤岛的意思就是上海租界不是日本人控制范围之内的，我考上东吴的时候学校在公共租界，公共租界就是国家租借给好几个国家的，那时候日本还没有占领公共租界，那么东吴大学从苏州搬迁到上海来，在公共租界的慈淑大楼借了两层楼进行教学活动。我进去的时候念的是化工系，那时候

---

① 1940年秋，校方正式增设化学工程系，邀请孙令衔回校主持规划化工发展。孙令衔是东吴大学化学系毕业生，后享受清华奖学金出国留学并取得博士学位。化工成立后，即开设一、二年级课程，招生学生50多人。参见：周建屏、王国平、王卓君、朱秀林编，《苏州大学校史研究文选》。苏州：苏州大学出版社，2008年。

② 王国平著：《东吴大学简史》。苏州：苏州大学出版社，2009年7月，第139页。

③ 谢毓元访谈，2011年9月29日，上海，资料存于采集工程数据库；王国平著：《东吴大学简史》。苏州：苏州大学出版社，2009年7月。

不少好的教授都到那里并留在上海租界，像顾翼东（当时讲授普通化学）①，宋鸿锵②（此处回忆有误：宋鸿锵于1937年东吴大学毕业，留校担任助教）这些都是比较有名的教授，他们教书都很认真，水平也很高，因此东吴的老师对我影响也很大，帮我打下了很好的基础。包括我的英语老师，从前东吴教学是很厉害的，他们的教学方法很好，他让学生看外文小说，每堂课布置学生看20页，第二次上课的时候就让你用英文叙述一遍大致的内容，他要求我们迅速看，不需要每个生词都知道，只要大概意思懂了就可以了。多读多看，时间久了日积月累就会进步很大，他的这种方法对我很有作用③。

至今，谢毓元对当时的英文教学还称赞不已，并绘声绘色地讲了当时的一个故事。

> 有时候，他也给你做一个小作业，也是很有趣的，譬如给你讲一个故事（我现在印象比较深的就是这样一个故事）。有一个女王，她有一个女儿。这个女儿爱上了一个武士，女王就坚决反对，不许女儿跟这个武士要好。结果，女儿一定要跟这个武士好。她就把这个武士抓住了，把他放在一个老虎笼子边上，她说如果你是一定要嫁给这个武士，我就把这个武士丢到老虎笼子里，你如果同意不嫁给这个武士，我就把他给放走。结果他就出一个题目，你认为这个女儿是选择

---

① 顾翼东（1903-1996），中国化学家。生于江苏苏州。1923年毕业于东吴大学化学系。1925年获美国芝加哥大学硕士学位，1935年获该校哲学博士学位。1937年回国，30年代末和40年代初，东吴大学在上海复校，教师由专任改为兼任，顾翼东先后应聘担任了交通大学化学系教授、震旦女子文理学院化学系主任、上海医学院化学教授和华东四个大学联合实验室主任。1980年当选为中国科学院学部委员。参见《化学世界》编辑部：沉痛悼念顾翼东院士．《化学世界》，1996年第3卷第5期，第276-277页。

② 宋鸿锵，1916年出生，药物化学家。江苏苏州人。1939年毕业于苏州东吴大学化学系。曾任上海震旦女子文理学院兼职教授。参见董永明：药物化学家宋鸿锵研究员．《人民军医药学专刊》，1998年第14卷第3期，第183-184页。

③ 闵婕：为学之道——谢毓元专访．参见苏州大学发展委员会办公室等刊印，《东吴校友访谈录》，第23-24页。

哪个？选择是嫁还是不嫁？让大家写答案。我记得那时候，我写的，她觉得特别好，最后把我的从许多答案里抽出来，当众念给大家听。我说，我认为这个女儿呢，她不会嫁给这个武士，她宁愿牺牲她的爱情，也不愿看到武士惨死在老虎的爪下。上课还是比较有兴趣，不死板。他也不教语法，就是看小说，跟我哥哥（这里指二哥谢毓晋）的想法差不多，你也不一定要每个生字都查出来，就把大意用英语跟他讲了就行。这个教学方法，还是有点创新。①

从这段描述来看，谢毓元对当时东吴大学的英语教学印象非常深刻，并得益良多。除了英文水平较高外，东吴的化学老师也是颇有名气，如：潘慎明②、孙令衔③、顾翼东等都在此任教过。当时化工系的专业课虽然是中文讲授，但教科书均为全英文的。因此谢毓元离开东吴大学时，中文专业词汇基本没有，只知道英文专业词汇。

即便战时条件简陋，除了开设部分专业课程（见表2-1）④，东吴大学化工系还开设了部分化学实验课程，多年以后，谢毓元对当时一位实验老师还记忆犹新。

东吴那个实验助教，叫李善馥（宋鸿锵的爱人），我到现在还记得，非常认真，实验准备得也很好。（当时实验一般）比较简单，没有太大的难度。定性分析倒是有一定难度，给你一个不知道的东西，要分析出来是什么，还是需要一点基础的。

---

① 谢毓元访谈，2011年9月29日，上海。资料存于采集工程数据库。
② 潘慎明（1888-1971），江苏苏州人。1912年就读东吴大学，1915年毕业后留校任教。1924年前往美国芝加哥大学研究院深造，一年后获理科硕士学位。1925回国，任东吴大学教务长，1927年代理校长。1931年赴美芝加哥大学攻读生物化学。1932年回国后继续在东吴大学任教授、理学院院长。抗战胜利后，1946年东吴大学迁回苏州，同年潘慎明回校继续任化学系教授。苏州大学档案馆网站。
③ 孙令衔，江苏无锡人，中国早期化学家、教育家、化学工程师。1932年，孙令衔毕业于东吴大学化学系。后曾执教于东吴大学，先后担任过化学系教授、化工系主任。维基百科。
④ 见谢毓元国立清华大学学生证。存于谢毓元处。

表 2-1　东吴大学化工系一年级时谢毓元的成绩单（含开设的课程和学分）

课程	国文读本	英文	普通物理	普通化学	定性分析	微积分	微分方程	体育
学分	4	6	8	8	4	8	3	
成绩	82.5	79	80.5	81	83	79	85	65.5

或许在此阶段，谢毓元已经在冥冥之中踏入了化学大门，而只是"不识庐山真面目，只缘身在此山中"。之后的经历虽有波折，但从无偏离化学行业，直至今天成为一方泰斗。

当时的东吴大学渊源深厚，据不完全统计，东吴大学自开办至20世纪30年代期间，毕业于或曾经就学于东吴大学体系各校日后成为院士或学部委员的就有董申保、冯新德、高尚荫、顾翼东、胡经甫、李政道、刘健康、路宝麟、陆志韦、秦俊德、时钧、宋鸿钊、苏元复、谈家桢、汪菊渊、王守觉、谢少文等[①]。

四 年 辍 学

1941年12月8日太平洋战争爆发，上海沦陷，日军占领了租界，东吴大学被迫一度停办。1942年4月开始，学校一部分内迁，无法内迁被困居上海的教授先生们则坚持在暗无天日的孤岛（上海）与之江大学留沪的教授先生们联合办学，克服种种困难，开办了华东大学，以后又开办了中国比较法学院和正养中学。为避免日伪注意力，当时招生没有登过报，也没贴过广告，只凭着人们相互转告传达。

但父亲不让谢毓元在敌占区读书，恰逢两个哥哥都在内地，二哥谢毓晋于1941年5月德国留学归国后，就职于卫生署西北防疫处（兰州），三哥谢毓寿也颠沛流离于西北、西南之间。为了陪侍双亲，谢毓元只好舍弃去内地求学，陪父母返回苏州老家避难，开始长达四年的辍学生活。

---

① 王国平著：《东吴大学简史》。苏州：苏州大学出版社，2009年，第134页。

事实上，抗战期间，国内也无一处可以安静求学。在这段时间里，二哥谢毓晋经常从内地写信给谢毓元，"虽然不能上大学，但千万不要浪费时间，要好好地乘这个机会把英文补好，将来是受用不尽的。"

他说："我念书的时候有很多英文小说都在家里，你去翻出来看。小说里你也不一定每一个生字都要查，只要看懂了，就会很有乐趣，你的英文也会有进步。"另外，他叫我每个礼拜要写一篇日记，用英文写日记，寄给他，他给我改，寄回来，说明为什么要这样改，为什么要那样改。我的英文可以说是在这个时期打下了比较好的基础。①

这种指导方法与东吴大学的英语教学方法不谋而合，辍学期间谢毓元阅读了大量的英文小说，极大地夯实了英文基础。此外，受父亲喜欢藏书和读书的影响，谢毓元在家中开始对中国传统文化进行探索，《二十四史》、《资治通鉴》、《古文观止》，一部部深繁的历史典籍倒使得谢毓元乐不思蜀。他还在父亲督导下，背诵古文经典②。

他（父亲谢镜第）好像不要我理解，就是背，你背了自然慢慢会理解。他会有选择性的要求，譬如《论语》、《孟子》、《古文观止》一定要背，有的是必须要看，包括《纲鉴易知录》这整个的中国历史，历代兴亡的故事你要知道，但是不要背，就是看。像选课一样，你自己选，《资治通鉴》你愿意看，你就去看。我就把整个《资治通鉴》也给看完了。他说《资治通鉴》只到宋朝，你如果还要看下去的话有《续资治通鉴》，我就把《续资治通鉴》也看完了。就是你自己想看的，他不干涉。但是他有一个必修课，一个选修课。③

辍学四年中，谢毓元这段时间把家里的历史书全部看完了。在英文、

---

① 谢毓元访谈，2011年9月29日，上海。资料存于采集工程数据库。

② 杨田：锲而不舍，终能有成——记中科院院士谢毓元先生。《中国处方药》，2005年第44期，第88-91页。

③ 谢毓元访谈，2011年9月29日，上海。资料存于采集工程数据库。

中文方面打下了坚实的基础,也为他以后的科研工作带来诸多便利,比如书写论文、查阅外文文献,等等,都非常得心应手。最为重要的是,为他以后为学者、为人师、为领导者奠定了坚实的人文基础和博大视野。

不过此时谢毓元家中的生活发生了很大的变化。1938 年全家避难上海租界时,凭借父亲的积蓄,家中生活尚好。1941 年日寇侵占租界后,家中生活已相当困苦[①]。谢毓元一方面饱尝失学苦楚,一方面要帮助家中操持杂活,如打水、劈柴、生火、种菜等,因此对日寇非常痛恨。聊以慰藉的是有书可读,在父亲督导下,读了大量文史书籍,在兄长指导下,大量阅读英文小说,同时常常复习过去所学的课程时刻准备复学。

南京临时大学

机遇总是垂青有准备之人。1945 年 8 月抗战胜利后,各内迁学校开始陆续复校工作,虽然东吴大学于同年 9 月开始复校,但谢毓元在三哥谢毓寿安排下[②],却来到了南京,参加南京临时大学补习班,借此想进入国立大学。在此有必要交代一下南京临时大学补习班的来历。

1937 年七七事变后,国民政府下令各大学内迁,南京的如中央大学、金陵大学纷纷迁至四川等地。南京沦陷后,1940 年 3 月以汪精卫为首的伪政权在南京成立,并于同年 4 月在敌占区开始筹备恢复"中央大学",分别从沦陷区的南京、北平、上海等地招录新生 600 多人,8 月开学。然而 1945 年 8 月,日本无条件投降,汪伪政府也随之垮台,重庆国民政府教育部于同年 9 月下令解散南京的中央大学。同时颁布《伪专科以上学校学生、毕业生甄审办法》,规定:在沦陷区专科以上学校包括已经毕业或尚在校学习之学生,必须通过甄审,才承认其学籍。10 月中旬,在北京、天津、上海、南京四地设立临时大学补习班(南京的中央大学改为南京临时

---

① 谢毓元人事档案中 1956 年自传。存于中国科学院上海药物研究所。

② 谢毓元访谈,2011 年 9 月 29 日,上海。资料存于采集工程数据库。

大学），令在校学生通过补习，进行甄别考试。然此举受到沦陷区学生的抵制，认为学校不同于政府、不能把沦陷区的学校称作"伪学校"，更不能把学生成为"伪学生"。为此当局做了改动，取消了甄别考试，改由学生自己按原来年级程序，选择相应的院系到临时大学就读，并将"南京临时大学补习班"中的"补习班"去掉，改为"南京临时大学"，地址设在金陵大学内[①]。

当时谢毓寿正就职于中央地质调查所（内迁至重庆北碚），参与调查所的恢复工作（1946年1月，中央地质调查所迁至南京珠江路942号）。1945年10月，他便将弟弟谢毓元介绍至南京临时大学补习班，并为其安排食宿[②]。谢毓元非常珍惜这次来之不易的机会，学习异常刻苦。每天很早就去占位子，晚上念书念到很晚[③]。

然而，随着各大学复校工作的顺利进行，1946年6月，临时大学取消。按规定，谢毓元将要返回原来的学校——东吴大学。谢毓元心有不甘，在哥哥谢毓寿鼓励下，准备破釜沉舟，报考一所国立大学。经详细考察研究（受三哥影响颇深），填报了国立清华大学（以下简称为清华大学）和北洋大学[④]。当时谢毓元是拼了命地准备，废寝忘食，放手一搏。功夫不负有心人，结果谢毓元以优异成绩同时被两所学校录取，最终他选择了清华大学。1946年10月，谢毓元作为插班生进入清华大学化学系二年级。

经过东吴大学和南京临时大学的学习，谢毓元已经对化学产生了一丝兴趣。

> 我对于化学也不能说是一点兴趣也没有，那会儿已经有点认识化

[①] 王德滋编：《南京大学百年史》。南京：南京大学出版社，2002年4月，第192、193、253、254页。

[②] 1946年6月，临时大学撤销。应届毕业生修业期满，发给毕业证书，授予学士学位。南京临时大学未毕业的学生，分别被按学院分配到中央大学、交通大学、安徽大学、江苏医学院继续学业。在上海临时大学，未毕业的南京中央大学土木和电机系学生少部分进入中央大学，大多留在上海交通大学。上海临时大学化工系学生则分配到中央大学、浙江大学和交通大学。参见：易地与易长。东南大学校报电子版，第1186期第08版，2012年5月10日。

[③] 谢毓寿访谈，2012年5月22日，北京。资料存于采集工程数据库。

[④] 北洋大学，中国近代第一所综合性大学。创办于1895年。现在天津大学的前身。

学是怎么一回事,还是有点喜欢的。因为在东吴的一年半,化学老师(顾翼东)讲课还是蛮好的,我印象也蛮深刻。尤其后来在南京临时大学有几个教授(孙洪芬[①]讲有机化学,李酉开[②]讲分析化学)都是比较有水平的。因为我考试总是考第一名,老师很喜欢我,有时候也是个别找我谈谈理想啊等等,所以我对化学开始有点喜欢了。我觉得好的老师他不光是讲得好,而且很关心你。南京临时大学的孙洪芬老师,他教有机化学非常好,也特别看重我,就我这个答卷是没话讲。所以,常常把我找去,和我聊天,(劝我)要考清华,一定要。后来我考取清华后,孙洪芬老师还专门写信到清华祝贺。

正是从南京临时大学开始,谢毓元初步接触了有机化学,在老师的影响下,从主观意识上开始有点喜欢化学了。

清 华 大 学

初入清华

抗日战争胜利后,内迁各大学开始纷纷复员,返回原籍。1946年5月4日西南联大结束,清华、北大和南开大学分批北返。战后的清华大学校园满目疮痍,之前清华优良的教学设施、丰富的藏书、优美的建筑等,都遭到严重破坏。

清华大学化学系的标志性建筑化学馆虽然外观依旧,但内部实已空无一物。除原在昆明的图书资料期刊全部运回外,其他教学设施、实验设备

[①] 孙洪芬(1889-1953),安徽省黟县古筑村人,中国现代化学的先驱者之一。曾在中央大学(南京大学的前身)兼课。参见百度百科。

[②] 李酉开(1915-1999),著名农业分析化学家。1945-1946年间,曾任南京大学临时教授、化工系主任等。参见百度百科。

第二章 大学时代　　45

图 2-3　1933 年刚落成的清华大学化学馆（张青莲摄）

荡然无存。复员后的化学系主要工作集中于恢复。但由于经费不足，物价飞涨，恢复工作十分困难。经过努力，还是只能开设部分实验，达不到战前水平。当时开出的实验有《普通化学与定性分析实验》、《定量分析实验》、《有机化学实验》、《有机分析实验》、《物理化学实验》、《高等无机分析实验》、《无机合成实验》等。一些实验用的化学试剂，时常供应奇缺，系里安排专人进行制备，以保证教学实验课程的正常进行[①]。

1946 年 10 月 10 日，清华大学正式开学。谢毓元跨入了清华大学的校门。但清华园仍处于战后恢复期，一切还不够完备，不过在初来乍到的谢毓元眼中却是另一番景象。

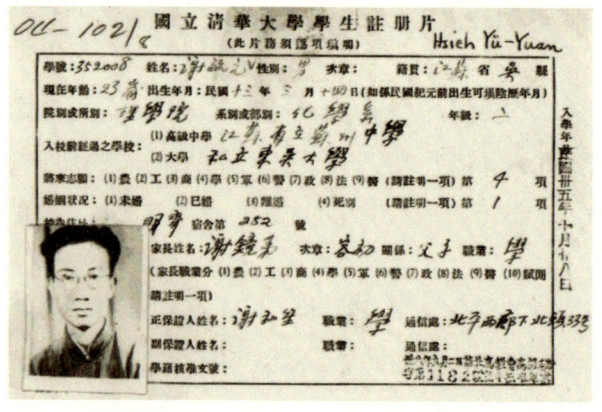

图 2-4　谢毓元 1946 年国立清华大学学生注册片（资料来源：清华大学档案馆）

清华大学给我印象太深了。我考取插班生，第一次报到的时候，就呆住了。从前的东吴大学是在大楼的二层（当时租借慈淑大楼的一层楼），就算是南京临时大学，也就是从前的金陵大学，已经算是比较大

[①] 清华大学化学系 80 周年系庆领导小组：《清华大学化学系 80 系庆纪念册》，2006 年，第 53 页。内部资料。

的。但是，我一到清华，才觉得真是进了大观园了。（清华）一个专业就一个馆，比如化学系，他有自己的化学馆，生物系有自己的生物馆，数学、物理有理学馆，建筑工程有建筑工程馆。如果你选课远一点的话，课间都来不及走到。而且，清华宿舍的条件特别优越。三个人一个房间。我印象被子脏了，有人给你收去洗，洗完了给你缝，缝好了送回来。图书馆也是，我从来没有看见过这么好的图书馆。也从来没有见过这么高级的大礼堂，处处都是新鲜。而且，清华的校规也是很有意思的，譬如说，不管是哪个系，每年都有一个主课。譬如我们化学系，第一年是普通化学，第二年是分析化学，第三年是物理化学，主课如果考试不及格，那就留班，两次不及格就开除。严得不得了，所以进去的人，假设二十个，出来的也就十来个，一路淘汰。实验也都很有规矩，实验报告一律都是英文的，从来没有一个中文字，相当一部分教授上课都是用英文讲课。教授呢，没有一个不是留学回来的。

从上面这段描述不难看出，谢毓元对清华大学如一见钟情的恋人般，挚爱有加。深知机会来之不易，谢毓元凭借自身的刻苦和聪颖，再加上名师们的教诲，在清华的三年学习中一直处于佼佼者的地位。这里有一份谢毓元清华大学学生手册上记录的成绩单（详见本章末附表），清晰记录了他当时在各年级所学的课程及取得的成绩。据他后来在中科院

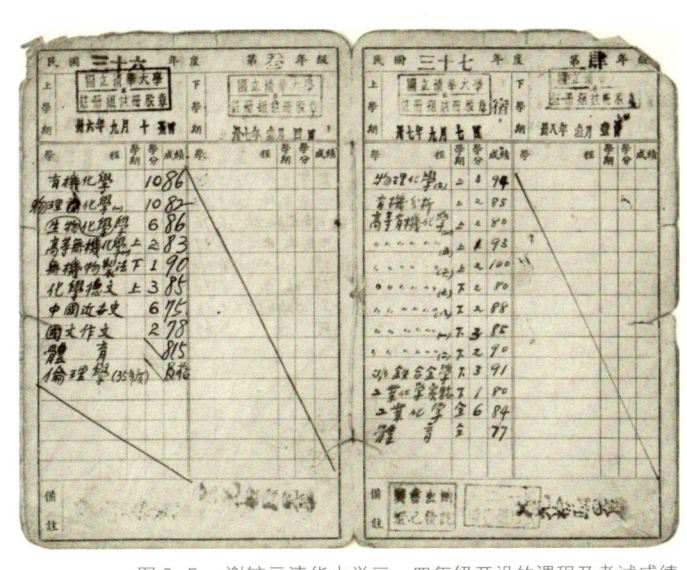

图 2-5　谢毓元清华大学三、四年级开设的课程及考试成绩

（谢毓元提供）

药物所工作时的同事介绍，当时谢毓元的毕业成绩在清华化学系毕业生中名列第一，而且数年之内，也无人超越。

大师云集

自1946年考入清华大学化学系三年来，谢毓元曾受教于多位大师级教授，在专业知识、实验技能、信息查阅能力等方面都打下了深厚的基础。在介绍这些大师之前，让我们先来浏览一下当时国内化学整体水平以及清华大学化学系所处的领先位置。

近代化学科学在中国的发端和启蒙始于19世纪中叶，当时由于几乎没有实验条件，所以化学这门实验性较强的学科只能以传播为主，以读书获取知识为主，谈不上实验，更谈不上研究。直到20世纪20年代左右，化学的近代研究才在中国慢慢开始，主要是应用性研究，基础性工作仍未出现。当时已有中国留学生，如高崇熙、黄子卿、杨石先、王箴等化学界先驱开始于1925年先后在国外发表研究论文。带有研究性的化学教育也于20年代后期在北京大学、东南大学、清华大学等约10所大学[①]中开始了。然而研究成果局限于一些应用性的零碎工作。到20世纪30年代以后，在中国化学已经普遍开始开展研究工作。高崇熙、黄子卿、吴宪、庄长恭、曾昭抡、萨本铁等多位中国的化学先驱都有很多研究成果发表[②]。

清华大学化学系创办于20世纪20年代（1926年），正处于我国近代化学慢慢发展的阶段。在早期清华留美预备学校时期，历届派出国外留学的学生中，有许多是修习化学或化工的，且有相当一批学生在化学或化工方面造诣甚深，如化学方面有张子高、高崇熙、黄子卿、萨本铁、曾昭抡等，化工方面有侯德榜等，药物专家有陈克恢，等等，这些成为清华设置化学系最好的学术基础和师资条件。1926年高崇熙到化学系任教授，1929

[①] 北京大学、清华大学、燕京大学、南开大学、金陵大学、武汉大学、岭南大学、浙江大学和四川大学，这些机构既能从事基础研究，也能从事应用研究。见郭保璋：《中国化学史略》。南宁：广西教育出版社，1995年，第64页。

[②] 中国化学会编著：《中国化学会史》。上海：上海交通大学出版社，2008年，前言第001页。

年前后张子高、黄子卿、萨本铁等逐渐应聘到清华大学任教授，这些都是国内近代化学史上各学科的先驱者和开拓者。在1946年清华大学北京复校以后，虽然实验设备及教学条件不足，但师资队伍却是非常强大。复原后的清华大学化学系系主任为高崇熙教授，除原有的张子高、黄子卿、张青莲外，先后聘请的教授、副教授还有马祖圣、严仁荫、冯新德、黄新民、唐有祺等人，共有教师20余人。清华化学系当时在全国是数一数二的。

清华大学化学系非常重视基础教学，基础课程一定是一流的教授来讲，讲师是没资格的。一年级基础课是普通化学，由张子高[①]老师讲授。虽然谢毓元是作为二年级插班生入系，不用再学一年级课程，但因抵不住张先生的吸引，也去偷偷听过几次课[②]。张教授授课严谨，条理清晰，循序渐进，笔记也极易整理，上课内容很易被学生顺利掌握[③]。

二年级基础课程是分析化学，包括定量分析和定性分析，均由高崇熙[④]讲授。他讲解生动，实验操作技术高超，被引为美谈。高先生讲课有他独特的方法和风度，他不用讲稿，没有讲义（但有一些指定的参考书），也不讲究板书，而是口若悬河，速度很快。学生听课需高度集中，记录要点，加强自学。讲课时还会不断提问，非常有启发和指导意义。高先生指导下的实验课，更是课程的重要内容，要求十分规范和严格。例如洗涤后的滴管、烧杯等不得挂有水滴和任何水迹。一年的实验，

---

① 张子高（1886-1976），化学家和化学教育家，中国化学史研究的开拓者之一。1909年以优异成绩通过了清华学堂（清华大学前身）的第一届留学生考试，同年出国。1911年进入美国麻省理工学院专攻化学。1916年回国。1916-1927年，张子高在南京东南高等师范学校（后改为东南大学）任教。后回母校清华大学任教，直到逝世。见郭保璋：《中国化学史略》。南宁：广西教育出版社，1995年。

② 谢毓元补充访谈，2012年9月12日，上海。存于中国科学院上海药物研究所。

③ 清华大学化学系80周年系庆领导小组：《清华大学化学系80系庆纪念册》，2006年，第68页，内部资料。

④ 高崇熙（1901-1952），中国无机化学家和化学教育家。1919年考入清华留美预备学校，1922年毕业于清华大学留美预备班。1922年赴美国留学，入威斯康辛大学攻读化学，1926年以优异成绩获得博士学位。1926年回国后历任清华大学、昆明西南联大教授和北京大学兼职教授（1946年起）。研究工作涉及无机合成和分析、有机合成和分析、化工生产等领域。见郭保璋：《中国化学史略》。南宁：广西教育出版社，1995年。

要通过大量的基础实验技术训练和高精度要求的几十个"已知"和"未知"样品的定量分析。学生们受到了系统、严格的训练[①]。

清华当时的化学系主任给我的印象很深。他真的是全身心扑在化学系上，他为了化学系，比如设备啊，想办法自己赚钱，他帮自来水公司分析水的纯度，都收钱的，收的钱都花在设备添置。他是搞无机化学的，还研制了中国的硬质玻璃，美国的硬质玻璃Pyrex，他搞出了中国的硬质玻璃叫Tyrex，质量可以和美国的媲美。所以，我觉得他是比较典型的理论与实践结合。上他的课是经常考试的，小测验、大测验，定量分析也有计算的，我的计算方法跟他原来的方法不一样，但算出来结果是一样的，他就非常夸奖我[②]。

每每讲到自己成绩不错，被老师夸奖的时候，谢毓元就忍不住沾沾自喜，像孩子一样开心。

图 2-6 1948年化学系师生在化学馆前合影，其中有张子高、高崇熙、黄子卿和张青莲等教授。谢毓元在第三排左四

[①] 宋心琦：《高崇熙：永远的怀念》（高崇熙教授纪念塑像落成纪念文集）。北京：清华大学出版社，2008年4月，第33页。

[②] 谢毓元访谈，2011年9月29日，上海。资料存于采集工程数据库。

三年级基础课是物理化学，由黄子卿[①]讲授。黄先生是我国物理化学的奠基人之一，在他亲授下，谢毓元打下扎实的理论基础。

从二年级下学期开始，开设了由张青莲[②]教授讲授的《高等无机化学》，凭借优异的成绩，谢毓元获得张青莲老师的青睐，从此，结下多年的师生情缘。

> 我二年级时，张青莲给我上两门课，一门是高等无机化学，一门是化学德文，化学德文就是怎么看德文的化学杂志。因为我在清华英文免修，就去学德文，张青莲是德国留学的，化学德文由他讲授，他挑了一本德文的化学课本作教本，叫你自己去学德文。结果我又是成绩最好的，他就找我，他说你愿意不愿意跟我做实验，我当然愿意了，然后，他就专门给我一间实验室，仪器给我弄好，教我怎么做，我学会了以后，就一直跟他做下去。那个时候暑假、寒假我也不大回去，就在学校里把实验做下去[③]。

除了在学术上的指导外，张先生在生活上对谢毓元也照顾有加。

> 张青莲先生是常熟人，我觉得他对我有知遇之恩的。由于交通不便，路费昂贵，春节我也从不回家。张师怕我寂寞思乡，除夕之夜总是邀请我到北院他家吃年夜饭。师母烧得一手好菜，可以毫不夸张

---

① 黄子卿（1900-1982），物理化学家和化学教育家。是 1921 年清华留美学生。1935 年获美国麻省理工学院研究院博士学位，同年回清华大学任教。见郭保璋：《中国化学史略》。南宁：广西教育出版社，1995 年。

② 张青莲（1908-2006）：江苏常熟人。无机化学家和同位素化学家，教育家。1931-1934 年就读于清华大学研究院。1934 年赴柏林大学物理化学系深造，从事重水和有关同位素研究，1936 年获博士学位。1937 年回国，初期在上海中央研究院化学研究所任副研究员，1938 年任上海光华大学教授，1939 年任昆明西南联大教授，从事理论化学的有关教学工作。1946 年任清华大学教授。1952 年高等学校院系调整，清华大学化学系撤销，张青莲任北京大学化学系教授，共 40 多年。1955 年当选为中国科学院学部委员（院士）。见郭保璋：《中国化学史略》。南宁：广西教育出版社，1995 年。

③ 谢毓元访谈，2011 年 9 月 29 日，上海。资料存于采集工程数据库。

地说，他家的年夜饭是我一生中难得尝到美味佳肴。如今虽已过去五十多年，回忆起来，总还不禁口水直流，不能忘记恩师对我的关切之情[1]。

此外，有机化学方面，前后受教于多位名师（有些是高崇熙教授从其他大学请来授课），如有机化学家马祖圣[2]，高分子化学家冯新德[3]，有机磷化学家胡秉方[4]等。化学生物学，是著名生物化学家沈同[5]讲授，中国近代史，是著名历史学家吴晗[6]先生讲授。

除了有大师授课以外，清华大学化学系各项教学条件也都相当完备，比如图书期刊方面，当时化学系有自己的图书馆，化学方面的书、期刊基本是齐的，如化学文摘（CA）、贝尔斯坦（Beilstein），等等。图书馆的利用率极高，图书馆很大，座位也很多，但每天都是坐满的，要抢座位，去晚了就没有座位。谢毓元每天都是在10点熄灯前才回宿舍。

短短三年间，谢毓元在大师云集的清华大学接受了最为系统的基础训练，为他之后在多学科、多方向都取得骄人的成绩，打下了深厚的基础。

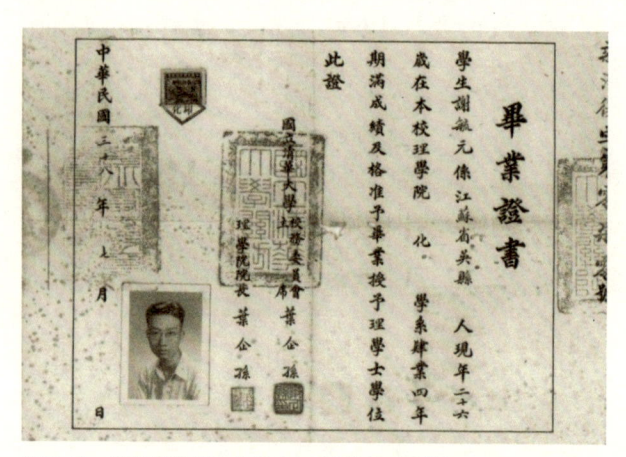

图 2-7　谢毓元清华大学毕业证（谢毓元提供）

---

[1]　谢毓元：张师引导我做学术研究。见：赵匡华主编，《张青莲教授九五华诞志庆集》。北京：北京大学出版社，2003年7月，第137页。
[2]　马祖圣，1911年生于广州，微量化学家和有机化学家。
[3]　冯新德，1915年10月生于江苏省吴江县同里镇。功能高分子化学家和高分子化学教育家，中国高分子化学的开拓者之一。
[4]　胡秉方，生于1916年12月，江苏省常熟县人。有机磷化学家和农药化学家。
[5]　沈同（1911-1992），江苏吴江人。生物化学与分子生物学家，教育家。
[6]　吴晗（1909-1969），浙江义乌人，中国著名历史学家、社会活动家。1946年8月始在清华大学任教。本页参见均为网上。

谢毓元的清华同窗好友胡亚东[①]先生曾对谢毓元有如下评价：

> 在清华读书时他不但名列前茅，而且精于实验，颇得高崇熙和张青莲先生的赏识而留校任助教。那时被留校的都是一流的尖子（谢先生 1949 年毕业后，曾留校任助教一年半）。……毓元兄学习非常刻苦，是班上数一数二的，我们住同屋，他总是在整理笔记，看参考书。然而他又不是那种死读书的类型，他读书显得很轻松，不费力，无论是读书或读笔记都似古人手持书卷漫步朗读。他思维敏捷，条理清晰，记忆力又极强，有点过目不忘的样子，这是我的印象，令我佩服。我还记得我和他都选了一门物理系的课，叫"实验技术"，是训练试验动手能力的一门课，课就在实验室里上，讲课不多，全是做实验，如吹玻璃、金属加工、水银精制，等等。毓元兄的实验能力极强，做的非常漂亮[②]。

从 1946 年清华复校，到 1952 年院系大调整（清华大学化学系划归北京大学）期间，清华大学化学系人才辈出。这一阶段共招收研究生九人，共毕业本科生六届，计 121 人，除了后来被选为中科院院士的谢毓元，及工程院院士朱永贝睿；还有曾经担任化学工业部副部长的杨光启和王珉；曾担任联合国副秘书长的冀朝铸；长期从事理论研究和宣传工作的龚育之；有英勇献身抢救坠入北京农药厂污水池的农民而遇难的罗征求烈士[③]。

初涉科研

从大三开始，谢毓元开始跟着张青莲先生做实验。张先生给谢毓元分

[①] 胡亚东，1927 年生于北京，高分子化学专家，研究员。毕业于清华大学化学系，曾担任过中科院化学所所长、中国化学学会理事长、联合国教科文组织高级顾问等职。

[②] 胡亚东：毓元兄 80 大寿琐忆。见：《谢毓元论文选集》编辑小组，《谢毓元论文选集》。中国科学院上海生命科学院上海药物研究所制作。内部资料。

[③] 清华大学化学系 80 周年系庆领导小组：《清华大学化学系 80 系庆纪念册》，2006 年，第 54 页。内部资料。

配了一间实验室，并引导他如何做科研工作，如何查阅文献。谢毓元认为，张青莲给了他做科研工作的一个入门机会。

这一时期，谢毓元跟随张青莲从事重水方面的研究。重水研究是张青莲先生的长期延续性工作，当时在国际上也属于领先地位。这里有必要介绍一下张青莲做重水研究的时代背景和国内外整体水平。

张青莲，1931年考取清华大学研究生，选定无机化学专业，师从高崇熙教授。在清华三年期间，先后发表了有关无机合成、分析鉴定和物化测量的三篇论文，其中有五种硒酸盐新络合物的合成一文，是我国第一篇配位化学论文。1934年，张青莲以优异的成绩考取庚款公费留学，赴当时世界学术中心之一的德国柏林大学化学系深造，1935年初，张青莲的导师柏林大学的著名教授E.H.李森菲尔特（E.H.Riesenfeld）建议他从事重水、重氢的研究[1]。

重氢（氢的同位素）和重水是1931年由美国化学家H.C尤里（Harold C. Urey）首次发现。他因此于1934年获得诺贝尔化学奖。重氢的发现过程并不复杂，但其重要性却是多方面的：重氢是元素合成的核子反应中关键性核种（见科学月刊72-12月号，909页）；利用重水可以使自然铀维持连锁反应（第二次世界大战时期德国人曾利用重水来发展原子弹）；重氢和氢的化学性质有显著差异，从重氢的发现，尤里发展出同位素化学和同位素地球化学。

张青莲从1935年开始涉足重水、重氢的物理化学性质及地球上分布的研究课题，并一步步深入下去长达半个多世纪。当时从事这方面研究的只有德国、美国的少数科学家。谢毓元参与的部分主要是测定各类钾盐在重水中的溶解度。因谢毓元当时还从未接触过科研工作，张青莲就将一步一步怎么做交代得很清楚，交代好之后，就基本不再干涉，只是定期询问一下进度[2]。谢毓元非常勤奋，实验更是认真、严格，实验进度令张老先生非常满意。谢毓元利用所有的假期，共完成了三篇论文，分别于1948年

---

[1] 刘筱敏：重水人生——记化学家张青莲。《中国科学院院刊》1995年第4期，第348-350页。
[2] 谢毓元补充访谈，2013年1月30日，上海。存于中国科学院上海药物研究所。

和 1949 年发表在《Sci.Rep.Nat.Tsing Hua Univ.》[①]（《国立清华大学理学报告》）和《中国化学会会志》上[②]。据谢毓元回忆：

> 当时根本没什么科研经费，我们只能利用它从德国带回的一些简单仪器和高纯度的重水，测定一些无机盐在重水中的溶解度。这些工作虽较简单，但是通过张师对我的教导，是我初步掌握了研究工作的要领，培养勤俭办科学的精神。诸如对实验操作的一丝不苟，对实验数据的严格认真，以及每次实验后重水的充分回收等等，对我后来的研究工作起了非常关键的指导作用。[③]

还有一件事情让谢毓元记忆深刻，当时测定各种钾盐在重水中的溶解度时，需要保持恒定的室温，当时北京的冬天很冷，物质条件也比较匮乏，为了让测定温度别相差太多，张老先生就给他想办法弄来一个煤饼炉子，就这样来坚持完成实验[④]。

虽然离开清华之后谢毓元所从事的研究领域与清华大学时期大相径庭，但他在清华学习期间获得的扎实的基础知识、基础技能以及良好的科研习惯，令他获益终生。

顺利毕业后的谢毓元，因表现优秀被张青莲留校并任他的助教。但助教生活，让谢毓元甚感枯燥，除了给学生带实验，还要做辅导、批作业。一个偶然的机会，经三哥谢毓寿介绍，可以去离家较近处于上海的中科院有机所工作，在那里可以专心做科研工作。虽然张青莲曾努力挽留，但最

[①] 张青莲，谢毓元：Solubility of Potassium Salts in Heavy Water at 25℃ .I. Chlorate, Perchlorate, Bromate, Chromate and Dichromate.《Sci.Rep.Nat.Tsing Hua Univ.》, A5, 252-259（1948）。(《Sci.Rep.Nat.Tsing Hua Univ.》中文名为《国立清华大学理学报告》，创刊于 1931 年。)

[②] 张青莲，谢毓元：Solubility of Potassium Salts in Heavy Water at 25℃ . II . Chloride, Bromide, Iodide, Iodate, Sulfate, Perrhenate and Ferricyanide.《中国化学会志》，1949 年，第 16 卷，第 10-15 页；张青莲，谢毓元：Solubility of Potassium Salts in Heavy Water at 25℃ . III . Nitrate, Permanganate and Thiocyanate.《中国化学会志》，1949 年，第 16 卷，第 65-71 页。

[③] 谢毓元：张师引导我做学术研究。见：赵匡华主编，《张青莲教授九五华诞志庆集》。北京：北京大学出版社，2003 年 7 月，第 137 页。

[④] 谢毓元补充访谈，2013 年 1 月 30 日，上海。存于中国科学院上海药物研究所。

图 2-8　1950 年任助教时与学生合影。后排左五为谢毓元（谢毓元提供）

终谢毓元还是去了有机所工作，至今谢毓元提起此事，还是对张青莲教授心感歉然，但最多的还是对恩师的敬佩之情。

> 比较高档的教授，他这点非常好，他拼命要留我在学校里面做他的助教。我做他的助教一年以后要到有机所去，他舍不得，说你大概是对无机没兴趣，对有机有兴趣，那我介绍你，你不做我的助教，去做那个有机的助教。我也不好反对，结果，我又去做了半年的有机分析的助教（冯新德教授处）。半年以后，我跟他讲，你是不是还是可以同意我到有机所去，他也不勉强了，说你实在要去就去吧。我觉得有的人就是，好像你触犯了他，会跟你过不去，像这种老教授根本没有什么的，不强人所难，心胸很开朗的[①]。

清华轶事

据谢毓元回忆，在清华大学生活那段时间是很开心的，最让他念念不

---

① 谢毓元访谈，2011 年 9 月 29 日，上海。资料存于采集工程数据库。

忘的是清华的食堂。

从前的国立大学学费、住宿费都不用交，就是吃饭需交钱。因为我成绩好，每年有奖学金，但并不发给你钱，而是发给你面粉。当时清华有三个饭堂，都是学生自己管理的，一个是馒头饭堂，一个是米饭饭堂，一个是窝头饭堂。我就参加窝头饭堂，一桌一桌吃，我吃窝头也吃得惯，但是吃窝头要比吃白面便宜得多，而窝头饭堂那个菜也蛮好的，大鱼大肉也蛮好。所以我主食省下来的钱呢（面粉若有结余，可兑换成钱），还可以省下一点零用。做了助教，吃的更好，比我现在这个好很多（大笑）。（只有）一段时间苦，刚解放时，粮食供应不上，吃高粱米，我不习惯，吃了起疙瘩。①

当时的善后救济总署（UNRRA）②，也对清华大学格外照顾，隔一段时间就发一批物资。譬如军毯，发一大批，每个学生都可以领到一条；奶粉，那种大的方听子的奶粉，一大批，每个人都可以领到一大听，新中国成立前一年才停止供应③。利用这些奶粉，谢毓元还自制过"冰激凌"。

北京这个冰柿子，柿子在冬天把它冰冻，那个时候柿子便宜的不得了，像不要钱一样的，现在很贵了。你把冰柿子在房间里面化了，化了以后拿过来拌奶粉吃，跟冰激凌味道完全一样。那个时候我零用也不会用什么东西，买两个柿子吃吃，有时候花生米，大花生也是便

---

① 谢毓元访谈，2011年9月29日，上海。资料存于采集工程数据库；谢毓元补充访谈，2012年9月12日，上海。存于中国科学院上海药物研究所。

② 联合国善后救济总署（United Nations Relief and Rehabilitation Administration，UNRRA，中文简称联总）创立于1943年，成立目的乃于战后统筹重建第二次世界大战受害严重且无力复兴的同盟国参战国家。其中，受害最严重的中国成为最主要被帮助国家，而施予帮助者则为美国、英国与加拿大。1945年1月中国政府的善后救济总署成立，首任署长为蒋廷黻，1945年年中，第二次世界大战结束后，该总署于中国各地投入大量民生物资。1947年10月，因国共内战、美国怀疑国府挪移经费款项等因素，该署遭到裁撤。见维基百科。

③ 谢毓元补充访谈，2012年9月12日，上海。存于中国科学院上海药物研究所。

宜的不得了，馋的话买一把大花生吃吃。我没有用家里钱，照样过得有滋有味。

此外，谢毓元对清华园解放前后的那段时间记忆深刻，他的兴趣爱好之一——打桥牌就是那时培养出来的。直到今天，每次笔者去谢毓元办公室时，还没进屋就能听见他在电脑上玩桥牌的声音。

1948年清华园解放，印象很深，有段时间停课，大概两三个月，北京围城时，后面在打仗，晚上子弹乱飞，到白天，就去捡子弹壳。那时粮食也紧张，吃点粗粮。我的桥牌就是那时打出来的。停课，又不能出去，国民党在清华园里架炮，校长梅贻琦跟傅作义交涉，部队才撤走，这里成真空地带，谁也不管。几个同学一天到晚在宿舍里打牌，有吴庆云，（我的）桥牌就是跟他学的，他还介绍什么书，怎么学。

除此之外，谢毓元还积极参加一些社会活动，1946年12月的抗议美军暴行的"抗暴"运动、1949年初北平解放后参加对中学生的思想宣传工作等。

纵观谢毓元从少年到青年的所有经历，不难看出，少年时期，在父兄影响下，他打下深厚的文史基础。历经战乱，让他充分体会到生活及求学之不易。辗转三所大学（东吴大学—南京临时大学—清华大学），让他从

图2-9 1946年，谢毓元参加沈崇事件反美暴行运动（最前者为谢毓元）

一个化学门外汉，逐渐成长为一个具有扎实基本功的化学工作者。所有经历都是值得的，由此他获得了坚实的人文基础、精湛的科研技能、开阔而独特的国际视野。

附表　谢毓元清华大学学生手册中 1946—1949 年的成绩单

民国三十五年度（二年级）				民国三十六年度（三年级）				民国三十七年度（四年级）			
课程	学期	学分	成绩	课程	学期	学分	成绩	课程	学期	学分	成绩
定量分析	上	5	88	有机化学		10	86	物理化学	上	3	94
工量分析	下	5	87	物理化学		10	82	有机分析	上	2	85
经济学概论		6	76	化学生物学		6	86	高等有机化学（一）	上	2	80
中国通史		6	89	高等无机化学	上	2	83	高等有机化学（五）	上	1	93
德文（一）		6	77.5	无机物制法	下	1	90	高等有机化学（六）	上	2	100
矿物学		8	90	化学德文	上	3	85	高等有机化学（七）	下	2	80
高等无机化学	下	3	88	中国近代史		6	75	高等有机化学（八）	下	2	88
体育			69	国文作文		2	78	高等有机化学（一）	下	3	85
				体育			81.5	高等有机化学（二）	下	2	90
				伦理学（35年度）			及格	非铁合金学	下	3	91
								工业化学实验	下	1	80
								工业化学	全	6	84
								体育	全		77

第三章
初涉药学

1951年春天，谢毓元离开了学习和工作近五年的国立清华大学，来到当时挂靠在中国科学院有机化学研究所下面的药物研究室。谢毓元初期跟随赵承嘏[①]先生从事中草药的提取及小分子化合物的合成工艺研究，期间，因文笔出众，还曾担任赵先生的公文秘书。1953年，药物研究室独立成为中国科学院药物研究所，同年，药物所接受华东血吸虫病研究委员会的任务，开始集中力量进行抗血吸虫病药物研究。谢毓元参加了由嵇汝运负责的抗血吸虫病药物的设计及合成工作。正是在该项工作中，他合成出了二巯基丁二酸，该药后来被开发为著名的重金属解毒药物，他作为国内首次合成该药者，1991年获国家科技进步二等奖，同年该药经美国仿制被 FDA 批准为小儿铅中毒解毒药物。这也是他涉足医用螯合剂的开端。

---

① 赵承嘏（1885-1966），字石民，江苏江阴人，我国应用科学方法进行中草药研究的先驱者。1910年获英国曼彻斯特大学理学学士学位，1912年在瑞士工业学院获硕士学位，1914年获瑞士日瓦大学博士学位。时任中国科学院上海药物研究所第一任所长。1955年当选为中国科学院学部委员（院士）。参见高怡生、朱任宏、谢毓元：我国中草药化学研究的先驱者——赵承嘏教授.《化学通报》，1980年第3期，第50-53页。

进入药物所

1950年，还在国立清华大学当助教的谢毓元不满足于简单的批改作业、准备实验等，加之早年曾亲眼目睹大哥大嫂患肺痨惨死，二姐谢毓华也多年受肺病折磨，从而萌生了从事药物研究的愿望。恰好此时中国科学院有机化学研究所正处于用人之需，三哥谢毓寿和他有机所的朋友朱任宏[①]遂将他的清华大学毕业成绩单寄至当时中科院有机化学研究所药物研究室的赵承嘏先生手里，赵先生一看大为赞赏，马上决定录取。后经半年多的努力，1951年2月，谢毓元终于来到了上海，成为当时仍是中科院有机化学研究所下属的药物研究室的一员。1953年，该室独立为中国科学院药物研究所。

在此有必要交代一下中科院药物研究所的历史背景。中科院药物研究所的前身为1932年创办的北平研究院药物研究所，创立之初设在北平东皇城根42号"北平研究院"理化部内，所长为赵承嘏先生。一年后南迁上海，暂入中法大学校区，1936年搬入法租界福开森路（现武康路395号），直到新中国成立后[②]。1949年11月，中国科学院在北京成立。1950年3月，中科院正式接收中央研究院和北平研究院的九个在沪单位（包括北平研究院药物研究所）。同年5月，成立了中国科学院有机化学研究所，因科研人员少，药物所遂变更为由赵承嘏任室主任的药物研究室，并暂挂靠于中国科学院有机化学研究所（人员、经费、科研等独立于有机化学所）。随着研究室队伍及规模的扩大，1953年初，中国科学院下达文件，药物研究室正式独立为中科院药物研究所，任命赵承嘏为药物研究所所长。谢毓元

---

① 朱任宏（1900-1998），生于广东省兴宁县，天然药物化学家。1924年毕业于国立南京高等师范学校数理化部。新中国成立前曾任职于北平研究院药物研究所、中央研究院药物研究所、中央研究院化学研究所，新中国成立后任职于中国科学院有机化学研究所。1952年后回到中科院药物研究所工作，直到去世。参见朱元龙：中草药化学家朱任宏教授.《药学通报》，1984年第19卷第10期，第56-58页。

② 中国科学院上海药物研究所。见：王扬宗、曹效业主编，《中国科学院院属单位简史》。北京：科学出版社，2010年3月，第347-367页。

第三章　初涉药学

图 3-1　北平研究院药物研究所旧貌（中国科学院上海药物研究所提供）

图 3-2　中科院药物研究所武康路旧貌（中国科学院上海药物研究所提供）

　　清晰地记得,1951年他去报到时有机所还在长宁路865号（中山公园对门），他和翁尊尧（药物研究室人员之一）被分在同一个宿舍（有机所附近的一个物理工场里，条件较差），上班在武康路395号，每天骑自行车来往于实验室和宿舍。直到研究室独立成研究所以后，赵承嘏先生把他们安排到岳阳路320号里一个幼儿园旁边的楼上①。

　　赵承嘏先生是我国药学界及有机化学界的老前辈和科学家。早年留学英国、瑞士，留学期间养成了理论联系实际的良好科学作风，毕生孜孜不倦于实验研究工作，正是长期的实践积累，使他在中草药的系统研究中取得他人难以达到的成就，被公认为是中国应用科学方法进行中草药研究的先驱者。他是北平研究院药物研究所的创办者，又是中科院药物研究所的第一任所长，为研究所的发展招贤纳士，殚精竭虑，贡献毕生，历经战乱不言放弃。

　　即便药物研究所一度被变更为中科院有机所下属的药物研究室，他仍不忘发展药物研究之事业，广揽人才，谢毓元正是在此背景下来到赵承嘏先生门下，他作为清华大学化学系毕业的高材生，很受赵承嘏先生青睐。

　　……然后，首先说你写字给我看看，我练过字，他看完已是满

---

① 谢毓元补充访谈，2012年12月18日，上海。存于中国科学院上海药物研究所。

意。后来，他有一篇文章用英语写的，英文发表以后，还要用中文发表，他说你把我这篇文章翻译成中文。我拿来没用多少时间，就把它翻译成中文，他一个字也没有改就大为赞赏。所以，后来他把我拉住了做他的秘书，行政的案卷都要我给他写。我只好白天做实验，晚上处理文书工作。

谢毓元刚进入药物研究室时，是在武康路395号的一栋四层小洋楼里做实验，这里原是北洋军阀时代的交通部长叶恭绰所捐赠的私宅。当时整个研究室包括谢毓元在内仅有七名工作人员，其中科研人员四名，分别为室主任赵承嘏、留英归国的高怡生以及翁尊尧和谢毓元，一名技术人员王友梅，两名勤杂人员吕荣清和杜忠信[①]。从清华大学离开的谢毓元初来乍到还不太适应，感觉有些松散，科研气氛不够浓厚。

图 3-3 1952年，药物所成立20周年合影（武康路旧址）。前排右一为丁光生，右三为高怡生，右四为赵承嘏，左一为谢毓英，第二排右四为谢毓元

房子倒是很大，大概有四层楼，当时这几个人只用了两层楼，其他都是空关着。仪器设备也谈不上，简单能做一些反应或者蒸馏，玻璃仪器还是有的。那时候也没有磨孔玻璃，都是软木塞打洞来接的。

---

① 1952-03-001，药物所（筹）1952年工作计划。存于中国科学院上海药物研究所档案室。

第三章 初涉药学

比较宝贵的是仓库里的一个天平，管家（王友梅）问我你会不会装。我说这个简单，我在学校里定量分析第一课就是怎样装天平，你拿来我给你装。他拿来我一会儿就给他装好了，他大为惊喜。所以当时好像还不像一个正式的研究室，很简单。科研也不能说有什么想法，就随意做做。①

随着赵承嘏先生不断从国内外邀请各方人才加入，研究室的队伍迅速壮大起来。1950年10月，高怡生从英国回所筹建合成化学组；1951年7月，丁光生从美国到所筹建药理研究组；1951年11月，蔡润生从北京农业大学来所筹建抗菌素研究组；1952年，以曾广方为首的药学研究所筹备处并入②，建立研究能力颇强的中药研究组。至1953年独立为药物研究所时，已经具有合成化学、中药研究、药理研究和抗菌素研究四个方面的研究队伍，成为一所化学和生物学科兼备的研究机构，1953年底总人数已经达到66人。从1954年药物所工作总结可看出③，所独立建制之后，各个方面都取得很大改善。科研方面，为避免计划题目过多、人力分散的弊端，采取提高质量、重点发展、稳步前进的方针，重点放在抗血吸虫病治疗药物和高血压治疗药物两大课题上。行政方面，加强器材供应，制定器材供应、管理计划；扩充图书馆，增加大量期刊和图书，实行专人负责，全面排架，改进借阅及购书方法等；充实人员编制，在1953年66人基础上，54年又增加业务人员七人，助理业务人员五人，行政人员三人，并对个别人员进行调整。在培养干部方面，针对不同专业，不同级别的研究人员做不同的理论知识和专业技能的培训，包括学习俄文和德文文法，钻研文献、学习专业知识等等。研究所队伍不断壮大，体制不断改善，科研工作逐步深入，谢毓元在亲历研究所发展的同时，也逐渐从一个药物研究的门外汉成长为具有独立开展科学研究的工作者。

---

① 谢毓元访谈，2011年12月2日，上海。资料存于采集工程数据库。
② 中国科学院上海药物研究所。见：王扬宗、曹效业主编，《中国科学院院属单位简史》（第二卷·上册）。北京：科学出版社，2010年，第347-367页。
③ 1954-03-02，药物研究所1954年工作总结。存于中国科学院上海药物研究所档案室。

从中草药提取到小分子化合物合成

入所初期，谢毓元即跟随赵承嘏先生从事中草药的提取工作，在赵先生指导下，完成了常山叶中抗疟疾成分的提取及含量测定工作。

常山，是产于我国西南各省的一种植物，学名Dichroafebrifuga Lour.，其抗疟作用极强，为医学界公认，其药用部位一般认为是根部。但从20世纪初，研究人员已经不满足于中药汤剂的经验性研究，随着有机化学的发展，天然药物有效成分的研究逐渐为化学家所重视，但当

图3-4 1953年，谢毓元在武康路395号实验室做实验（中国科学院上海药物研究所提供）

时在中国用科学方法对中草药有效成分进行系统性研究还是一项空白。这是由于植物化学成分复杂，许多成分的结构和性质十分类似，有的成分含量仅达到ppm或ppb级，在近代分离纯化的理论和技术尚未形成和应用的30年代，进行这项研究有着难以言喻的困难。但我国早期的科学家们不畏艰难，运用多年的经验和有效的分离分析手段，开始了对中草药的系统研究，并对发掘中国医药遗产和开辟这个新兴领域，贡献毕生的经历，赵承嘏先生就是其中最具代表性的一位。其研究方法为，首先致力于中草药所含组分的分离，并与药理学家合作，通过生理活性试验，从中发现具有生理或药理作用的新化合物，有的会被开发为临床新药[1]。

对常山有效成分的研究，从20世纪40年代开始便有人探索。1946年

---

[1] 谢毓元：赵承嘏。见：《科学家传记大辞典》编辑组编辑，《中国现代科学家传记》（第一集）。北京：科学出版社，1991年，第185–189页。

左右，中央卫生实验院药理研究室张昌绍[①]等人在植物常山根中提出一种生物碱，命名为常山碱（dichroine），有抗疟功效[②]。1947年秋，北平研究院药物研究所及中央卫生实验院的赵承嘏、傅丰永[③]和高怡生[④]三人，将常山碱继续研究，提取后加以分析，得知其化学分子式为$C_{16}H_{19(21)}N_3O_3$，性质不稳定，加热至适当温度时，即变为三种不同的同质异性物，各具有不同的性质及生理作用，因此命名为常山碱甲、乙、丙（α、β、和γ-dichroines）。其中常山碱丙的抗疟力最强，经陈克恢[⑤]等研究结果，认为超过奎宁148倍，可惜因毒性较高未能临床应用。因提出的单体有毒，刚解放时进口药品又较贵，部队里就常用常山叶磨细以后治疗疟疾。新中国成立后，西南军政委员会农林部常山种植场在四川南川种有黄常山200万株，专门采叶制成药丸，用作治疗疟疾，效果良好。但他们并不知道叶中常山碱含量如何，也不知如何测定，得知赵承嘏先生很早就开始研究常山，他们就要求赵先生负责，来测定叶子中常山碱的含量，并提供一种切实可行的测定方法。赵先生则把此任务交给了谢毓元。在此任务中，赵先生和谢毓元明确了两个研究目标：①鉴定常山叶中含有多少有效质素，并与常山根做比较；②寻出一简单化验方法，以便该常山种植场虽无良好化学设备，亦可随时自己化验。

---

① 张昌绍（1906-1967），上海市嘉定县人，药理学家。1934年毕业于上海医学院。1939年被吸收为应该皇家学会会员。见：史伊凡，《为中国药理学奠基的人——张昌绍的一生》。《自然杂志》，1983年第6卷第3期，第216-240页。

② 赵承嘏，张昌绍，傅丰永，高怡生，黄琪章：常山之抗疟成分常山碱。《科学》，1947年，第29卷第2期，第49页。

③ 傅丰永（1914-1976），安徽怀宁县人。中国天然药物化学研究的开拓者之一。1935年毕业于安徽大学理学院化学系。1940-1950年间，在中央卫生实验院化学药物组任技师。见：孙南君，《药物化学家傅丰永教授》。《中国药学杂志》，1985年，第20卷第6期，第368-369页。

④ 高怡生（1910-1992），江苏南京人。1934年毕业于国立中央大学（现南京大学）化学系。1950年获英国牛津大学博士学位。时任中共科学院上海药物研究所所长。1980年当选为中国科学院化学学部委员。见：谢毓元，《著名药物化学家高怡生教授》。《药学通报》，1982年，第17卷第5期，第30-32页。

⑤ 陈克恢（1898-1988），字子振，江苏人，药理学家。1918年毕业于清华学堂。1923年获美国威斯康星大学生理学博士学位。1927年获美国约翰斯霍普金斯大学医学博士学位。1948年被学位中央研究院第一届院士。见丁光生：《陈克恢——国际著名药理学家》。《生理科学进展》，2009年，第40卷第4期，第289-291页。

在赵先生的指导下，谢毓元用不同于以往的更为简便的方法，完成了常山叶中有效成分的提取。将常山叶研成细粉，浸在 90% 的酒精中一周。过滤并用酒精将残渣洗净，浓缩加水，静置在冰箱中一周。再将水溶液与胶状物分开，过滤后加入无水碳酸钾并用氯仿震荡 5—10 次。氯仿的提取液经干燥、过滤、蒸馏后，用 3—5 倍的酒精溶解蒸馏物，再用盐酸及酒精混合液中和，常山碱乙及丙的盐酸盐即可结晶而出。与常山根中所得者相同。再将酒精母液蒸干，加水溶解，碳酸钾少量，用氯仿提取。氯仿的提取液经蒸馏后溶解于少量 95% 的酒精中，再与硫酸及酒精混合液中和后即得常山碱甲硫酸盐。母液中含各种植物碱混合晶，再用普通手段回收提取。最终研究结果，发现常山叶中所含有效质素是根部的十倍，即常山叶中约含有 0.20%，而常山根中只含有 0.02% 左右。完成了第一个目标后，谢毓元凭借在国立清华大学获得的扎实的分析化学基本功，用定量分析的方法，建立了一套简单可行的常山叶中碱性物总含量的测定方法。研究结果发表在 1951 年的《中国科学》杂志上[①]。

在中草药的提取过程中，赵承嘏先生的严谨治学及勤俭办科学使谢毓元深有感触，对他以后的科研工作也产生了潜移默化的影响。

> 我很佩服赵老先生。我觉得他的提取是有独到之处，他每天把他提到的粗提物，一个一个小瓶子用各种溶剂溶解了以后把它一排放在上面，然后每天就看哪个里面有结晶出来，耐心很好。可以等到几个月以后出来结晶。他得结晶的办法很有一套。另外，我觉得勤俭办科学精神我真是很佩服，他做提取，乙醚提取完了都要回收的，溶剂回收后也可以用。他又公私分明。自己抽烟，办公室桌上有一盒洋火，实验桌边上有一盒洋火。他做实验用公家的洋火，他抽烟用自己的洋火。公私分明，勤俭办科学。

除了参与西南军政委委托的常山叶中抗疟活性成分的提取及测定外，

[①]《中国科学》是随着中国科学院的成立，于 1950 年创刊的立足中国科学院、面向全国的一流学术期刊。

1952年谢毓元还参与了中央轻工业部委托的任务，利用曼陀罗及类似物，制成医疗上必需的药品阿托品（Atropine）和后马托品（Homatropine）[1]。阿托品和后马托品均为医业上常用药品，一向依赖国外进口，轻工业部希望可以实现国产化。经调查研究，确定以上海龙华农场所种植的曼陀罗及颠茄等为原料，分析其植物碱的含量，选择适当的能应用于工业生产的方法，提取其中植物碱有效成分，用同质异性化方法，使之转化为阿托品；再利用其残渣，用合成方法，使之变为后马托品。此工作是在赵承嘏先生指导下，由谢毓元和朱应麒共同完成，不仅有中草药的提取，还包括有机物的简单合成。

新中国成立初期，药物所主要任务是协助政府逐步发展制药工业。在阿托品提取与制备同时，研究所还承担了轻工业部委托的另一项研究任务，解决普鲁卡因（Procaine）的自给问题[2]。新中国成立前普鲁卡因依赖进口，希望得到一个合乎国内生产条件的简单普鲁卡因合成方法，并与中央轻工业部合作，筹备一小型中间工厂，以供试制。因赵承嘏先生在法国药厂做工程师时就曾做过普鲁卡因的合成工作，并曾设计过一种简单方法。于是他翻出笔记本，将法文翻译成英文，并根据目前我国国情，将合成方法略加改变，交给研究人员合成。谢毓元作为此次合成任务的主力成员，负责其中两个重要原料——对硝基苯甲酸和二乙胺的合成。虽然时至今日谢毓元曾多次笑称，现在看来那只是一种很简单的合成工作，但在当时却具有非常重要的实际应用

图3-5 1965年，普鲁卡因工业制备获中科院推广奖
（中国科学院上海药物研究所提供）

---

[1] 1952-03-001，药物所（筹）1952年工作计划。存于中国科学院上海药物研究所档案室。
[2] 1953-03-02，中国科学院药物研究所工作总结。存地同上。

价值，将合成工艺交付药厂生产，既解决了普鲁卡因的国产化工业制造问题，又解决了青霉素普鲁卡因盐生产所需的原料问题。此工作于1953年完成，并于1965年获中国科学院推广奖。

抗血吸虫病药物研究

1953年3月，药物研究室独立为中科院药物研究所，研究所的研究方向也随之有了调整。由结合产业部门需要，帮助解决一些制造过程较繁复而国内迫切需要药品的生产问题和随时协助工厂解决一些技术问题等，转向集中力量致力几个重点题目的系统研究，以摆脱因研究题目较多、人力分散、受限现有人员工作能力，以致每一题目均不能迅速得出圆满结果的局面。并拟自1954年起循此方向前进，制定了"药物研究所1953至1957年工作计划"。指导方针为：在过渡时期国家总路线的领导下，提高研究质量，逐步发展制药工业，大力培养干部，学习苏联先进经验[①]。在此方针下，药物研究所结合主观力量，针对几种在国内流行严重且尚缺乏治疗药物的疾病做新的特效药合成，其中之一就是治疗血吸虫病药物的研究。

血吸虫病当时是严重危害我国人民健康的寄生虫病之一，流行于我国南方十二省市，主要传播途径为钉螺、粪便和水源。南方多种水稻，人若在含有血吸虫幼虫的水中或田埂赤脚行走，幼虫就会通过皮肤进入体内，也可因饮用含幼虫的水而患血吸虫病。血吸虫病对人畜危害极大，可引起肝脾肿大、肝硬化和肝腹水等，农村俗称"大肚子病"，严重者丧失劳动力，并引起死亡。新中国成立初期统计，血吸虫病患者人数约有1000多万，受感染威胁的人口约有一亿，严重流行区，患病者相继死亡，人烟稀少，十室九空，田园荒芜，造成了"千村霹雳人遗矢，万户萧疏鬼唱歌"的悲惨景象[②]。消灭血吸虫病成为一件刻不容缓的大事。新中国成立初期，在华东

---

① 1953–1957年工作计划。存于中国科学院上海药物研究所档案室。
② 血吸虫病。参见江苏卫生网站。

军政委员会指示下，成立了血吸虫病防治委员会。华东、中南、西南等地的严重流行区也开展了试点工作，并建立了第一批血吸虫病防治专业机构，在上海还成立了华东血吸虫病研究委员会。1955年11月，根据毛泽东提议，成立中共中央防治血吸虫病九人小组[①]，并在1956年公布的《1956—1967年全国农业发展纲要（草案）》中提出，"从1956年开始，分别在七年或者12年内，在一切可能的地方，基本上消灭危害人民最严重的疾病，例如血吸虫病、血丝虫病、钩虫病、黑热病、脑炎、鼠疫、疟疾、天花和性病。"[②]由此可见，当时国家是集合中央与地方优势力量，合力攻关血吸虫病。

中科院药物研究所于1953年接受华东血吸虫病研究委员会（受华东行政委员会卫生部领导，1955年后改为中央防治血吸虫病研究委员会）的任务，参加该委员会的化学药物组（组长为张昌绍）工作，担任化学药物的合成及各类药物的实验治疗与药理研究[③]。当时所里血吸虫病药物研究分药理和化学两部分同时进行，药理研究在丁光生领导下进行。丁光生曾于1947—1950年在美国芝加哥大学药理系学习，获哲学博士学位，1951年夏回国。药物合成由嵇汝运先生负责，嵇汝运曾于1947年考取庚款留英，1950年在英国伯明翰大学化学系获博士学位，1953年回国到药物所工作。谢毓元作为主要成员之一，参与了由嵇汝运领导的血吸虫病药物的化学研究工作，包括药物的设计及合成等。

血吸虫病是在全世界内流行很广的寄生虫病。血吸虫有很多不同的品种，在非洲、南美地区流行的多是曼氏及埃及血吸虫病，在我国流行的却是日本血吸虫病。不同品种的血吸虫对药物的反应不尽相同，当时治疗日本血吸虫病的有效药物全世界仅有一种，酒石酸锑钾（俗称吐酒石），但它毒性很大，有许多副作用（比如间发阿斯综合征，会造成死亡）和相

---

① 柯庆施为组长，魏文伯、徐运北为副组长，农业部和重点疫区的省委书记或省长参加，称为九人小组。

② 施亚利：新中国成立初期中共中央对血防工作的重视与领导。《党史文苑》，2011年第4期，第4页；王冠中：20世纪50年代中共整合组织资源防控血吸虫病的实践及启示。《党史研究与教学》，2011年第3期，第89页；王环增等：我国血吸虫病防治四十年回顾。《中国卫生事业管理》，1989年第6期，第344页。

③ K1.3.H.05，1955年度研究题目计划。存于中国科学院上海药物所档案室。

当高的复发率，而且要静脉注射，使用不便，因此有必要寻找更好的药物。基于以上考虑，药物所的主要任务为两方面，一是寻找毒性小且有效的血吸虫病治疗药物；二是寻找一解毒药物，当注射酒石酸锑钾后万一出现阿斯综合征时，可马上进行抢救。在寻找新的血吸虫病治疗药物中，所里展开积极协作，分植物药、抗菌素和合成药几方面同时进行，合成药物又分锑剂和非锑剂。谢毓元主要参与的是锑剂化合物的合成研究。因锑化合物毒性较高，因而设法降低锑化合物毒性是本工作的目的。

第二次世界大战期间，德国计划在英国放路易斯毒气（Lewisite），毒气中含砷，英国的科学家为此发明了解毒药二巯基丙醇，因当时属军事保密，结构式也保密，就用代号 BAL（B：British，英国。A：Anti，抗。L：Lewisite，路易斯毒气，British Anti Lewisite 即英国人抗路易斯毒气）。战后，BAL 解密，1947 年其结构式已经入英美教科书[①]。鉴于二巯基丙醇（BAL）能降低砷制剂在体内的毒性，其机理是由于与砷生成稳定的环状硫醇盐。而砷与锑在化学周期表中属同族元素，毒性也相似，药物所的科研人员就综合考虑 BAL 和酒石酸锑钾的结构特性，设想将酒石酸锑钾中的羟基换成巯基，二巯基化合物与锑结合在同一分子内，毒性可能会降低，试图在此基础上发现新锑剂。谢毓元在此指导思想下，进行大量文献调研，设计并合成了一系列二巯基化合物的锑硫醇盐，经动物试验证实有若干化合物对血吸虫病有不同程度的疗效，其中疗效满意而又可以肌肉注射的是二巯基丁二酸锑钠（Sb-58），定名为巯锑钠（Merstibin，拉丁名 Merstibinum）。化学合成部分的研究成果分别发表于 1956 年和 1957 年的《化学学报》上[②]，这是谢毓元第一次以第一作者身份发表其研究成果。

那时候我就是从查阅文献开始，因为我在清华查文献已经有点基础。发现在二次大战时英国发明了 British Anti-Lewisite，就是 BAL，

---

① 丁光生访谈，2011 年 11 月 25 日，上海。资料存于采集工程数据库。
② 谢毓元、章辛、杨行忠、嵇汝运：血吸虫病化学治疗的研究（Ⅱ）几种巯基羧酸的锑衍生物。《化学学报》，1956 年第 22 期，第 105 页；谢毓元、朱应麒、黄知恒、杨行忠、周启霆、嵇汝运：血吸虫病化学治疗的研究（Ⅳ）二巯基丙醇的芳基醚及锑硫醇盐。《化学学报》，1957 年第 23 期，第 447 页。

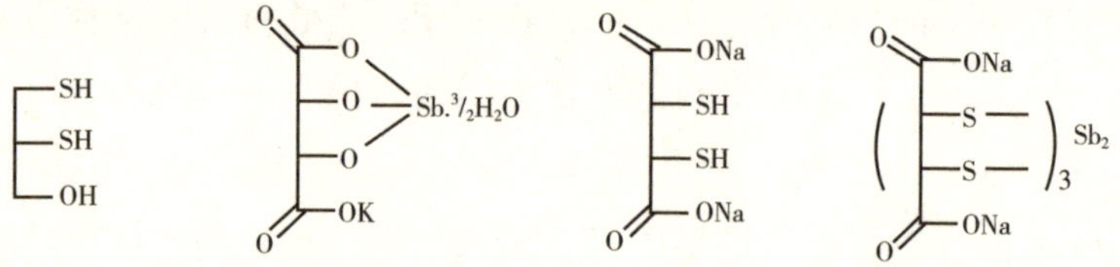

图3-6 从左至右依次为 BAL、酒石酸锑钾、二巯基丁二酸钠、巯锑钠（Sb-58）的化学结构式

可以抗路易斯毒气。它的原理就是，相邻两个巯基可以把毒气里的砷拉出来，或者中毒以后砷结合在蛋白上可以把它拉出来，形成一个五元环，排出去。酒石酸锑钠虽然勉强在用（当时没其他药），（但）有些人用了以后会产生心脏毒性而死掉，一方面用酒石酸锑钾（吐酒石）的疗效，一方面要减轻锑的毒性。所以我想是否套用邻二巯基的化合物，接上锑，跟锑螯合的比较紧，不至于太多脱落在身体里面。从这个出发，我们就做了很多相邻两个巯基跟锑结合的化合物。其中有一个是二巯基丁二酸钠，二巯基丁二酸接了锑以后，药理疗效还是有的，但是毒性低一点，基本达到了预想①。

当时由嵇汝运负责，和谢毓元一起从事锑剂化学物合成工作的还有杨行忠、黄知恒、周启廷、朱应麒等，当时嵇汝运为副研究员，负责整体工作，其他五位成员除了谢毓元为助理研究员外，均为研究实习员，当时助理研究员还肩负一项任务，那就是除了完成本身研究工作外，还要指导研究实习员的技术工作②。从事锑剂化合物药理研究的有丁光生带领下的梁猷毅、朱巧贞、曾衍霖、池志强和沈美玲等③。

1956年9月之后，谢毓元因被推荐留苏，终止了抗血吸虫病药物的合成研究。但他参与合成的巯锑钠的研究开发并没有被终止。从1958年起，巯锑钠经中国医学科学院寄生虫病研究所等多家单位临床试验，证明巯锑钠可肌肉注射，绝大多数病例无局部明显刺激，注射后毒副作用与酒石酸

---

① 谢毓元访谈，2011年12月2日，上海。资料存于采集工程数据库。
② 1954年科学研究干部培养计划表。存于中国科学院上海药物研究所档案室。
③ 1954年研究工作计划。存地同上。

锑钾相仿。疗效得到肯定，与酒石酸锑钾无显著差别。1959年浙江农业科学院畜牧兽医研究所等单位进行了以Sb-58治疗耕牛血吸虫病的试验。对此药物所学术委员分别于1965年3月23日和4月6日举行两次鉴定会，并报请中国科学院或大区分院组织鉴定。最终于1965年12月通过中国科学院华东分院主持的技术鉴定会，鉴定结果为：建议化工部根据今后需要，安排上海地区药厂即行进行生产。也建议卫生部、农业部制定巯锑钠在人、畜血吸虫病治疗的方案（包括用药方案、疗效和毒性指标），以便应用[①]。同时也提出了若干改进建议，比如对原料药和制剂的质量及稳定性的研究；需做更多的动物实验，来平行比较巯锑钠和酒石酸锑钾的毒性和疗效；希望药厂进一步改进生产工艺、提高产品质量、降低成本，等等。

从严格意义上来说，巯锑钠距离现在"新药"的标准还有一段距离，但新中国成立不久，百废待兴，我国1965年才制定出第一个新药管理办法《药品新产品管理暂行规定》，对血吸虫病新的治疗药物又翘首以待，尽管巯锑钠和酒石酸锑钾疗效和毒性相当，但因可以肌肉注射，方便使用，在中科院组织的大区鉴定会上予以通过。但后来因巯锑钠很不稳定，必须采用安瓿（Ampoules，也叫安瓶）封装，造成不便，且无法避免锑剂的毒副作用，自1975年德国开发出更好的血吸虫病治疗药物吡喹酮（是世界卫生组织指定的治疗血吸虫病药物）后，巯锑钠和酒石酸锑钾等锑剂也逐渐淡出人们的视线。

二巯基丁二酸成药

因为锑剂是当时治疗血吸虫病的主要药物，但具有一定的毒性，发生锑中毒时急需抢救，寻找锑剂的解毒药物成为当务之急。药物所从1954年

[①] K.1.3.H02，巯锑钠技术鉴定证书。存于中国科学院上海药物研究所档案室。

以来合成及动物试验了多种解毒药，最终发现二巯基丁二酸钠具有较强的解毒效力，且其本身毒性很低，二巯基丁二酸钠能将酒石酸锑钾的半数致死量提高15倍，而国际上常用的金属解毒剂二巯基丙醇（BAL）提高不到一倍，苏联的最新解毒剂二巯基丙磺酸钠（Unithiolum，DMPS，1957年苏联发现）提高仅七倍[①]。二巯基丁二酸钠不仅疗效好，而且可以静脉注射，解决急性中毒问题，而英国的BAL和苏联的二巯基丙磺酸钠只能肌肉注射。而二巯基丁二酸钠正是谢毓元于1954年合成巯锑钠时的一个中间体，虽然巯锑钠最后没有成为一个很好的血吸虫病治疗药物，二巯基丁二酸钠及其游离酸二巯基丁二酸却陆续被开发为享誉中外的广谱重金属解毒药物，不仅可以解锑毒，还可以解汞、砷（砒霜）、铅和铜等金属毒。它的作用机制是相邻的两个巯基可与体内的有害金属离子形成稳定的五元环状螯合物，从而将原来结合在体内某些蛋白质分子上的重金属（M）脱开，再经肾脏及尿液排出体外。对此，丁光生先生有段非常形象的描述：

不是有两个巯基吗，邻位的巯基它两个S，S它是二价的。一个键就连到碳上头，另外一个键本来是个氢，你注射到身体里面去以后，遇到重金属，不管是铅、铜、汞，它把两个氢就掉下来，马上就把它（指重金属）钳住了，螯合起来了。螯合起来以后跑不了了，好像抓了一个强盗土匪，它也不能为害了，同时螯合以后就从肾脏里面

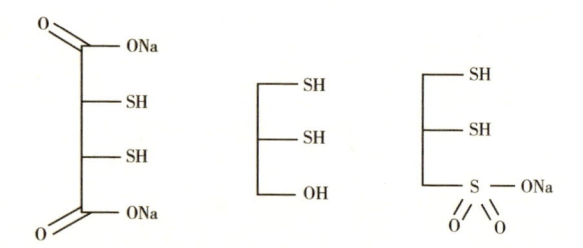

图 3-7 从左至右依次为二巯基丁二钠（DMS）、BAL和二巯基丙磺酸钠（DMPS）的化学结构式

---

① 梁猷毅，朱巧贞，曾衍霖，丁光生：防治血吸虫病药物的研究 Ⅵ. 二巯基丁二酸钠及葡萄糖2，3-二巯基丙基甙对吐酒石的解毒作用.《生理学报》，1957年第1期，第24-32页。

排出来。我们的 DMS 可以把重金属螯合起来，不螯合的话，它在血液里、身体里头很有危害。[1]

  合成二巯基丁二酸（钠）时，谢毓元吃了不少苦头。他首先进行详细的文献调研，根据英国人 Owen[2] 在文献中提到的合成方法，并根据国内实际可行的情况进行合成路线的简化，合成出包括二巯基丁二酸（钠）在内的一系列巯基化合物。虽然合成方法难度不大，但因当时实验室通风条件很差，在合成一系列巯基化合物时，谢毓元还是吃了不少苦头。"那个时候吃苦喽，它的需要量有时候比较大，你非得及时提供。这个臭气赵老先生（赵承嘏）不许散出来，所以只好到四楼楼顶的阳台上，搭个架子在那做。不管是日晒也好，风吹也好，只能在楼顶做。这个臭气的确是很难闻，（硫化物的）臭皮蛋的味道的确是很难闻。"[3] 不仅如此，还面临很多其他困难，比如，原料供应不足，很多需自行制备；器材不足，最缺乏的就是高真空蒸馏设备；合成出的大量化合物却没有专人分析，需尽快配备一位专业的分析人员；而且 1958 年之前药物化学合成组仍处于武康路 395 号，周围就是民居和小学，且本身为住宅性民房，不适于化学实验，等等[4]。即便如此，谢毓元每次都很圆满地完成合成任务，这段经历对谢毓元的科研生涯也产生了至关重要的影响。重金属解毒药是利用螯合剂的原理将体内的重金属螯合后并经肾脏排出，这是他从事医用螯合剂的开端，也为他十多年后从事另一项医用螯合剂的研究——放射性核素促排药物打下了深厚的理论和实践基础。

  同巯锑钠一样，谢毓元自从留苏后，就基本没有参与二巯基丁二酸（钠）的后续开发，二巯基丁二酸（钠）最终经药理室的梁猷毅和丁光生先生等人系统、严谨地药理研究，最终成为锑、铅、汞、砷、铜等多种重金属的解毒药物。虽然谢毓元在后续开发中少有参与，但他是国内合成二

---

[1] 丁光生访谈，2011 年 11 月 25 日，上海。资料存于采集工程数据库。

[2] L.N.Owen and M.U.S.Sultanbawa：Olefinic acids. Part VII. The addition of thiols to propiolic and acetylenedicarboxylic acid. Journal of the Chemical Society，1949，3109–3113.

[3] 谢毓元访谈，2011 年 12 月 2 日，上海。资料存于采集工程数据库。

[4] K1.3.H.05，1956 年度研究题目计划。存于中国科学院上海药物研究所档案室。

巯基丁二酸（钠）的第一人，因此在二巯基丁二酸（钠）的历次评奖中，谢毓元均被尊为第三贡献者。

鉴于当今不少报道中经常会混淆二巯基丁二酸和二巯基丁二酸钠的概念，在此将两个药物的开发流程进行简单介绍。二巯基丁二酸钠和二巯基丁二酸是在不同时期针对不同需求开发出的两个药物。二巯基丁二酸钠（又称二巯丁二钠），英文名称为 sodium dimercaptosuccinate，缩写为 Na-DMS，最初是作为静脉注射制剂，来解决锑剂的急性中毒问题（BAL 只能肌肉注射）。二巯丁二钠解毒作用的研究成果首次公开发表是在 1957 年 1 月的《生理学报》上[①]，由中科院药物所的梁猷毅和丁光生等人撰写。1958 年 4 月 26 日，丁光生和梁猷毅来到中山医院，在他们自己身上检验他们的发明成果，他们也因此成为国际上首次注射二巯丁二钠的人，这也是二巯丁二钠在正常健康人身上进行的首次临床试验。经后续扩大临床试验，以及 1958 年下半年上海新亚药厂试制成真空安瓿制剂，该药于 1958 年开始试用于锑中毒病人的抢救和治疗，1963 年试用于治疗砷、铅和汞中毒的病人，1964 年又开始试用于治疗肝-豆状核变性（铜代谢障碍），均取得良好效果。1965 年通过鉴定（与上面提到的巯锑钠同时鉴定），是我国首创的重金属广谱解毒药物，用于锑、铅、砷和汞中毒的解毒及铜代谢障碍引起的肝-豆状核变性疾病。因铅、汞、砷等在当时工业及农业中毒中均占首要地位，因此二巯丁二钠对支援工农业生产起了重大作用。该药于 1977 年载入《中国药典》至今，并被列为我国基本药物之一。1975 年以后，该药相继在日本、苏联和美国等国也开展了临床使用[②]。

二巯基丁二钠作为急性重金属中毒解毒药物，充分发挥了它起效快，疗效高的特点；但它在空气中不稳定，且需用真空安瓿保存，静脉注射，对患者使用不便，并不适于慢性金属中毒病人的治疗及职业病的预防。尤其是随着工农业的发展，职业病逐渐增多，像铅中毒、汞中毒、砷中毒等职业病逐渐成为主要危害，迫切需要一种高效、低毒、使用方便的特效

---

① 梁猷毅，朱巧贞，曾衍霖，丁光生：防治血吸虫病药物的研究Ⅵ. 二巯基丁二酸钠及葡萄糖 2, 3-二巯基丙基酯对吐酒石的解毒作用。《生理学报》，1957 年第 1 期，第 24-32 页。

② 王孩兰：二巯丁二酸的研制及应用。《医学信息》，1991 年第 10 期。

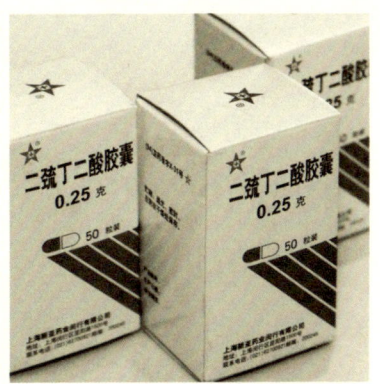

图3-8 二巯基丁二酸于1991年获国家科技进步二等奖的奖状（中国科学院上海药物研究所提供）

图3-9 二巯基丁二酸成药

药。为此，在二巯基丁二钠的基础上，药物所于60年代开始对口服二巯基丁二酸（Dimercaptosuccinic acid，DMSA）进行了系统的药理研究，经动物实验证实，它毒性低，易吸收，疗效和二巯基丁二钠相当，对铅、汞、锑、铜、砷等多种金属中毒有促排解毒作用。1985年，经上海市卫生局批准由新亚药厂生产，开始二巯基丁二酸的临床试用，1990年通过卫生部新药评审，用于治疗铅、汞、和砷金属中毒，获新药证书，成为国家基本药物至今。后于1999年申请补充适应证，增加对铜代谢障碍引起的肝-豆状核变性（Wilson氏病）疾病的治疗，于2001年获得国家新药证书，成为治疗肝豆状核变性患者的首选口服药物。

到目前为止二巯基丁二酸仍是世界上口服治疗金属中毒的理想药物，得到国际同行的肯定，并载入我国出版的《中国的世界纪录》（1987年）科技卷，1991获得国家科技进步二等奖。同年2月，美国食品药品监督管理局（FDA）批准该药生产，用于儿童铅中毒的治疗，这是美国首次仿制中国发明的新药。二巯基丁二酸还曾多次挽救患者的生命，最引人注目的一次是1992年郑州河南税务高等专科学校发生的特大砒霜中毒案，788名患者生命垂危，在服用及时空运来的二巯基丁二酸后，中毒者全部转危为安，这是令全国震惊的奇迹[①]。多年后谢毓元谈到此事，感到非常欣慰和自豪，看到自己合成的药物能够挽救人的性命，他感到无比的幸福！

---

① 周忠麟："王牌解毒药"院士谢毓元。《上海滩》，1997年第1期，第4-5页。

第三章 初涉药学

第四章
留学苏联

自进入中科院药物所以来,谢毓元先后参与了常山叶中常山碱的提取及含量测定、普鲁卡因的合成工艺改进、抗血吸虫病治疗药物的化学合成等工作。从中草药的提取、到简单化合物的合成,再到发现新的治疗药物,他一步步迈入药物研究领域。尤其是从事抗血吸虫病药物研究时,嵇汝运先生非常放手,作为组里的大弟子,谢毓元充分发挥他的专业优势,在详细文献调研基础上,带领其他几个成员一起合成了若干含巯基的抗血吸虫病药物和重金属解毒药物。当他看到自己合成出的药物经药理研究证明有效时,感到非常振奋,也更加痴迷于自己的药物研究工作。他在工作中的突出表现是有目共睹的,从而获得1956年度留苏预备生的选拔资格,在填报专业时,他毫不犹豫地填下了"有机化学合成(着重研究化学结构与生理作用的关系)"专业。

被推荐留苏

新中国成立初期,我国向苏联实行"一边倒"的外交政策,1950年2月,中苏双方签订《中苏友好同盟互助条约》，奠定了两国在政治、经济和文化方面相互交流的基础。在新中国急需大量具有专业技术水平的建设和管理人才的背景下，中央决定向苏联大量派遣留学人员，全面、系统、深入地学习苏联的先进技术和管理经验。1951 年派出第一批留苏学生后，国家于 1952 年专门设立留苏预备部，为留苏人员做一年左右留苏前的语言等方面的培训。

当时能够进入留苏预备部的人都是经层层遴选产生的，大都是在政治、业务和身体条件等各方面都很过硬的人员。以至于当时有一种说法，"够得上入党条件，不一定够得上留苏条件"。本次采集过程中谢毓元曾透露，他在 1952 年就获得赵承嘏老先生的留苏推荐，但不知什么原因最终没有成行，他猜想可能是政治审查没有通过[①]。在上海药物所的人事档案中发现，谢毓元确实在 1952 年 8 月 15 日填写过一份"1952 年度选拔赴苏留学生统一考试报考登记表"，审查意见均为"同意保送"，但具体没有成行的原因现已无法考证。是金子总会闪光的。1956 年，谢毓元再一次被推荐留苏，这一次，终于有惊无险地通过了政审。从谢毓元于 1956 年 5 月 28 日填写的一份"留学预备生审查登记表"[②]和当时的审查资料中可以看出，不仅对他本人及直系亲属进行详细调查，还对所有和他有社会关系的旁系亲属及同学朋友进行过调查，可见政审是异常的严格。

政审及体检均合格后，还要参加国家统一组织的留学生考试。考试时间是 1956 年 7 月 28—30 日，上海考区的考试地点是虹口区的上海外国语学院[③]。考试科目分两种，共同必考科目有国文和马克思列宁主义基础，其他考试科目根据报考的专业而定。因谢毓元选择的专业是"有机化学合成"，参加的专业课考试科目为"有机化学"、"物理化学"和"无机及分析化学"。谢毓元依稀记得，"那年的夏天异常炎热，考场里放着一大块一大块的冰块，考试的时候头昏脑胀的，但考试及格了，后来就被通知到'留苏预备班'"。其实他的三门专业课考试成绩均很优秀，有机化学 80 分，

---

① 当时所有获得留苏推荐人员都面临严格的政治审查。因谢毓元的堂哥谢毓章，当时在美国学习物理，而三哥谢毓寿，在"三反五反"中被诬（后被平反），因此政审中可能受影响。
② 留学预备生审查登记表。存于中国科学院上海药物研究所档案室。
③ B7 长卷 25 号，存于北京外国语大学档案馆。

物理化学 86 分，无机分析化学 81 分[1]。

至此，谢毓元经过政审、体检和专业科目考试三关之后，终于来到了留苏预备部，进行为期一年的预备学习。当时我国留学政策受时事影响，只能是到苏联社会主义国家留学，中科院药物研究所在这段时间，也先后派出池志强和黄知恒到苏联留学，白东鲁到捷克留学。

留苏预备班学习

1951 年，我国向苏联派出第一批留学生，但因时间紧迫，这批学生在出国之前只在北京集结了一个月，简单了解一下苏联国情，并没有学习俄语，结果，这些学生在出国后面临巨大的语言和生活困难。为此，国家于 1952 年 6 月专门成立留苏预备部，其任务是专门培训派往苏联学习、进修的人员，"在一年之内，教会学生基础俄语，使之具有初步用俄语听讲、阅读、记录、会话的能力，并提高其政治理论水平，锻炼健全的体魄，为留苏准备条件"[2]。1952 年 8 月 9 日，中苏两国签订了《关于中华人民共和国公民在苏联高等学校（军事学校除外）学习之协定》，对留学生的选拔标准、留学期限、专业选择、生活安排等方面有了更为详细的标准和规定。

留苏预备学校初设在北京俄文专修学校[3]内，由俄专统一领导，又称俄专二部。1952 年，留苏预备学校迎来第一批 600 名学生，因当时没专门校舍，暂借定阜大街的原辅仁大学部分校舍教学。1952 年 6 月，搬到西城区西南角的鲍家街 21 号（后门牌号变成 43 号），即醇亲王府的旧址。这时的俄专二部已正式命名为留苏预备部。1953 年，我国第一个五年计划开始执行，国家建设迅速发展。1956 年 1 月，党中央提出了"向科学进军"

---

[1] 谢毓元人事档案。存于中国科学院上海药物研究所档案室。

[2] 北京外国语大学志编委会编：《北京外国语大学志（1941-2000）》。北京：北京外国语大学出版社，2001 年。

[3] 北京俄文专修学校是和新中国同日诞生的，其目的在于为新中国培养俄语翻译人才。1955 年，校名改为北京俄语学院。参见：同上。

的口号，同时 1956—1967 年的"科学发展远景规划"已经制订并开始付诸实施。种种迹象表明，国民经济建设高潮的大幕已经拉开，高技术人才的相对短缺越来越成为经济发展的掣肘。考虑到国民经济建设的广泛性和持续性，加上中苏关系正处于最好阶段，留苏预备人数逐年激增。据 1955 年 9 月统计，已经有 2571 人。1956 年这批学生出国时，学生专列整整发了三趟[①]。鲍家街王府旧址无法满足发展的需要，于是 1955 年 2 月留苏预备部搬到在海淀区魏公村建成的新校址。然而，这批学生离开后，国家调整了留学选拔方针，从"严格选拔，争取多派"变为"争取多派研究生，少派或不派高中生"。从 1956 年起，留苏预备部的在读人数锐减，设施和资源出现富裕，1956 年 8 月，留苏预备部又回到鲍家街原址。

谢毓元 1956 年 9 月 21 日来到留苏预备部，被分在 59 班[②]。留苏预备部学习年限为一年，主要任务是对派遣的留学生进行短期的俄文训练，同时提高政治思想水平，培养一批"学习好、纪律好、身体好"的德才兼备、体魄健全的留学预备生。为此留苏预备部配备了优秀的管理干部和一流的教师，聘请了一些苏联专家，还从当时在北京工作的苏联技术专家的家属中聘请一部分人来讲课。当时开设的课程主要有俄语和政治理论学习，俄语学习排在所有学习任务的首要位置，时间上投入也最大，占全部学时的 75% 以上；其次是对政治审查工作也非常重视，通过忠诚老实运动和发展党员等工作来进行，另外还开设了中国革命问题、马列主义基础、唯物辩证法、苏共党史等政治理论课；最后对学员的身体健康也非常重视，通过加强锻炼和提高伙食标准来保证出国学员的身体健康。

这里主要介绍一下当时的俄语学习。因教学计划的基本原则是学习基础俄语，所以课程只分语音课、语法课和讲读课三种。第一学期重点是使学员打下正确的语音基础，完成基本语法知识，其次要记住 1500—1800 个词汇。第二学期重点是使学员迅速提高俄语听课和阅读俄文书刊能力；需要记住 1800—2000 个词汇；训练学员讲读能力，能用俄文记录教员上课的基本内容；借助词典能阅读一般政治理论性书籍和本行业专业书籍；

---

① 李鹏：建国初期留苏运动的历史考察。华东师范大学博士学位论文，2008 年。
② B7 长卷 20 号，存于北京外国语大学档案馆。

能说简单的日常对话，口述所学文章大意。后来随着俄语教学时间的不断增加，对俄语课程又逐渐细化，到1956年时已经有语音、导论、语法、词汇、听力、会话和课外阅读等课程①；同时增加了其他学习手段，通过多种形式，如播放俄语电影、俄语广播等增强俄语学习的氛围②。从中可看出，一年的突击集训，重点放在了口语和听力上，争取在最短的时间内帮助学员最大限度地提高俄语的实用能力。

对从未接触过俄语的学员来说，这是一次难得的俄语入门学习的机会，但对谢毓元来说，却略显简单。因为，中科院药物所自1954年开始执行培养干部计划以来，就组织全所人员学习俄语，要求大家保持每天一小时的俄语学习，并结合专业文献进行自学或集体学习。1955年上半年，谢毓元还参加了有29人参加的上海办事处举办的俄文句法班，巩固并提高了俄文阅读能力。当时俄文文献和书籍已经成为工作人员经常参考的资料。所以，在进入留苏预备班前，谢毓元已经有了几年的学习积累，具有不错的俄语基础，还能从事简单的翻译工作③。

> 外国语学院的师资应该也很全。但是可能是照顾我们，认为我们都没学过俄语，所以都从初学入手，都是很浅的最浅的俄语。我是希望口语能够（加强）。我俄语已经自学了两三年，学校教的课程我背也背得出，对我是不大适合的。我觉得当时应该分班，已经学过的一个班，没学过的一个班，这样对大家都有好处。这段时间，我有个同学在做化学译报的主编，他就拿苏联的文章叫我翻译，有时候一篇文章要六七十页，我就专门帮他翻译。

除了学习俄语以外，还要经常参加各种政治思想教育和时事政策学习，1957年中共又发起了反右运动，本来于1956年5月已经申请加入中

---

① B7永卷16号，教学计划。存于北京外国语大学档案馆。

② 周尚文，李鹏：建国初期留苏学生的国内培训工作。《历史教学问题》，2008年第3期，第8—14页；李鹏，周尚文：建国初期留苏学生是怎样选派的。《历史教学问题》，2008年第2期，第14—20页。

③ 1955年工作总结。存于中国科学院上海药物研究所。

国共产党的谢毓元,却因为在运动中不积极发言,被认为是落后分子,政治上不可靠,结果在转正大会上被宣布延长预备期一年。1958年,谢毓元是在莫斯科正式转正,成为一名正式的共产党员[1]。

留苏预备部对学员的身体健康也非常重视。开学初期,留苏预备部在各班成立劳卫制锻炼小组,绝大部分学员都参加了劳卫制锻炼,另外还建立和坚持了早操和课间操制度。同时,留苏预备部还加强了对学员的伙食管理。当时周恩来总理指示,出国留学生不能搞得面黄肌瘦,国家再穷,也要保证他们的健康。据当时的学员回忆,伙食标准每月15—16元,午餐晚餐都是四菜一汤,早点花样也很多,甚至有人说比国家机关高级干部小灶食堂还好[2]。

图4-1 1957年,谢毓元留学苏联前在上海留影(谢毓元提供)

此外,国家还为每一位学生统一购置了出国的制服和装备。服装是从春到夏,从里到外,从上到下,一应俱全。有过冬的藏蓝色粗呢面的丝绵大衣一件,秋天的浅灰色的薄呢子面料的夹大衣一件,西服两套,衬衣八件,各式鞋子九双,皮帽一顶,帽子围巾一套,内裤四条,等等,还配备了领带、雨衣、鞋油、鞋刷、公文包、帆布箱、书箱等大小物件[3],国家对留苏人员的照顾可谓是无微不至。

或许对很多人来说,留苏预备班一年的学习生活是非常紧迫的,但谢毓元却是轻轻松松度过,以至于没留下太多的回忆。不过他记得当时班里有几位体育专修生,他经常跟着他们打篮球,这对身高一米八的谢毓元来说,是最好不过的锻炼和休闲方式。而且,他们班级里还出了另外两名院

---

[1] 谢毓元访谈,2011年12月2日,上海。资料存于采集工程数据库。
[2] 李鹏:建国初期留苏运动的历史考察。华东师范大学博士学位论文,2008年。
[3] 同上。

士，分别是 1997 年当选为中国工程院院士的生态学家李文华，和 1991 年当选为中国科学院院士（原学部委员）、1994 年当选为中国工程院院士的北京邮电大学的陈俊亮，谢毓元和他们两位在 80 年代外出开会时曾有偶遇[①]。

崭露头角

1957 年 11 月，285 名留苏研究生分批向苏联出发了。以往每年都是 8 月份留苏，为什么 1957 年却拖到 11 月份呢？后对谢毓元采访才得知，原来 1957 年反右运动正开展的如火如荼，所有学生必须经过再次政审甄别，才能出国。8 月份他们离校后，回家等通知，通知到了才可以出发。因当年出国人数较少，且比较分散，国家没有组织学生专列，这批学生乘坐的均是国际专列[②]。

留苏之前谢毓元已于 1954 年结婚（妻子叶德华），并于 1955 年诞育一子（谢家叶）。1957 年 3 月，第二个孩子出生（女儿叶家苏），面对两个年幼的孩子和需要照顾的妻子，谢毓元虽然万般不舍，但为了不负众望，也为了归国后更好地服务于自己的国家，他毫不犹豫地出发了！火车行走了七天七

图 4-2　1957 年谢毓元全家福。后排左叶德华，右谢毓元，前排右谢家叶，左叶家苏（谢毓元提供）

---

① 谢毓元补充访谈，2012 年 12 月 18 日，上海。存于中国科学院上海药物研究所。
② B7 长卷 19 号，存于北京外国语大学档案馆。

夜，途经高寒的西伯利亚大平原，在满洲里国界处，还要换乘不同轨道宽度的苏联火车（因两国的铁轨宽度不同），一路舟车劳顿，倒也减轻了他的几分思家心情。途经贝加尔湖时，谢毓元下车观赏，一时贪恋异域风光，差点延误了火车，直到现在谈起，他还心有余悸。

谢毓元的目的地是苏联莫斯科的苏联医学科学院生物及化学研究所，他选择的导师是舍米亚金院士。早在50年代中期，舍米亚金院士曾受军事医学科学院黄鸣龙先生的邀请，到中国讲学，当时军事医学科学院还在上海的岳阳路319号，和中科院药物所仅几步之遥，谢毓元从此记住了这位院士的名字。当时谢毓元已经开始从事抗血吸虫病治疗药物的研究，看到自己合成的东西被证明有治疗效果时，对有机合成越发感兴趣，因此在有机会留学苏联时，毫不犹豫地填报志愿专业为"有机化学合成（着重研究化学结构与生理作用的关系）"。

图4-3 1958年，谢毓元在莫斯科红场留影（谢毓元提供）

舍米亚金·米哈伊尔·米哈伊洛维奇（1908.7.26—1970.06.26），一般缩写为米·米·舍米亚金（Шемякин Михаил Михайлович），是苏联化学博士、教授、院士。1953年时已经被评为苏联科学院通讯院士，1958年当选为苏联科学院院士。他是苏联有机化学领域、特别是天然化合物化学领域杰出的科学家，曾先后在有机化合物的水解和氧化水解转化、多种复杂抗生素的研究、生物有机化学领域内的蛋白肽物质研究方面取得重大突破。1945—1970年间，舍米亚金的研究主题之一是抗生素的化学和生物化学研究，他非常强调抗生素重要的现实作用，在抗生素出现之初就研究它们的重大理论意义。在他的带领下，曾先后在氯霉素类药物、抗癌霉素类药物、四环素类药物等抗生素方面取得重大理论及实际应用上的突破。因成绩卓著，他曾任职于多家单位，1945—1959 年期间，任苏联医学科学院生物与医学化学研究所（莫斯科）实验室主任，同时在 1957—1959 年间，兼任苏联科学院下属的泽林斯基有机化学研究所抗生素化学实验室主任。后于 1959 年创立了苏联科学院天然有机化合物化学研究所，任首任所长，直至 1970 年逝世。后来此研究所更名为"俄罗斯科学院生物有机化学研究所"，前面冠以舍米亚金院士的名字。从上可以看出，当时谢毓元在跟随舍米亚金学习期间（1957—1961 年），曾经历过两个时期，1957—1959 年间在苏联医学科学院生物及化学研究所，1959—1961 年间在苏联科学院天然有机化合物化学研究所[1]。但据谢毓元回忆，他在苏联攻读副博士期间，始终在莫斯科 Pogodinskaya 大街上的一栋大楼里做实验[2]，从未换过地方。

谢毓元刚到留学生宿舍时，就听到一个不利的消息。当时有机所的盛怀禹[3]已经于 1956 年到苏联留学，师从纳诺洛夫院士，但一年后纳诺洛夫院士病逝，他便转入舍米亚金院士领导的实验室，进行金霉素的全合成工作。他告诉谢毓元，现在舍米亚金那里已经有两个中国留学生了，很可能不会要你了，你要事先有个思想准备。谢毓元一听，开始很是着急，不过随后很快镇定下来，他觉得自己俄文有一定根基，而且语言发音相当标准，专业上更是不含糊，于是花近一晚上的时间来研究怎么和舍米亚金交谈。果然，第二天俩人见面时，舍米亚金就问他，你为什么到我这里来？谢毓元早就想好了答案：

> 我就说你怎么样到我们国家来，我听说你学问非常好，工作非常出色，而且对中国很热心，愿意为中国培养人才，所以我就慕名而来。希望从你这里能够学到东西，回去给祖国人民服务。我等于唱京

---

[1] 参见俄罗斯科学院生物有机化学研究所主页。
[2] 苏联医学科学院生物与医学化学研究所的旧址在 Pogodinskaya 大街，一栋简陋的楼房里，70 年代后，该所的所长在原址建了两座六层的楼房。
[3] 盛怀禹（1921-），1947 年毕业于北京大学化学系。中国科学院有机化学所留苏人员，早谢毓元一年出国。

戏，字正腔圆，准备了好几个小时。因为实验室里另外两个中国人的俄语稍差一些，平时和导师很难交流，所以他一听我这样子的（俄语）水平，脸上露出非常惊异的眼神，好！行！他叫人来，带他到实验室给他一条桌子，当场拍板给我一条桌子。并很快给了我研究课题。①

图 4-4　1959 年，谢毓元在莫斯科的留苏学生宿舍
（谢毓元提供）

就这样，谢毓元顺利地成为舍米亚金的学生。不过，在谢毓元眼里，舍米亚金的实验室好像过于简陋了些，和当时中科院药物所武康路的实验场所不相上下，大概只有一个大间、一个小间，但比较好的是有一个自己的分析室，合成出的化合物可以马上得到验证。整个研究室只有八个人，三个中国人，五个苏联人，其中有一位是技术员②。

舍米亚金给谢毓元的研究课题是四环素类化合物的合成研究，这是当时国际上非常热门且难度很高的研究课题。早在 1948 年，在金色链霉菌的培养液中发现了新的抗生素金霉素（氯四环素）。在随后的 12 年里，在对放线菌类进行深入研究后又发现了六种与金霉素类似的抗生素，分别是土霉素、四环素、溴四环素、脱甲基四环素、脱甲基氯四环素、去酰胺乙酰土霉素。这些抗生素对高等动物和人来说都是微毒的，但对于革兰氏阳性细菌、革兰氏阴性细菌、耐酸细菌以及一些立克次氏体、大型病毒和最简单的病毒来说却是高活性的。由于自身宝贵的医学生物特性，其中的三种抗生素——四环素、金霉素、土霉素广泛用于

---

①　谢毓元访谈，2011 年 12 月 2 日，上海。资料存于采集工程数据库。
②　谢毓元补充访谈，2012 年 12 月 18 日，上海。存于中国科学院上海药物研究所。

治疗各种传染病，其中包括由一些耐青霉素和链霉素的微生物引起的疾病。此外，它们还被用作刺激农业牲畜生长、保存肉制品和鱼制品的添加剂。

鉴于此，舍米亚金很早就开始了四环素类化合物的研究，在谢毓元来之前已经做了大量细致的工作。因谢毓元初来乍到，对已知化合物的合成，舍米亚金将每一步怎么做，从这一步到下一步要用什么方法，都一一告诉谢毓元，让他按照方法来做，对未知化合物的合成，会建议他怎么做。有一次，舍米亚金又将一个中间原料的合成方法告诉谢毓元，他回去后仔细查阅资料。留苏时，谢毓元从国内带了不少有机化学的书，其中包括《Rodd's chemistry of carbon compounds》，是在福州路一家外文书店购买的一套影印版的有机化学丛书，分脂肪族、芳香族、杂环等。他从书上查到，可以用更为简便的方法合成出这个中间体。第二天他就跟舍米亚金进行讨论，结果遭到导师的严肃反对。谢毓元对导师表示尊重和理解，但并不盲从。当天晚上他就按照自己的方法，制备出了中间体，并进行了重结晶。第二天，谢毓元将合成的化合物交给舍米亚金时，他大吃一惊，觉得这是一件不可能的事情。他马上安排将化合物送到分析室，经分析测定，证实他获得了成功。至此，舍米亚金对他大为赞许："你们国家有个成语叫成则为王，我们国家也有个说法，成功者是不受责备的！"之后导师对谢毓元格外地信任、放心，实验室里有人做不出来的东西，也会交给他做，并称赞他有一双幸福的手！

三年半紧张的研究生生活造就了谢毓元善于探索、锲而不舍、自强不息的学习钻研精神和毅力。他几乎把所有的时间都放在化学实验上，每天晚上实验室的灯光都亮到十一点多，但他又是乐此不疲的。四环素类化合物骨架是四个环，谢毓元在合成前三个环时，虽然辛苦，却比较顺利，但在搭建第四个环时遇到了前所未有的困难。由于四环素本身分子结构和立体化学的复杂性，以及它在碱性和酸性环境中的极不稳定性，谢毓元前后花费几个月工夫也没有获得最终的目标产物，可此时距离毕业时间已经很近。事实上，他凭借前面的研究工作，也完全可以毕业，但谢毓元却至今耿耿于怀。"四环素有四个环，我做到三个环而且

图 4-5　1961 年，谢毓元副博士论文答辩后与同事同学合影。左四为谢毓元（谢毓元提供）

把第四个环的功能团也搭上去了，但是四环素怎么也得不到，所以我的毕业论文就缺个角，最后没有成功。虽然前面内容还是可以成为一篇论文，但是没有得到最终产物，所以这也是遗憾，也是我碰到的没有解决的困难。"①

虽然没有获得最终的四环素产物，但他的研究作为苏联科学院天然有机化合物化学研究所抗生素实验室进行的四环素化学研究的一部分，对于从氢化蒽酮转向四环化合物的方法进行了系统研究，这为研究室在此方面的后续研究提供了借鉴和指导。鉴于此，谢毓元参加并顺利通过了 1961 年春天的副博士论文答辩，他的答辩论文题目为"去二甲胺基去氧四环素合成方法研究"。

在谈到苏联的学位论文授予情况时，谢毓元认为他毕业时的学位论文授予过程和我国的情况大体相同。首先，在答辩前半年左右，按要求提交一篇综述，同时会进行相关的口试，苏联的考试全都是口试，没有笔试。口试是一个学生对两个老师，分别是他的大导师舍米亚金院士和小导师，

---

① 谢毓元访谈，2011 年 12 月 2 日，上海。资料存于采集工程数据库；谢毓元：СЕ ЮЙ-ЮАНЬ, ИЗУЧЕНИЕ ПУТЕЙ СИНТЕЗА ДЕДИМЕТИЛАМИНОДЕЗОКСО-ТЕТРАЦИКЛИНОВ. 1961 年，副博士论文。存于谢毓元处。

主要针对一些有机化学方面的基础知识，只有通过了口试，才有资格参加副博士的论文答辩，一般都可以通过。然后是书写论文，完成后由导师修改，修改完毕后自己联系印刷厂印刷，这点与国内稍有不同。最终论文需打印成册。谢毓元记得很清楚，因当时没有相关软件，画结构式是用一种刻有分子结构的塑料模板进行手绘的。之后，按导师的要求，自己送两份论文给答辩老师。他答辩时请了两位苏联科学院有机化学研究所的专家。和国内不同的是，论文上交以后，答辩老师会约定一个时间让去听意见，这样可以提前预备老师将提的问题。最后，确定好时间，贴布告答辩。他记得很有意思的是，"答辩时当时没有薄膜，也没有ppt，答辩内容就写在很大的纸上，有点像'文化大革命'期间的大字报，都是手写的，准备厚厚的很多张，讲完一张自己撩一张，若有问题，还要再一张张翻回来。"①

对谢毓元来说，他在苏联期间的收获，远不止一纸副博士学位的文凭。他真正认识了科研工作应该怎么做，科研工作也得到一个完整的训练，这正是他原先在国内还没有形成的东西。

刚到药物所时，主要靠自己来做科研工作，也没人管你，自己来搞就有点野路子。所以我到苏联，有一天就惹得我的导师大发脾气。我就是随意地搭了一个蒸馏的架子，接受瓶离开下面还有一段距离，我就拿几本书这么一垫，垫在那里就这样做实验，我懒得把它调高调低。结果导师跑进来把我垫的书全扔在地上，说他没看见过这样做实验的。我从此以后就知道规矩了。没有规矩不能成方圆。什么东西都小心了，都按规矩行事了……

那边的导师真正是管事的导师，从出题一直到最后，会经常关注你的工作。他是大导师，下面还有小导师（米·尼·科洛索夫——后成为苏联科学院院士）。大导师负责给我出题目，而且路线规定好了。每天来查一次房，也不一定是每一天，但是他每次到实验室那就是问

---

① 谢毓元补充访谈，2013年1月30日，上海。存于中国科学院上海药物研究所。

你做到什么程度，一条桌子一条桌子问过去。小导师管你日常，你有什么问题的话，就找小导师帮你讨论这些东西[1]。……导师不定期查房时，会一个个问进展怎么样了，若连着几次都没有进展，会提出警告，若下次还没有进展，就会给你两周时间，自己去联系新的工作[2]。

凭借在苏联所学，谢毓元回国后在天然产物全合成方面，取得了若干项突破性研究成果。

留苏见闻

据谢毓元回忆，在去苏联的火车上，每天列车服务员会供应一杯茶，一杯茶就要收一卢布的小费，是不好不给的。当时国家统一发了饭票，列车上可凭票领客饭。那时已经是西餐供应，谢毓元很是适应，因为从小他的父亲就经常带他去吃西餐。到苏联后，谢毓元也是顿顿吃食堂，不像很多中国留学生，大概是不习惯西餐、或者是为了省钱，大多在宿舍的厨房里自己做，炖一锅红烧肉，可以吃一星期。那会儿留学生宿舍的厨房里，经常是热闹的不得了，但他却很少参与，他的实验安排的太忙了，回到宿舍时，经常已经是晚上十一点钟以后，哪里还有时间做饭呢？莫斯科的地铁四通八达，票价也很便宜，谢毓元经常是深夜乘地铁回宿舍。

不过，苏联的食堂条件还不错，分两个档次，一种是 столовая，是普通的食堂，一种是较高档的 ресторан，叫餐厅或饭店。学生们一般只能去大众化的稍便宜的普通食堂（столовая）就餐，自己拿个盘子、点餐、结账，当时国家每月都有七百卢布的食宿补贴（大学生是五百卢布），足够

---

[1] 谢毓元访谈，2011 年 12 月 2 日，上海。资料存于采集工程数据库。
[2] 谢毓元补充访谈，2012 年 12 月 18 日，上海。存于中国科学院上海药物研究所。

一个人食用。只有大老板请客吃饭才能去 ресторан 吃一次，在谢毓元记忆中，只在 ресторан 吃过两次饭，一次是1958年舍米亚金当选为苏联科学院院士时，请实验室所有人员吃饭；一次是1959年中科院有机所的黄耀曾先生受邀来苏联时，谢毓元作为陪同人员一起就餐。

因谢毓元在俄语和有机化学专业领域的突出表现，他在当时我国驻苏大使馆也是小有名气的，每逢国内有机化学相关领域的专家来苏考察或讲学，都指定他全程陪同。比如1959年黄耀曾[①]到苏联考察时，1960年黄鸣龙[②]到苏联进行为期两周的讲学时，等等，他都做全程翻译，好在谢毓元受到舍米亚金院士的格外厚爱，对他参加的这些活动也都给予鼓励和支持。而谢毓元的这份付出还曾帮助他化解过一次危机。有一次上海分院院长王仲良到莫斯科，和学生们座谈，期间谈到大跃进的情况，说岳阳路320号的大门都被拆掉了，听他口气很是惋惜。谢毓元听后，不觉就发了

图4-6　1960年黄鸣龙访问苏联期间，谢毓元全程陪同时合影。左一为周维善，左二为谢毓元，左六为黄鸣龙（谢毓元提供）

---

①　黄耀曾（1912—2002），江苏南通人。1934年毕业于国立中央大学化学系。中国科学院上海有机化学研究所研究员，有机化学家，国内有机氟化学及金属有机化学学科的奠基人。

②　黄鸣龙（1898—1979），江苏扬州人。1918年毕业于浙江医院专科学校。有机化学家，毕生致力于有机化学的研究，特别是甾体化合物的合成研究，为我国有机化学的发展和甾体药物工业的建立以及科技人才的培养做出了突出贡献。

句牢骚:"很好的铁门,炼铁不就浪费了吗?"结果这句话被汇报给了大使馆,最后因党小组组长的仗义执言,也因谢毓元在大使馆留下的一贯认真负责的印象,他最终被免除了一顿处分①。

在苏联攻读副博士学位期间,没有任何研究生专业课程,在苏联的第一年,苏联方面会派专门的俄语老师为留学生教授俄文,一个老师对两个学生,到宿舍里来教,主要集中教授风土人情、会话等。俄语老师很热情,期间带他们一起参观过全世界最著名的画廊——国立特列基雅科夫画廊(Государственная Третьяковская галерея),还带他们去看芭蕾舞剧《天鹅湖》,虽然因票价昂贵,买不起视角好的座位,只能在三楼观看,增长了见识。留苏期间,谢毓元还担任了学生会的生活干事,每年寒暑假留苏学生都会有10到15天的苏联境内的疗养,谢毓元负责发放各地旅游的票子,可是自己从来不留一张。直到若干年后他才意识到,在苏联三年半时间竟然没到各处逛逛,确实有些遗憾。比较欣慰的是,1987年谢毓元曾接受留苏时苏联同学的邀请,携夫人去俄罗斯生物有机化学研究所进行访问,借此机会领略了苏联各处美景。

在苏联期间,谢毓元发现一件很奇怪的事情,苏联实验室的酒精是非常吃香的,室里若到一桶酒精的话就得去抢,抢来后存在那里,以后你若麻烦哪个工匠,一定要用酒精去贿赂。在实验室时,一般只有桌子,却没有凳子,你若想请木匠打实验凳子,没有酒精是不行的,你给他一瓶酒精,他很快

图4-7 1987年谢毓元携夫人回访苏联。左一为谢毓元,左二为叶德华(谢毓元提供)

---

① 谢毓元补充访谈,2012年12月18日,上海。存于中国科学院上海药物研究所。

给你做好。你若想请玻璃匠做玻璃仪器，也要用酒精贿赂。原来他们是把酒精拿去当酒喝的，所以苏联实验室的酒精不能用工业酒精，因为工业酒精里含甲醇，会喝死人的[①]。当时酒精在苏联并不紧缺，为什么会出现这种怪事呢？原来，当时苏联人酗酒成风，政府对酒精实行国家专卖的政策，而苏联人又特爱喝酒，便会设法获取酒精。不仅是实验室的酒精，哪怕是含有酒精的古龙香水、油漆、变性酒精等也敢拿来喝。谢毓元毕业答辩完毕后，实验室按照常规为每一个毕业的学生举办一个小型的庆祝酒会，当时酒会中的所有饮酒都是用实验室里的酒精自制的[②]。

  留苏期间，谢毓元曾回国一次，这是一次不同寻常的回国探亲。1960年，中苏关系急转直下，暑假期间，国家出路费，规定所有留苏学生分几批回国，专门接受为期一个多月的政治学习，主要是学习批判修正主义[③]。学习完毕后，再返回苏联继续后面的学业。事实上，谢毓元留苏期间，并未受到中苏关系恶化的任何影响，实验室的同事及朋友关系依旧，从苏联老百姓方面来看，也感觉不到任何的变化[④]。1961年5月，取得副博士学位回国时，这批学生又统一到北京外国语学院归国留学生学习班进行三个月的政治学习，主要是因为留苏学生长期在国外学习，对国内问题缺乏足够和持续性了解，通过学习可以使留苏学生尽快了解国内政治动态，方便他们将来快速开展工作。当然，期间最主要的仍是学习批判苏联的修正主义。直到1961年8月，谢毓元才正式回到中科院药物研究所工作。

[①] 谢毓元访谈，2011年12月2日，上海。资料存于采集工程数据库。
[②] 谢毓元补充访谈，2013年1月30日，上海。存于中国科学院上海药物研究所。
[③] 谢毓元补充访谈，2012年12月18日，上海。存地同②。
[④] 同②。

第五章
基础研究

1961年9月，谢毓元回到了分别近五年的中科院药物所，开始了一段虽时间短暂但成果颇丰的天然产物全合成工作，先后完成了灰黄霉素的全合成、莲心碱绝对构型的确证及全合成、甘草查尔酮的结构确定及全合成、补骨脂乙素的全合成等工作。

安家抗菌素室

留苏之前，谢毓元原是在药物所的化学合成组工作，回国后却意外地被分配到了抗菌素室。出国前，药物所抗菌素部门的主要任务是通过发酵等生物方法提取抗菌素，这跟他现在从事的天然产物全合成似乎有些风马牛不相及，况且他回来时，抗菌素室也没有关于化学合成的小组。谢毓元猜想或许是他的副博士论文题目四环素类化合物的全合成与抗菌素有关。又或许是所里想在抗菌素室开辟新的方向，为配合细菌发酵中发现的新抗生素而开展全合成工作。无论如何，既来之则安之，谢毓元的疑惑也仅是一闪而过，便开始踏踏实实地筹建自己的实验室。

经资料调研，当年让谢毓元去抗菌素室工作的真正原因应和所里对抗生素的研究布局有很大关系。自从20世纪40年代青霉素问世以来，各个国家都在积极开展抗生素的研究，我国也不例外。1951年10月，中科院药物所在国内首先获得青霉素G钾盐结晶，并帮助华东制药公司成功实现了青霉素的工业化生产[①]。药物所还专门成立了抗菌素室，开展新抗生素的寻找与研究，相继于1956年找到抗肿瘤抗生素——放线菌素K，1957年和1958年找到新霉素与制霉菌素A-94，以上三项工作均获得中国科学院重大成果奖[②]。但仅仅找到是不够的，还需要解决新抗生素的生产问题，除了通过育种、发酵、提取的传统生物制备方法，还需要对有价值的抗生素开展化学合成制备研究，这在药物所1960年研究工作计划中就被提出[③]。早在50年代的时候，药物所的高怡生先生就已经开展氯霉素的合成路线研究。如今谢毓元学成归国，自然就被派往抗菌素室，以加强新抗生素的化学合成研究。当时抗菌素室的室主任为蔡润生[④]先生，他是中科院药物所抗菌素研究部门的筹建者，在谢毓元留苏归国后至转向军工任务之前，谢毓元一直在蔡润生先生的直接领导下工作。

筹建自己课题组时谢毓元发现，在他留学苏联这段时间，中科院药物研究所无论是在所址、规模，还是室组设置等方面都发生了很大变化。1956年谢毓元离开药物所时，药物所还分处两地，他所在的化学合成组在武康路395号本部，药理组、抗菌素组、部分中药组则在岳阳路320号大院。1958年，岳阳路319号大院内的军事医学科学院整体搬迁到北京，药物所就分别从武康路和岳阳路320号迁入岳阳路319号大院，结束了药物所各部分长期分散的局面。319地方虽然不小，但是抗菌素室需要车间发酵，各种大大小小发酵器的设备比较占地方，需要建专门的抗菌素大楼。

---

① 中国科学院上海药物研究所。见：王扬宗、曹效业，《中国科学院院属单位简史》。北京：科学出版社，2010年，第347页。

② 周亦昌：回顾抗生素研究室。见：中国科学院上海药物研究所编，《中国科学院上海药物研究所七十年光辉历程1932-2002》。2006年，内部资料，第28页。

③ 1960-03-01，药物所1960年研究工作计划。存于中国科学院上海药物研究所档案室。

④ 蔡润生（1922-2007），福建福安人，我国抗生素研究领域的开拓者之一。1946年毕业于浙江大学农学院。1951年应赵承嘏先生之邀，来中科院药物所筹建抗菌素研究室。参见《中国抗生素杂志》编辑部：悼念蔡润生同志。《中国抗生素杂志》，2007年第7期，第398页。

图 5-1　枫林路抗菌素室大楼旧貌（中国科学院上海药物研究所提供）

图 5-2　岳阳路 319 号大院门口（中国科学院上海药物研究所提供）

1961 年，抗菌素室搬入新建成的枫林路 252 号内的抗菌素大楼里，所以谢毓元回国后一直是在枫林路抗菌素大楼工作，直到后来被调入第五研究室才回到岳阳路 319 号。同时药物所的室组安排也发生了很大变化，1960 年 7 月，科学院发文，在原有几个研究组的基础上，建立了植化室、合成室、抗菌素室、药理室和分析室。1958 年时，药物所专门成立了从事军工任务的第五研究组，因当时人员相对较少，规模不大，几年后才扩充为第五研究室。"各个室人才济济，比我刚出去时多一倍不止。我出去的时候行政基本上没几个人，只有一个秘书，回来时已经有党委书记（许浪璇），党委副书记，还增加了人事处，什么处都有了，而以前只有一个秘书"[1]。

来到抗菌素室之后，谢毓元很快升为副研究员，并有幸成为 1961 年药物所新成立的新一届学术委员会委员之一，可以以课题组长的身份独立开展科研工作。所里也希望他能尽快开展研究工作，对他筹建实验室更是大力支持和协助。首先，分给他一个很大的实验室，其次是给他配备人手，很快谢毓元就有了自己的研究队伍：两个研究生，一个本科生，两个技术员，加上他共六人。关于人员组建的过程还有些故事。

---

[1] 谢毓元访谈，2011 年 12 月 2 日，上海。资料存于采集工程数据库。

图 5-3　1961 年，中科院药物所新一届学术委员会成员合影（后排中为谢毓元，右一为张淑改，右二为蔡润生，右三为丁光生，右四为胥彬，左二为池志强，左三为嵇汝运；前排右三为张昌绍，中为黄鸣龙，左一为朱任宏。）（中国科学院上海药物研究所提供）

1955 年我国开创了科研机构培养研究生的制度，起初几年是采取全国统一报名考试、择优录取的原则进行招生，但好事多磨，1957 年开始"反右运动"，之后一直运动不断，研究生制度遭到批判，直到 1960 年才恢复。但 1960 年和 1961 年这两年的研究生并不是通过统一考试择优录取的形式产生的，而是从高校毕业生中选拔政治、业务水平较高的人，分配到各研究所做研究生。而事实上这些毕业生上学时正处于大跃进期间，根本没上多少课，基础知识和外语水平普遍较差，又或者根本专业不对口[①]。1961 年中科院药物所被分配来四名研究生，都是华东化工学院（现在的华东理工大学）的应届毕业生，其中两名被分给谢先生，分别是陈文致（女）和华家枨（男）。对此，陈文致印象非常深刻：

> 我们学的不是有机合成，学的是抗菌素，我们是偏工的，学的很少，念了这么一本书叫《有机化学》。我们刚进所被分配到抗菌素室

---

① 罗伟：1966 年前中国科学院的研究生工作。见：中国科学院院史文物资料征集委员会办公室编，《院史资料与研究》，2007 年第 2 期（总第 98 期），第 1—20 页。

的时候，其实什么也不太会做，他就手把手的教。开始的时候，跟着他一起做。不懂就问他。他有时候也会注意你，眼睛看着你，看看你有没有做对。他对我们学生是蛮尽心尽力的，有些老师会觉得你基础那么差就没有耐心教你了，他都是手把手地教[①]。

除了研究生以外，所里另外分配给他一名本科毕业生，是上海第一医学院[②]毕业的本科生陈芝雅（女，1960年入所），两名技术人员，分别是胡玉麟（男，1959年入所）和沈惠雯（女，1958年入所）。其中胡玉麟的入组还有个小插曲，他是上海市科技中专的毕业生，而此科技中专是大跃进期间，为了向科学院输入技术人才，特地将上海市的鲁班中学改办而成的[③]，当时鲁班中学是由中科院有机所和药物所共同接办的，因此名称为"中国科学院有机-药物中等技术学校"[④]。起初他被分配到药物所抗菌素室时，主要在抗生素车间里，轮流值班看守发酵，他觉得不太适合自己，有些闹情绪。谢毓元回国后正缺人手，就将他收到自己组里做技术人员。1965年左右，从科技中专毕业后参军回来的费开遂也被分到谢毓元组里。以上六位成员即是谢先生组里的主要成员，除了"文化大革命"期间有所调整外[⑤]，"文化大革命"后，又大都回到了谢毓元组里。

从人员的配置可以看出，谢毓元面临的是一个没有太多合成基础的研究队伍，凡事需要亲力亲为，需要手把手地教导。但这并没有难倒他，他非常注重人才的再培养，给他们提供一切可能的学习机会，因人而异，因材施教，后来他们大都成为能独当一面的科研和技术人员。

---

① 陈文致访谈，2011年11月23日，上海。资料存于采集工程数据库。
② 上海第一医学院，即现在的复旦大学上海医学院。
③ 嵇汝运：药物所回顾。见：中国科学院上海药物研究所编，《中国科学院上海药物研究所七十年光辉历程1932-2002》。内部资料，2006年，第4页。
④ 1959年药物所研究工作情况介绍提纲，行政工作总结。存于中国科学院上海药物研究所档案室。
⑤ "文化大革命"期间，谢毓元承担二机部军工任务，当时仅陈文致一人符合政审要求，可以跟随谢毓元做放射性核素促排药物研究，其余人员如胡玉麟、华家柽等人都被留在避孕药组工作。

灰黄霉素的合成

谢毓元筹建好自己的实验室后，开始寻找自己的研究切入点。根据在苏联所学的研究方法，再结合所内实际情况，他自选了一项研究课题——灰黄霉素的全合成，这也是他独立开展科研工作以来的第一项研究。他为什么会选择这个题目呢？这还要从当时的国内外研究背景谈起。

灰黄霉素（griseofulvin）是 1939 年英国的 Oxford 首先从霉菌灰黄青素（Penicilliumgriseofulvum）中分离得到的一种代谢产物。1942 年 Brain 等发现青霉菌中存在一种能引起其他菌产生菌株弯曲的物质，1946 年分离得到该物质，经 McGovan 再分析，证明即为 Oxford 发现的灰黄霉素。1958 年时，口服试验已经证明，灰黄霉素对数种动物的皮肤真菌感染有良好治疗作用，1959 年以后临床试验证明对人的肤癣、头癣、指甲癣均有显著疗效，后又发现灰黄霉素在农业植物保护上有很好的应用前景。基于灰黄霉素未来应用的经济价值，各国都在积极研究灰黄霉素的生产问题，主要是集中于探寻用生物技术方法，来解决生产上的关键问题——即高产菌种的获得。此外，自 1960 年以来，各国也积极开展了灰黄霉素的全合成工作，1962 年 Grove 完成了化学结构研究。

国内情况是，1961 年中国医学科学院抗菌素研究室主任方纲[①]等报告，从中国科学院微生物研究所保藏的从国内土壤中找到的菌种中发现灰黄霉素产生菌，并完成有关问题研究后移交国营上海第三制药厂[②]生产。由于野生型菌株量较低，且不稳定，生产上尚有困难，中国科学院药物研究所就由第三制药厂得到该 P.urticae 的野生型菌种，并进行选种工作，后获得

---

① 方纲（1914-1981），福建闽侯人。1937 年毕业于清华大学，1948 年到美国哈佛医学院学习。新中国成立后任中央卫生研究院细菌室主任，其后任中国医学科学院抗菌素研究室主任、研究员，一生从事微生物学和新抗生素研究。

② 国营上海第三制药厂，前身为华东人民制药公司于 1950 年成立的青霉素实验所，1952 年 5 月 21 日，青霉素实验所改名为上海药品三厂，1953 年 6 月 1 日，药品三厂改称为国营上海第三制药厂（也称上海制药三厂）。参见：上海地方志——上海医药志——大事记（http://www.shtong.gov.cn/node2/node2245/node66500/node66504/index.html）

高产灰黄霉素产生菌 X-69。1963 年 7 月以后第三制药厂就选用 X-69 变种进行中间试验，由于各批产量稳定，初步肯定能投产，其中间试验已结束，并且已制备部分样品送各地应用。1965 年 3 月 30 日，根据中国科学院指示，由中国科学院药物研究所学术委员会召集邀请相关专家在上海召开了灰黄霉素生产用变种 X-69 的鉴定会议[①]。

在中科院上海药物所进行灰黄霉素生物制备的同时，谢毓元就想到，一定要开展灰黄霉素的化学合成工作，为我国生产灰黄霉素提供另一个参考途径。经详细文献调研，他发现关于灰黄霉素的全合成报道已经有一些，于是他就选取其中一个路线较简短、产率也较高的合成方法进行合成。在成功重复合成的基础上，对其中两个必需的中间原料进行合成研究，力争找到简单、廉价、易行的方法来合成，希望将此合成方法过渡到工业生产上去。

他在调查研究中发现，有一种长在岩石上的叫石耳的苔藓类植物（俗名地衣），含石耳酸和红粉苔酸（lecanoric acid），这两个物质经几步简单反应后，就可合成出灰黄霉素合成时所需的一种原料，而这种植物在江西庐山资源非常丰富。他就从石耳出发，适当简化合成路线，设计了一条适合我国生产的简单易行的全合成路线，并于 1963 年完成了灰黄霉素的化学合成研究，得到消旋灰黄霉素。经药物所生物活性试验证实，其活性是天然灰黄霉素的一半，这为我国生产灰黄霉素提供了另一个途径[②]。

这项研究是在他带领和指导下，由他和课题组的职工陈芝雅一起完成的，组里的胡玉麟协助部分技术工作，研究结果发表在 1965 年的《全国抗菌素学术会议论文集第三册》上。自己首次选题就小有成就，谢毓元认为很大程度是受苏联导师的影响：

> 那时候所里面让我自己发挥，因为是自己初次选题，我就按照在

---

① K.3.10.S06，灰黄霉素高产菌种 X-69 及其生产能力的研究。存于中国科学院上海药物研究所档案室。

② 谢毓元、陈芝雅：灰黄霉素的化学合成。《全国抗菌素学术会议论文集第三册》，1965 年，第 306 页。

第五章　基础研究

苏联学习时我导师的一套方法，找一些国外的论文。灰黄霉素它是一个天然产物，也有好几家都合成了，还是有一定难度的，如果能够用一个比较新的办法来合成的话，也是很有价值的，所以我就选了这样一个题目。我挑了一个新的原料，跟别人有点不同，就像我做四环素一样，国际上也有已经完成的，但是我的导师还是有新的办法来合成。（灰黄霉素）合成还是有很大创新的，合成方法有些步骤也节省了，原料也是比较便宜易得的。①

首次自行选题就获得成功的谢毓元，干劲更足啦！不仅严格要求自己，还在组内树立了"三严"和勇于拼搏的作风，在所内一度被传为美谈。

当时上面（中科院）非常提倡"三严"作风，就是"严肃、严格、严谨"，我觉得这的确是科研工作很必须的。我是按照我的理解来执行的，我觉得"严肃"就是工作作风要严肃，上班时间你做实验就是做实验，不许乱讲话，不可以做私事，也不可以随意请假。当时这个风气不是最好，一般年轻人到三四点钟就去打球了。实验室有个技术人员就跟我请假，他说今天我有一个篮球比赛，我早一点休息好吗？我就不同意，真的，我坚决不同意。实验室的工作就是实验室的工作，你不可以随便破坏。"严格"呢，就是说一切的操作你一定要按照正规的实验来做，正规的实验就是有一本书的，做化学实验、有机化学实验怎么做，包括从搭架子开始，所以我就把这本书让他们大家都看过，你一定要按照书上的操作，一点也不能够自己瞎弄，这也是我在苏联给导师骂了以后，我自己的心得。而且我说这个玻璃瓶子一定要洗得非常干净，我就是身体力行。实验室一共有六个人，那时候是六天工作制，所以我就排班，每人一天做实验室的清洁工作，洗瓶子。这些工作都是轮班，轮到谁就是谁来做。我也排

---

① 谢毓元访谈，2011年12月29日，上海。资料存于采集工程数据库。

班，大家一视同仁，这样子大家也没话讲。"严谨"，我也觉得做科研工作最重要的就是严谨，所有的结果你一定要有根据，你得到一个化合物一定要分析合格，才可以用，而不能弄虚作假。当时有的人就说把分析时的报告偷偷地改一改，这个坚决不行，我都要自己看过才可以[①]。

谢毓元是身体力行来提倡三严作风的，但他绝不是希望大家都像苦行僧一样，隔绝尘世。他认为应该劳逸结合，有张有弛，适当地参加文娱活动，可放松心情，反而对工作更有利。虽然他自己经常加班加点工作，却从不会强求组里的人员跟他一样。

个人情况有所不同，我不能要求人家在工作时间之外再加班加点，但是我自己带头，我自己下班回去吃过饭就到实验室，坚持不计时间来工作。当时也有个别同志住在宿舍，离单位比较近，晚上也跟着我来做。其他人呢，因为住得比较远点，我也不能要求他们来加班加点，但是你至少在工作时间不许偷懒。所以我再讲个故事，因为我在实验室里心无旁骛，只是埋头做实验，从不以领导自居，跟大家都是一样。所以在"文化大革命"初期，当时鼓励大家给领导写大字报，我的组里面上面逼着他们一定要写，他们又没什么好写的，就批判我的"成则为王"[②]。因为我曾给他们讲过我跟苏联导师的一些事情，就是说我发扬民主，你自己有好的主意你可以按照自己的办法做，只要做出来就是成则为王。他们就批判我这个成则为王。其实也是没办法，一定要写大字报，所以我的大字报很少，基本上没什么批评我的大字报。或者就说我只专不红[③]。

---

① 谢毓元访谈，2011年12月29日，上海。资料存于采集工程数据库。
② 谢毓元在苏联留学时，被苏联导师夸赞的说法。
③ 同①。

莲心碱的全合成

1962年，在确定灰黄霉素的全合成基本没什么问题之后，谢毓元又将目光转向了另一个天然产物的全合成，他要接受更大的挑战。

莲子心是睡莲科、莲属植物莲（NelumbonuciferaGaertn.）的种子中的青心，也称为"莲薏"，在《本草纲目》中就记载有"苦寒无毒"、主"清心去热"，在华南一带民间曾采用莲子心单方，据说有治疗高血压的效用。1960年，中科院药物研究所的丁光生先生在其负责的高血压药物研究过程中，发现用莲子心水煎剂在麻醉猫肠道给药中证明有降压作用[1]。药物所继而开始对莲子心的化学成分进行研究，在赵承嘏先生带领下，于1961年从莲子心中提取出一种新型生物碱莲心碱，并测定了其分子式为 $C_{37}H_{42}O_6N_2$[2]。虽然莲心碱本身仅具有短暂的降压作用，但改变成季铵盐后会出现强而持久的降压作用[3]，因此莲心碱作为一种新型的生物碱引起研究人员的注意；深入研究其化学结构，以及结构和疗效的关系具有非常重要的意义。同年，在高怡生先生指导下，药物所的潘百川等人用化学降解的方法，推定了莲心碱的化学结构[4]。但仅仅完成了莲心碱的平面结构，并未测定出其绝对构型，也未开展莲心碱的全合成工作。谢毓元看在眼里，心里有了下一步想法。

> 我在苏联留学的时候，学习到一些知识，一个天然产物从发现到结果阐明然后到全合成，是对一个天然产物的系统性的研究，具有较高的学术价值，所以我就选了莲心碱。那时候（所里）只做了一个平

---

[1] 陈维州，朱巧贞，丁光生：莲子心生物碱Nn-9的降压机制。《药学学报》，1962年第1卷第5期，第271页。

[2] 赵志远，周润丽，杨保津，赵承嘏：Studies on the alkaloids of Embryo Loti, NelumboNuciferaGaertn. I: Isolation and characterisation of Liensinine.《ScientiaSinica》，1962年第2期，第215页。

[3] 陈维州，凌秀珍，丁光生：莲心碱及其两种季铵盐的降压作用。《药学学报》，1962年第9卷第5期，第277页。

[4] 潘百川，周润丽，孙存济，高怡生：Studies on the alkaloids of Embryo Loti, NelumboNuciferaGaertn. II: Structure of Liensinine.《ScientiaSinica》，1962年第3期，第322页。

面结构，而绝对构型还没做，那么我就补充做了绝对构型，知道了绝对构型后，就可以进行全合成①。

于是在征得药物所副所长、也是"莲心碱化学结构"研究小组的负责人高怡生先生的同意后，谢毓元从1962年开始进行莲心碱的绝对构型的测定及全合成工作。首先通过化学方法确定了分子中两个不对称碳原子的构型为（D，D）型②，然后开始了莲心碱的全合成。从结构上看，莲心碱是一种具有

图5-4　80年代，谢毓元与高怡生、潘百川合影。左为潘百川，中为谢毓元，右为高怡生（谢毓元提供）

两个不对称中心的，通过一个醚键连接两个四氢异喹啉部分的双苄基四氢异喹啉类生物碱。此类生物碱为数较多，其结构是通过两个或一个醚键将两个四氢异喹啉部分结合起来。其合成工作曾有一些科学工作者作了长时期的努力，有一些已被合成，如日本的富田真雄等将从天然产物裂解所获取的光学活性的四氢异喹啉类化合物，通过Ullmann反应合成了防己碱，它是一个含有四个甲氧基的双苄基四氢异喹啉生物碱。正是通过深入的文献调研，谢毓元认为，莲心碱的合成似乎也可以通过Ullmann反应，将两个光学活性的四氢异喹啉由醚键结合起来③。经过两年多的尝试和

---

① 谢毓元访谈，2011年12月29日，上海。资料存于采集工程数据库。
② 谢毓元，陈文致，高怡生：Studies on the alkaloids of Embryo Loti, NelumboNuciferaGaertn. III: Absolute Configuration of Liensinine.《Scientia Sinica》，1964年第13期，第2018页。
③ 谢毓元，潘百川，陈文致，高怡生：莲子心生物碱的研究，IV：莲心碱的全合成。《药学学报》，1966年第13卷第3期，第166页。

第五章　基础研究　　105

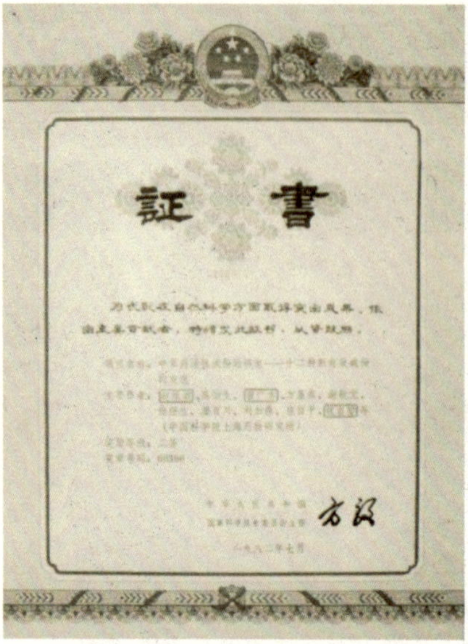

图 5-5 中草药活性成分的研究——12种新有效成分的发现获 1982 年国家自然科学二等奖的奖状（中国科学院上海药物研究所提供）

努力，谢毓元等人于 1964 年按当初设想的方法完成了莲心碱的全合成工作，研究成果分别以中英文形式发表在 1966 年的《药学学报》和《中国科学》杂志上。

这是第一个由中国人确定化学结构和全合成的生物碱，在国内获得一致好评，曾编入上海第一医学院药学系教材。兰州大学朱子清[①]教授为此召开了专题讨论会[②]。1982 年 7 月，这项工作和药物所的其他 11 项中草药研究，共同获得国家自然科学二等奖[③]。这是我国运用现代物理学、化学等技术，对我国若干传统中草药进行比较系统的研究，大大丰富了天然有机化学，并为探索新生物活性物质及原理提供了线索。这些工作在当时对推动天然产物化学研究的系列性和完整性起了积极的推动作用。

从事天然化合物的全合成工作是异常辛苦的。从莲心碱的相关科研档案中可以看出，谢毓元不分节假日、不分昼夜地做实验。况且 60 年代的中国，各类政治运动繁多，谢毓元作为一名独立的课题组长，还要参加院

[①] 朱子清（1900-1989），安徽桐城人，有机化学家。1926 年毕业于东南大学理学院化学系。历任南京应用化学研究所研究员、国立北平研究院药物研究所研究员兼代理所长、国立暨南大学化学系教授兼系主任、上海交通大学化学系教授兼系主任、上海复旦大学化学系教授，同时又曾先后兼任过中央研究院化学研究所研究员及中国科学院上海有机化学研究所研究员。参见贾忠健、李瑜：著名的有机化学家朱子清教授.《中国药学杂志》，1990 年第 25 卷第 3 期，第 171-172 页。

[②] 潘百川：怀念我的老师高怡生所长.新华网，2009-09-23。

[③] "中草药活性成分的研究——十二种新有效成分的发现"包括：南瓜子中杀虫活性成分"南氨酸"；使君子中驱虫有效成分"使氨酸"；莲心碱中分得降压活性的"莲心碱"；芫花中分得引产成分"芫花酯甲，芫花酯乙"；五味子中分得五味子"酯甲乙丙丁"四个化合物，均有降低肝炎病人谷丙转氨酶的作用；甘草中的"甘草查尔酮"是解毒有效成分；藁菜中的"藁菜素"——慢性支气管炎。

里、所里、室里以及组里大大小小的会议及形形色色的政治学习，如八届十中全会学习、三反运动、社会主义教育、五反运动、讨论"致苏共中央信件"等政治学习，参加学术会议、接待外宾、安排组内工作等等[1]。即便如此，谢毓元从来都是将科研工作放在第一位，尽量合理安排，做好实验[2]。

……谢先生回来以后被分在东安路宿舍。因为抗菌素室是在枫林路，东安路和枫林路离得比较近，他午饭回家吃，吃好饭就回来，天天做到（晚上）八九点钟。他时间抓的很紧，他是领导，经常要开会。他开会不像我们，去开会就算了，不做（实验）了就停一停。他不是的，他在开会前装置就搭好，让反应上去，有时候不一定要加料，只需要回流多少小时，开会前料加好了，看着稳定了，温度控制好了，他就去开会，回来后好处理。时间抓得很紧。他是礼拜天礼拜六也来，风雨无阻，劲头很高[3]。

60年代我国各类分析仪器还不齐备，常规分析手段就是测定熔点、比旋光度以及元素分析，药物所当时根本不具备核磁共振、质谱、甚至红外分析等如今看似十分平常的分析手段，那么那个时候又是如何鉴定如此复杂的天然产物的结构呢？

我也是经过调查研究的。当时做这种绝对构型研究，就是把这个新的化合物降解，得到降解碎片，碎片能够跟已知的东西来对照、来比较。比如说以莲芯碱为例，它是两个苄基异喹啉组成的。我把它一撇为二，得到两个苄基异喹啉，这两个苄基异喹啉都是已知的，那么我就可以跟已知的构型比较旋光度，同时测一个混合熔点[4]。

---

[1] K1.2.H01-04，莲子心生物碱的研究。存于中国科学院上海药物研究所档案室。
[2] K1.2.H02，莲子心生物碱的研究。存地同上。
[3] 陈文致访谈，2011年11月23日，上海。资料存于采集工程数据库。
[4] 谢毓元访谈，2011年12月29日，上海。资料存地同[3]。

通过对灰黄霉素和莲心碱的全合成，谢毓元越发体会到文献调研的重要性："我做任何工作都是先从调查研究入手，我把所有想要解决的问题都尽量从文献里面找到怎么解决的方法，所以一路走下来都是比较顺利的。"站在巨人的肩膀上，产生自己的创新方法，可获得事半功倍的效果，谢毓元基本上十有八九会取得成功。谢毓元有位学生曾说过："老先生常年笔记本不离身，有空就去图书馆查阅文献，并记录下摘要。我在他身边的五年多，没见间断过。"笔者曾有幸亲眼目睹过谢毓元积累的28本文献摘录，里面文字密密麻麻，大多为英语文献，还有很多俄文、德文、日文文献，中文文献反而较少。谢毓元对药物所曾经的几个图书馆都怀有很深的感情，在药物所老一辈科学家中，他算得上是查阅文献的楷模。

图 5-6　武康路 395 号药物所图书馆（中国科学院上海药物研究所提供）

图 5-7　岳阳路 319 号药物所图书馆（中国科学院上海药物研究所提供）

图 5-8　2013 年，谢毓元在祖冲之路 555 号药物所图书馆查阅 CA（化学文摘）（采集小组提供）

图 5-9　2013 年，谢毓元在祖冲之路 555 号药物所图书馆看书（采集小组提供）

他的文献调研效率很高，当然这也跟他懂几门外语非常有关系，他上国立清华大学时英文是免修的，因此学的是第二外语——德语。留学苏联前后，他的俄语已经达到听说读写四会的水平。回国后，又参加所里开办的日语学习班，查阅日语文献对他来说是绰绰有余的。熟悉四门外语，再加上专业精通，使他往往能轻而易举地获取需要的资料。

其他天然产物研究

除了灰黄霉素和莲心碱的全合成之外，1964年后谢毓元还曾参与过其他几个天然产物的鉴定或全合成工作。

抗菌素C-4826是从陕西省西安土壤中分离得到的放线菌NO.C-4826产生的一种抗肿瘤物质。当时中科院药物所要做抗菌素C-4826的结构鉴定和抗肿瘤作用研究，主要工作是由蔡润生组里的吴淑云负责。谢毓元负责其化学结构的测定，通过熔点、旋光度、红外、及元素分析等手段，最终确定抗菌素C-4826的结构式和当时文献报道的茴香霉素结构吻合[1]。后来也曾尝试进行其全合成工作，但因所里对他有其他安排，最后不了了之。

补骨脂是种中药，其种子用于强壮滋补，药物所在筛选抗肿瘤药物时，发现该药对肿瘤有一定抑制作用，因此开始研究其化学成分。1963年时，药物所除了分得三个已知的呋喃香豆素，还分出了二个当时文献未见记载的新黄酮体化合物，这两个物质分别为补骨脂甲素和补骨脂乙素，补骨脂乙素具有很好的体外抑制作用[2]。于是药物所展开对这两种物质的化学及药理研究，此项研究的主要成员是朱大元[3]、陈政雄[4]等人，因为

---

[1] 吴淑云，郑之新，谢毓元，蔡润生：抗菌素C-4826的鉴识及对实验肿瘤的作用。《科学通报》，1965年第3期，第256-258页。

[2] 朱大元，陈政雄，周炳南，刘嘉森，黄宝山，谢毓元，曾广方：补骨脂化学成分的研究。《药学学报》，1979年第14卷第10期，第605页。

[3] 朱大元，中科院上海药物研究所研究员。1961年毕业于上海第一医学院（现复旦大学医学院）药学院，同年进入中国科学院上海药物研究所工作至今，进行活性天然产物方面的研究。

[4] 陈政雄，原是台湾人，因爱国而回到大陆，被分配到药物所，1962年开始在药物所开办日语学习班。"文化大革命"后到日本。

谢毓元和陈政雄私交甚好，陈政雄有时会就结构鉴定或合成中的问题向谢毓元请教，谢毓元每次也都当仁不让，尽力帮忙。如今采访到谢先生这块工作的时候，他总是很谦虚地说，"我纯粹是帮帮忙，工作主要是他们做的。"

在国际上，抗菌素于1952年开始在农业上应用。在大跃进中，中科院药物所从制霉菌素产生菌金色链霉菌A-94菌株发酵液中提取得到的抗真菌油状物中发现了放线酮类物质（统称为农抗101），药物所随即对发酵液进行提炼及化学成分研究，从中分离并鉴定出包括异放线酮、奈良美素-B、放线酮等五种成分的抗菌素。当时美国日本等国有大量关于该抗菌素的研究与应用报道，该类抗菌素对小麦锈病与赤霉病有很好的抑制作用。对农抗101中化学成分的研究主要是由谢毓元组里的华家栘完成的。华家栘是谢毓元的第一届研究生，他对生物合成很有兴趣，所以谢毓元就没让他跟着一起做化学合成工作，而是放手让他参加抗菌素室的发酵、提取工作[1]。"制霉菌素发酵的副产品是放线酮，放线酮又有结构上的小小不同，有好多个，结果华家栘非常细心，一个一个把它们分开，大概七、八个吧，华家栘的手艺还是不错的"[2]。谢毓元非常谦虚地把他的学生推到了前面，其实众所周知，研究生所取得的成绩是离不开导师的指导和培养的。

以上几项工作都是在1965年之前完成的，之后他因为先后接受了两项更为重大的研究项目——男性避孕药和放射性核素促排药物的研究，一度中断了天然产物的研究，此为后话。不过在"文化大革命"期间，一次偶然的机会，又让他过了一把研究天然产物的瘾。

甘草是著名的中药，对甘草化学成分的研究也曾有很多报道，新疆产胀果甘草Glycyrrhiza inflate Bat的根品质优良，可做药用，而且其化学成分未见报道。当时北京的军事医学科学院从新疆甘草中提到一种物质，经证实具有解神经毒的作用，但他们不知道结构，就委托中科院药物所来解

---

[1] 华家栘，周亦昌，谢毓元：农抗101有效成分的分离和鉴定。《全国第二次抗菌素学术会议论文集第四册》，1965年，第37-40页；谢毓元，华家栘：农抗101-己及庚的分离及结构。《化学学报》，1980年第38期，第275页；0176K.3.13.S.01，农用抗菌素—放线酮鉴定资料。存于中国科学院上海药物研究所档案室。

[2] 谢毓元访谈，2011年12月29日，上海。资料存于采集工程数据库。

决。当时高怡生先生就将任务交给徐任生①和谢毓元两人。谢毓元记得非常清楚,其中有一步非常关键的鉴定,就是要确定一个羟基的位置,经过文献调研,他发现有一个办法可以解决羟基的位置,于是在接下来的36个小时内没有睡觉,通过三个步骤,接连不断地往下做,很快取得了结果。现在讲起来,谢毓元还是非常自豪:

> 我还记得那时已经是"文化大革命"的后期,有一个抓革命、促生产的口号,并不是只抓革命,也开始抓生产。当时实验室里只有我一个人,半夜的时候,革委会的主任给我送大肉面,我简直是受宠若惊(那时候),到半夜了还没有睡觉来给我送面(大笑)。结果做出来以后,就可以全合成了,所以这应该又是一个天然产物的系统性工作,等于说我重温旧梦,把已经丢掉的东西又尝试了一次,也就是这一次。②

最终,甘草查尔酮的全合成作为药物所"中草药活性成分的研究——十二种新有效成分的发现"之一,获得1982年的国家自然科学二等奖。从采访中笔者感受到,谢毓元对当年的天然产物研究是深怀感情的。在他看来,当时做天然产物的全合成是很有难度的工作,而他乐于接受每一项挑战!

图 5-10　80年代,谢毓元和徐任生的合影
(谢毓元提供)

---

① 徐任生,1931年8月生,金坛人。中科院上海药物研究所研究员。1963年毕业于苏联全苏药物化学研究所,获副博士学位,同年进入中科院药物所工作,主要从事天然产物化学与中草药有效成分的化学研究。现居美国。

② 谢毓元访谈,2011年12月29日,上海。资料存于采集工程数据库。

第六章
军工任务

谢毓元在完成莲心碱的全合成以后，正有一些新的想法，准备对其他活性天然产物进行全合成。此时上海分院的领导将男性避孕药的研究任务交给了药物所，缘起是周总理说现在只有女性避孕药，没有男性避孕药，你们要想办法搞出一个男性避孕药。药物所的领导思来想去，决定将该任务交给谢毓元和邹冈[①]，由谢毓元负责合成，邹冈负责药理。作为一名共产党员，在科研生涯中无条件地服从国家的需要，听从祖国的召唤，是谢毓元一直恪守的原则。即便对避孕药物研究领域十分陌生，所有的一切又得从零开始，他仍然毫不犹豫地接受了任务，并作为他的主要工作。搞科研的人都知道，进入一个与原来的研究不太相干的领域是一个极大的挑战，同时也是对身心的巨大考验。谢毓元接受任务后废寝忘食，一天到晚泡在图书馆中，对避孕药物的研究背景和现状开始调查研究。通过研读文献和资料的累积，谢毓元开始尝试设计与合成一些化合物，前后大概半年的时间，课题开始有了点头绪和眉目，此时领导又找他谈话了。

[①] 邹冈（1932-1999），上海人，神经药理学家。1952 年毕业于上海第一医学院（现复旦大学上海医学院）医疗系，1961 年中国科学院药物研究所研究生毕业，1980 年当选为中国科学院院士（学部委员）。见：《中国神经科学杂志》编辑部，邹冈教授生平简介.《中国神经科学杂志》，2000 年第 16 卷第 3 期，第 290-291 页。

"现在又要叫你转向了,叫你做军工任务了。"谢毓元开始了他人生中的又一次科研方向的重大调整。

钚-239、钍-234、锆-95 促排药物——喹胺酸

这时距离戈壁滩升起那朵璀璨绚丽的蘑菇云快两年了!在第一颗原子弹成功引爆的鼓舞下,中国正在加紧第一颗氢弹的研制工作。铀-235 是原子弹的主要原料,而钚-239 是氢弹的主要原料。钚为锕系元素,有六种同位素和四种氧化态。钚-239 是钚最重要的同位素,半衰期为 24100 年。钚-239 易于裂变,即它的原子核可以在慢速热中子撞击下产生核分裂,释放出能量、伽马射线(γ 射线)以及中子辐射,从而形成核连锁反应,因此钚-239 是重要的核燃料和核武器的裂变剂。由于钚的生物半衰期长达 200 年,一旦吸入或吞入体内,可能导致内脏的损害,理论上会导致癌症发病率的上升。第二次世界大战中投掷到长崎的那颗名为"胖子"(fat man)的原子弹就采用了钚-239 作为内核部分。钚-239 的毒性远大于铀-235,考虑到参与核建设的工人和解放军战士的健康防护,二机部[①](现核工业部)对核素促排的抢救药物进行了立项。其目的就是要研究一个抢救药物,在发生事故的时候可以运用,从而保证参与核武器项目人员的生命安全。时任二机部副部长的钱三强[②] 到上海来视察,选中了上海药物研究所作为任务承接单位,药物所的领导将这个艰巨的任务交给了谢毓元,首先要寻找钚-239 的促排药物。

没过多久,谢毓元又接到了一个新的任务,即放射性钍-234 的促排

---

① 二机部,全名为中华人民共和国第二机械工业部(1958-1982 年),1982 年,改名为中华人民共和国核工业部。

② 钱三强(1913-1992),原名钱秉穹,绍兴人。核物理学家,中国原子能事业的主要奠基人和组织领导者之一。1932 年,毕业于北京大学预科,1936 年毕业于清华大学。1937 年赴法国留学,1940 年获法国国家博士学位。参见《现代工业经济和信息化》编辑部:核弹之父钱三强。《现代工业经济和信息化》,2013 年第 1 期,第 58-59 页。

药物研制。这是上海跃龙化工厂的任务①。成立于1964年的上海跃龙化工厂，以生产稀土产品为主，以硝酸钍为主打产品。此时中国与越南的关系非常亲密，越南民主共和国主席胡志明也多次到访中国，而越南急需硝酸钍用于制作矿灯。当时中国与越南有协议，由中国向越方提供硝酸钍。其用途主要是用于气灯纱罩的制作，即用亚麻或人造丝编成网状，然后再在硝酸钍、硝酸锶溶液中浸制，得到的纱罩遇热能发出强光。此时的越南还是战火连天（越南战争，1961—1973年），经常需要坑道作业，因此含钍纱罩对照明就显得非常重要。钍本身有放射性，在自然界以四价的化合物存在于矿石内。"文化大革命"之前由于工人不知道钍具有放射性，工厂生产一直很正常。忽然之间"文化大革命"来了，关于钍的资料被工人看见了，于是工人罢工停产，这下就无法完成与越南的协议了。上海市革委会②于1968年12月27日给跃龙化工厂下达了钍的防护研究任务，包括从劳防用品、生产设备、促排药物等几方面着手，代号703。钍促排药物任务组成立于1969年6月，由跃龙化工厂、上海工业卫生研究所（以下简称工卫所）③、上海药物研究所三个单位组成。跃龙化工厂负责提供放射性同位素 ^{234}钍，药物所负责药物的设计合成，上海工业卫生研究所负责药物筛选和药理工作。药物的设计合成工作再次落到了谢毓元头上④。

随后不久，中国人民解放军海字166部队⑤根据部队需要，提出108任务，即研究促排放射性锆（Zr）的药物⑥。中国在研究原子弹和氢弹两弹的过程中，核潜艇的研制工作也在秘密进行之中。锆有突出的核性

---

① 姜关祥：跃龙稀土：全国协作之花——庆祝上海跃龙化工厂投产20周年.《中国有色冶金》，1984年第10期，第1-3页。

② 革委会，全称为革命委员会，是"文化大革命"期间中华人民共和国地方各级政权和部分中央部门的组织形式。

③ 即后来的上海市放射医学研究所，成立于1962年1月17日，由上海第一医学院新设立的放射医学、放射卫生、放射药学3个专业的教研组抽调部分人员组成。

④ K-1-11-H-01，喹胺酸-811的合成。存于中国科学院上海药物研究所档案室。

⑤ 海字166部队（也称中国人民解放军38601部队）即上海的海军医学研究所。海军医学研究所1954年12月创建于北京，1959年4月迁至上海，是国内唯一从事海军军事医学研究的综合型专业科研机构，主要研究解决与海军活动海域扩大、潜水深度增加、武器装备更新换代密切相关的人体医学、作业工效、防护装备等方面的问题。

⑥ 同④。

能,核级锆主要用作核动力航空母舰、核潜艇和民用发电反应堆的结构材料、铀燃料元件的包壳等,是重要的战略金属。放射性 ^{95} 锆进入机体后,约有 45% 蓄积于骨骼,约有 10% 蓄积于肝,对人体有较大的危害。在上海市革委会三办、市卫生局的领导下,于 1970 年 3 月组成 108 协作组。人员由上海药物研究所[①]、上海市工业卫生研究所、海字 166 部队组成。药物合成依然由药物所负责,谢毓元是项目的负责人和执行人,工卫所负责药理[②],海字 166 部队派科技人员分别参加两个实验组[③]。

从以上的简介可以看到,谢毓元在短短的时间内承接了三项军工任务,而且都非常艰巨,责任重大。然而谢毓元手下的药物合成人员只有两三个人。由于军工任务的特殊性和保密性,对研究人员的政审比较严格。原先做避孕药的人员如胡玉麟、费开逵等基本都留在了避孕药组,只有陈文致一人跟随他进入了新项目的研究组,后来又给他调配来一位出身较好的党员。

如何在较短的时间内快速完成上级指派的任务,是谢毓元面临的重大挑战,他的内心非常焦灼。谢毓元又开始了新一轮的"搬砖头"工作(美国《化学文摘》影印版的重量和厚度都超过了真砖头),即文献的调研。文献调研的工作其实一点也不比搬砖头轻松,除了文摘的重量以外,其字体也很小,密密麻麻的,一天文献看下来常常头昏眼花。看完了文摘,有时候还要去看原文,而那时候由于国内文献量有限,通常找不到原文,所以只能从《化学文摘》的字里行间去寻找。由于文摘的特殊性,也许关键的部分一句话带过,这就需要读者具有锐利的目光和高超的实验技巧,否则很难重复类似实验。经过充分的文献调研,谢毓元发现这三个元素的性质有其共通之处:三个元素外层电子排布有其相似性,钚为 $5f^67s^2$,钍为 $6d^27s^2$,锆为 $4d^25s^2$,最外层电子数均为 2,均为第三副族或第四副族元素,其中钍和钚均为锕系元素。另外这三种元素的化合价均有 +3 和 +4 价,因

[①] 1970 年 11 月 20 日,中国科学院药物研究所划归上海市领导,改名为"上海药物研究所"。1978 年 4 月,上海药物研究所重回中国科学院,更名为"中国科学院上海药物研究所"。
[②] 药理由工卫所的罗梅初负责。
[③] 海字 166 部队派曾坤荣配合谢毓元。

此当这三种元素的离子在与络合剂配位时应该表现出相似的性质。根据文献的调研，谢毓元脑海里已经形成了他的研究策略——"一石三鸟"，也就是说只要找到一个化合物，一个促排药物的话，就能将这三个核素的促排同时解决，从而达到毕其功于一役的目的。这时候他焦灼的心逐渐恢复了平静，对解决这三个任务，不，实质上应该说是一个任务，信心满满。

于是谢毓元开始了络合剂的设计。促进重金属或放射性元素从体内排出，一般均利用适当的络合剂与金属元素生成水溶性稳定化合物，通过肾脏排泄。钍和锆的化学特性相近，其离子极易水解。甚至在酸性环境中也能水解，生成不溶性的氧化物。当时已知的最强络合剂如 DTPA（二乙基三胺五乙酸），其他如 EDTA（乙二胺四乙酸）、柠檬酸等，由于所生成的络合物易于水解，对钍和锆的促排效果不好。谢毓元设想，如果在常用的多胺多羧络合基团之外，增加酚羟基作为络合基团，由于酚羟基的酸性较强，应该可以与水中的羟基竞争络合金属离子，从而增加络合物的稳定性。于是首先设计合成了一系列含有一个酚羟基的多胺多羧衍生物。其中一个化合物 703-26，即 703 任务的第 26 号化合物，动物体内实验结果证明对钍和锆的促排作用果然优于 DTPA，从而证实了他之前的猜想。工卫所的药理人员对 703-26 的结果比较满意，于是开展了进一步的试验。谢毓元认为，703-26 对钍和锆的促排效果尽管有所提高，但无法结晶，因此他对该化合物并不满意[①]。

很自然地，他猜想含有两个酚羟基的多胺多羧衍生物效果可能会更好。于是合成了一系列含有两个酚羟基的衍生物，其中含有邻苯二酚结构

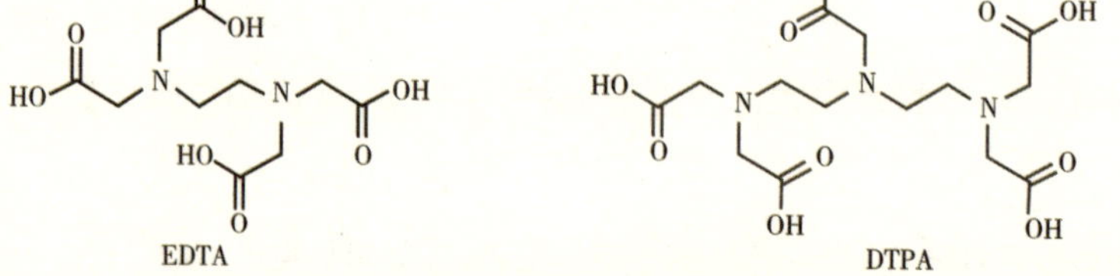

图 6-1　EDTA 和 DTPA 的化学结构式

---

① K-1-11-H-01，喹胺酸-811 的合成。存于中国科学院上海药物研究所档案室。

的多胺多羧衍生物效果较好，一般都可以排出70%—80%的核素。在此基础上谢毓元推想，如果能挑选到毒性较低的含有邻苯二酚结构的原料，就有可能得到高效低毒的络合剂。L-(－)-3,4-二羟基苯丙氨酸（左旋多巴）在他的脑海中一下就闪现出来。左旋多巴是治疗帕金森病的有效药物，毒性极低，口服可达每天10g以上，而且可以长期连续服用。

因此谢毓元利用左旋多巴作为原料合成了新的络合剂703-73。经大鼠肌注试验证明，该化合物对钍的促排效果超过国外文献报导和使用的DTPA3-4倍。该化合物的大鼠实验结果表明，703-73对^{95}Zr-^{95}Nb中毒早期给药效果显著，这也符合现代人们对于核素促排药物的认识：即在核素污染早期，用药越早效果越好。将^{95}Zr-^{95}Nb通过大鼠尾静脉注入中毒后立即肌注703-73，一次100mg，48小时尿中^{95}Zr-^{95}Nb的排出率可达80%左右，而对照组仅为7%左右；中毒后六小时给药一次，尿中排出的^{95}Zr-^{95}Nb可达50%以上，并显著减少^{95}Zr-^{95}Nb在骨、脾、肝、肾等器官的蓄积；中毒后12小时给药一次，尿中排出^{95}Zr-^{95}Nb约为对照组的五倍左右。如果改变给药方式，即^{95}Zr-^{95}Nb中毒后，大鼠灌胃600mg，促排效果可达50%。该化合物不仅促排效果好，而且毒性低，半数致死量LD_{50}达7.1g/kg。对703-73还进行了亚急性毒性实验，将20只狼犬分成四组：对照组和三个剂量组（100mg/kg、150mg/kg、200mg/kg），每天肌注一次，连续七天，在用药及停药后观察期间，未发现动物的血常规、肝肾功能、血清钙、心电图等的异常变化。动物处死后解剖，未见明显的组织损害情况。进而用两只猴（体重各为4.5kg）进一步研究，每天肌注两次，每次0.5g，连续六天，停药三天后，重复一疗程，未发现动物的血常规、肝肾功能、血清钙、心电图等的异常变化[①]。由于其促排效果优异，而且毒性较低，遂将代号703-73的化合物暂命名为811（即703任务和108任务联合产生的成果），并准备进行推广试验。这时候谢毓元又面临了新的挑战，合成811的原料左旋多巴的来源成了问题。

以前在实验室规模时采用的左旋多巴为进口试剂，价格较贵，1克需

[①] K-1-11-Y-02，喹胺酸-811的药理研究。存于中国科学院上海药物研究所档案室。

要8元钱。谢毓元觉得太贵了,这样的原料价格不利于811的推广。于是谢毓元又去做文献调研,发现豆类植物中左旋多巴的含量较高。左旋多巴的合成相对麻烦,如果能从天然豆类植物里面提取左旋多巴,就最好不过了。

所以我就发信给全国的植物园,除了杭州植物园以外,其他的植物园都没有给我回信。杭州植物园的这个人呢我到现在都感激万分,他接到我的信以后就跟我讲,"杭州的山里面藜豆多得很,要不要我给你采集一点你去试试",我就说请你采集个1公斤、2公斤给我试试。

不久,他到山里采集了一袋藜豆,说山里面藜豆多得很,都是农民到山里采集后喂猪的。他寄给我以后,我立刻就做提取,提取后发现它(左旋多巴)的含量非常高,有千分之五以上。所以我就把这个东西的工艺过程都给研究好了,研究好以后,那时候我们已经有一个中间工厂了,我就交给中间工厂来生产,一切都很顺利。这不仅解决了我的原料问题,而且解决了帕金森病的用药问题,那时候帕金森病只有左旋多巴这个药可以治疗。①

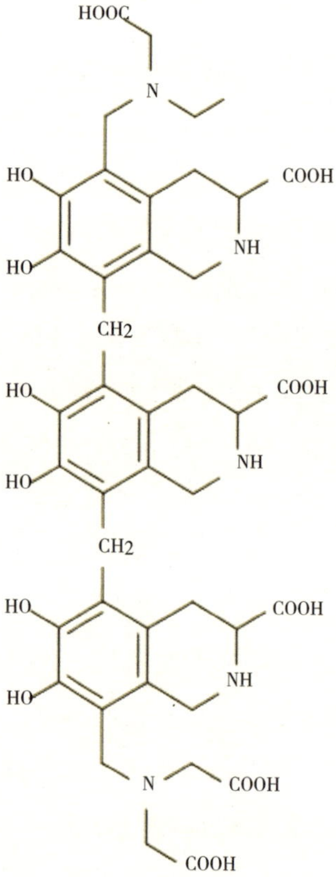

1974年,左旋多巴生产工艺通过鉴定,并被收载于1977年版中华人民共和国药典②。"文化大革命"结束以后,提取左旋多巴的工艺被当时的一位药物所领导交给了奉贤药厂,使得一个濒临倒闭的企业起死回生,这是后话。

对于811的化学结构式的确立也经历了一番曲折。开始时设想811是左旋多巴与甲醛、

图6-2 811(喹胺酸)化学结构式

① 谢毓元访谈,2011年12月29日,上海。资料存于采集工程数据库。
② 中科院上海药物所主要科技成果选编(1954—1984)。1985年6月,内部资料。

亚氨基二乙酸进行简单的曼尼西反应所得产物，但元素分析结果相差较大。后从文献得知 3，4- 二羟基苯丙氨酸与甲醛作用生成四氢异喹啉，生成的四氢异喹啉再进行曼尼西反应。经过一系列的化学方法、熔点比对、及元素分析比较等方法，将最初推断的 811 可能的四种结构式均一一否定，最终确定 811 结构式为三聚二羟基四氢异喹啉氨羧螯合剂（见图 6-2）。

在动物实验的基础上，对健康人八名（协作组的同志），肌注 811 进行临床观察。811 粉针剂是由上海制药三厂协助试制的。0.5g 药物用注射用水三毫升溶解，每天肌注一次，连续三天。在用药及停药后观察期间，受试者均无明显的全身反应，血、尿常规、肝肾功能及心电图检查均未见异常变化。肌注局部有酸胀或酸痛感，但可以忍受。由于 811 毒性小，副作用少，于 1972 年 7 月 10 日向上海市医学科研办公室领导小组作请示报告，拟将 811 推向临床使用。

从谢毓元接受任务到完成临床前的研究，历时三年，期间共合成化合物 85 个，其中肌注促排效果超过 60% 的有 21 个，供临床试用的有两个，分别是 703-26 和 703-73（即 811）。

其中 703-26 在 1971 年就开始在临床试用，用于钍 -232 的促排，有一定的疗效。1975 年年底，811 试用于临床促排钍 -232，结果表明 811 对人体内钍的促排效果优于 DTPA，并具有显著性差异，未观察到明显的特殊副作用，当然其病例数较少，仅有 38 例。而这也是全世界面临的难题，核素促排药物研发的最大困难就是缺少临床病人。

为了 811 化合物进行临床试验，1976 年，谢毓元带着陈文致专门来到嘉峪关外生产原子弹的 404 厂职工医院蹲点三个月，和他们一起蹲点的还有中国人民解放军 59172 部队（现军事医学科学院二所：放射与辐射医学研究所）的人员。

在 404 厂职工医院对肌注 811 钠盐促排钚的效果进行了观察。对 23 名从事钚操作的人员肌注 811 钠盐，每天 0.5g，连续三天。收集 24 小时尿液，进行钚含量分析。这些钚操作人员曾多次参加检修钚污染的设备或处理意外的钚化合物释放事故。钚化合物进入体内的途径主要是呼吸道吸入。用药时间距最近吸入时间最短为一个月，长的达四年多，故均为晚期用药。

图 6-3　1980 年，螯合羧酚获国防科委三等奖奖状（中国科学院上海药物研究所提供）

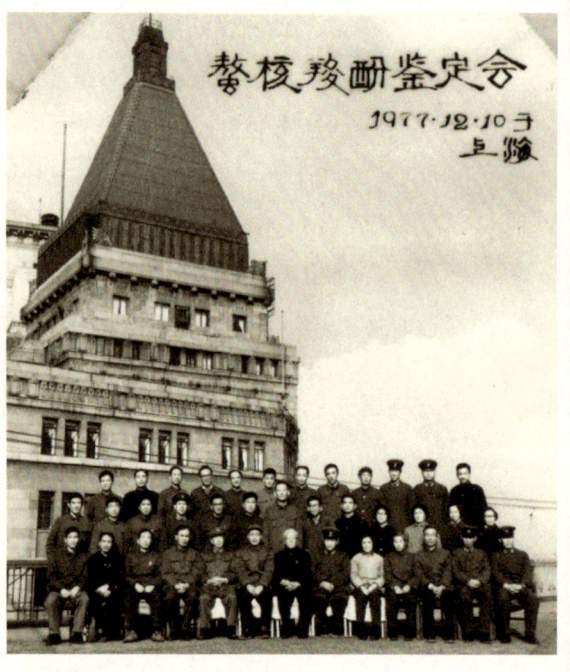

图 6-4　1977 年，螯合羧酚鉴定会合影。前排右三为谢毓元（中国科学院上海药物研究所提供）

治疗结果证明 811 对体内钚有晚期促排作用，停药后仍然在一段时间内维持疗效；811 对钚的促排效果与 DTPA 相当。但由于临床病例较少，还需要进一步累积临床资料[①]。

从已有的资料来看，尽管其临床病例较少，无法满足新药的报批条件，但 811 可以作为战略储备药物，用于核泄露和核战争的污染。1977 年 12 月 8—10 日在上海召开了 811 的成果鉴定会，促排药螯核羧酚（811，又名喹胺酸）是我国首创的一个具有多胺羧结构的邻苯二酚型螯合剂，对进入体内的放射性核素钍、钚与以及重金属元素铅、汞等有加速排出作用。此项工作《放射性金属元素促排药螯核羧酚》于 1980 年 3 月获得国防科委三等奖，奖金 1000 元。其中药物所分得 380 元，作为主要发明人的谢毓元仅得到 40 元。

---

① K-1-11-Y-02，喹胺酸-811 的药理研究。存于中国科学院上海药物研究所档案室。

锶-90 促排药——酰膦钙钠

当 811 基本完成早期成药性评价，703 和 108 任务基本告一段落的时候，谢毓元接受了又一个世界性的科研难题：放射性元素锶-90 促排药物的研制。1974 年，海军医学研究所（时为海字 166 部队）委托上海药物研究所、上海工业卫生研究所共同研制锶促排药物。化合物合成依然由谢毓元负责，工卫所负责药理，部队派人参加双方的研究[①]。

锶是第二主族元素，性质与钙相近，与前述的钚、钍、锆性质相差较远，所以前面累积的设计与合成经验在此处无甚用处，所有的文献调研需要从头做起。已知锶元素在自然界稳定的同位素有四种，不稳定的同位素有 16 种，其中放射性锶-90 是重要的核裂变产物之一，在晚期混合裂变产物中产额颇高，从铀-235 裂变的产额为 5.90%，从钚-239 裂变产额为 2.1%。锶-90 半衰期长达 28.9 年，进入人体后平均生物半衰期为 18 年。锶-90 会进行 β 衰变，放出电子和钇-90，并释放出 0.546 百万电子伏特的能量。而这种高能量的 β 射线电子流可产生强大的电离作用，使组织微血管乳化、凝固、收缩，降低细胞分裂速度或停止细胞分裂，因此进入人体的锶-90 可产生较大危害（当然，相反地，锶-90 可用于血管瘤的治疗）。锶离子易溶于水，因而易被机体吸收，性质与钙相近，主要蓄积于骨骼。羟基磷灰石是骨骼和牙齿的主要组成，而锶可替代羟基磷灰石中的钙，因此锶-90 一旦进入羟基磷灰石，可以导致各种骨骼疾病，包括骨癌（正是利用锶的亲骨性，法国 Servier 公司于 2004 年在爱尔兰首次上市了抗骨质疏松药物雷尼酸锶）。

国外当时研究锶促排药物已有较长时间，但未获得明显进展。根据文献报导，BADE（2,2',2',2'-((oxybis(ethane-2,1-dily))bis(azanetriyl))tetraacetic acid）和 BADS（2,2',2',2'-((thiobis(ethane-2,1-dily))

---

① K.1.15H.01，锶-90 促 S-816 的鉴定资料。存于中国科学院上海药物研究所档案室。

bis（azanetriyl））tetraacetic acid））可促排锶 40%，但在工卫所的实验条件下，促排仅 30% 左右。另外当时已有文献报导积二膦酸化合物 EHDP（1- 羟基 - 乙叉 -1，1- 二膦酸）是临床用的骨扫描剂。优点是可以进入骨骼，又可以迅速排出。于是谢毓元设想，既然该类积二膦酸化合物能进入骨骼，就有可能利用此性质来促进亲骨性锶 -90 的促排。

于是设计合成了一系列积二膦酸类化合物，经过三年的努力，在合成的两百多个化合物中筛选发现了两个化合物 S-106 和 S-186，对放射性锶中毒早期促排效果达 50% 左右。S-186 的疗效较 S-106 好，且毒性较低。于是将 S-186（1- 乙酰胺基丙叉 -1，1- 二膦酸）的钙钠盐制成粉针剂，目的是减少药物的刺激。上海药物所等三家单位于 1982 年 2 月 24 日向上海市卫生局申请产品鉴定，但上海市卫生局对"促排锶 -90 药物 S-186 的鉴定"批复意见是：

> 临床病例太少，尚不能进行产品鉴定。建议与有关部门联系，能否作为科研成果的储备。待有一定的病例数后再研究产品鉴定问题。①

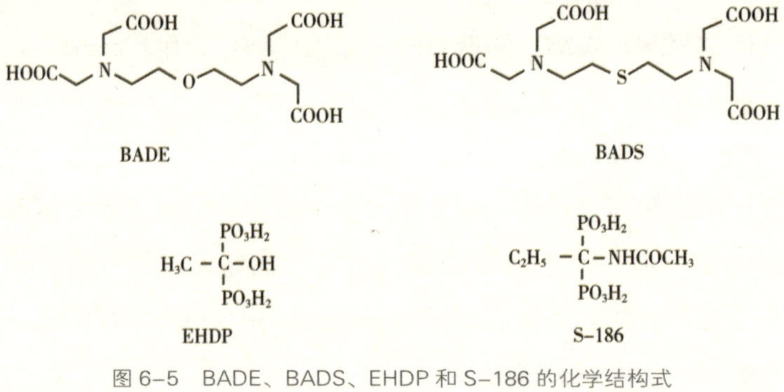

图 6-5 BADE、BADS、EHDP 和 S-186 的化学结构式

由于试用病例太少，按新药管理条例，S-186 尚不符合作为一个正式药物的条件。因此未对 S-186 做产品鉴定。为了总结以往工作，并利于今

---

① K.1.15H.01，锶 -90 促 S-816 的鉴定资料。存于中国科学院上海药物研究所档案室。

后试用，合作研究的三个单位共同组织了小范围的科研鉴定，并报呈核工业部。鉴定会于 1982 年 10 月 7—8 日在上海举行，参加鉴定会的有来自北京、苏州、临潼、上海等城市的 13 个单位 32 人，由苏州医学院的朱寿彭教授等五人组成鉴定小组，鉴定书的意见是：

"……S-186 经动物实验证明其早期促排放射性锶的效果，要明显高于国外已报导的最有效排锶药物 BADE。经临床初步试用，有一定的促排效果，无明显副作用，且该药具有吸收快、毒性低，工艺简便和成本低等优点。考虑到在战备上的意义和核工业事故中的需要，会议建议积极创造条件，尽快生产一批 S-186 粉针剂以备应急情况下试用。"[①]

鉴定意见之所以写得比较保守，原因还是在于我国缺少这类病例，因而无法开展大规模临床试用。当时仅有上海某造纸厂在 1979 年 11 月发生锶-90 污染意外事故病患一例。该陈姓患者在废物堆中拾得锶-90 源手表

图 6-6　1982 年，S-186 鉴定会合影。后排左六为谢毓元（中国科学院上海药物研究所提供）

---

① 　K.1.15H.01，锶-90 促 S-816 的鉴定资料。存于中国科学院上海药物研究所档案室。

第六章　军工任务

图6-7 1983年，S-186获卫生部甲级成果奖奖状。（中国科学院上海药物研究所提供）

一只，因好奇而徒手打开外壳，造成患者体表和体内严重污染，虽然事后进行了临床观察和处理，但试用S-186是在污染后第284天。此时患者尿锶仍高于正常人，试用S-186后，尿中排锶量提高1—3倍。患者出院后一直参加与事故前一样的强体力劳动。另外虽有10例早年接触过锶-90，但用药时体内锶含量在正常范围，因此无明显排锶作用，但证明此药的副作用非常低。

酰膦钙钠（S-186）于1983年获得卫生部一等奖。

"文化大革命"轶事

喹胺酸和酰膦钙钠的研制正好处于"文化大革命"[1]时期，期间发生的一些事情在今天看来有些可笑，但笑过之后却有些酸涩。

"文化大革命"初期，铺天盖地的大字报对谢毓元没有太大影响，他依然继续他的实验。1966年，"中央文革"表态支持全国各地的学生到北京交流革命经验，也支持北京学生到各地去进行革命串联。9月5日的《通知》发表后，全国性的大串联活动迅速开展起来。中科院药物所的人员也都跑出去串联了，在那个政治氛围下，要保持清醒的头脑是很难的。谢毓元中断了实验，也跟着出去串联了半个月左右[2]。回来以后，当时的药物

---

[1] 1966年5月，中共中央政治局扩大会议通过了《五一六通知》，"文化大革命"运动在全国爆发。

[2] 1966年12月14日，中科院药物所开始了革命大串联。参见：1969-03-01，药物所1969年基本情况汇编（沿革及概况）。存于中国科学院上海药物研究所档案室；陈文致访谈，2011年11月23日，上海。资料存于采集工程数据库。

所党委书记许浪璇来到谢毓元的实验室,对他说:"你是个党员,你做的这个任务是军工任务,如果现在不坚持的话将来你会受责备的"①。这句话如醍醐灌顶,谢毓元牢牢记住了这句话,立刻恢复了正常的工作状态。不过整个实验室只有谢毓元一个人恢复了正常,其他人并不理睬,继续闹革命去了,今天批判这个明天批判那个。此时关于钚的文献调研已经差不多了,于是开始动手在合成方法上做一些探索工作。合成了一些化合物以后,因为工卫所也在闹革命,所以药理的工作也无法进行,谢毓元只有再多合成一些化合物等着合作单位正常工作的恢复。过了几天,合成也做不下去了,谢毓元被关了起来。

这时上海药物所的领导权已经被工宣队②("工人毛泽东思想宣传队")接管,将一大批所谓的资产阶级"牛鬼蛇神"③关进了"牛棚"④。谢毓元还算幸运,没有被关进"牛棚",而是被关在自己的实验室里,晚上不许回家,带一个铺盖睡在实验室里,交代自己的罪行。原来有人诬陷谢毓元,说谢毓元于某年某月某日在蒋介石面前宣誓加入国民党。谢毓元一点也不知道为什么要关他,也没什么可以交代的东西,思来想去,就将他的全部历史写出来。材料交上去以后,工宣队也不来问他,也不让他出去,就这么关在里面,而同时被关的另一个人天天被提审和拷打,谢毓元当时很疑惑。后来他才知道材料交上去以后,工宣队进行调查,发现揭发的这个某年某月某日谢毓元正在莫斯科,根本不可能在蒋介石那里宣誓。但是工宣队既然将他关进来了,就不会随便放出去,先关在里面再说。关了大

---

① 谢毓元访谈,2011年12月29日,上海。资料存于采集工程数据库。

② 工宣队,即"工人毛泽东思想宣传队",是由工人组成的毛泽东思想宣传队,是中华人民共和国"文化大革命"期间于1968年起在各地、各系统成立的派驻教育、文化等单位的组织。其目的主要是控制这些单位的局面,维护基本秩序。1968年9月17日,由上海化工机修总产派出的第一批"工宣队"到上海药物所来"领导一切",并对各室进驻"工宣队"班,主导各室的"清理阶级队伍"工作。参见:84-1-8,中科院上海药物所"文化大革命"大事记。存于中国科学院上海药物研究所档案室。

③ 牛鬼蛇神,原是佛教用语,说的是阴间鬼卒、神人等,后成为固定成语,比喻邪恶丑陋之物。在"文化大革命"中,牛鬼蛇神成了所有被打倒、"横扫"的无辜受害者的统称。

④ 牛棚,是"文化大革命"后用语,特指在"文化大革命"中限制"牛鬼蛇神"人身自由的场所,包括办公室、学校、招待所、地下室、农场等地,以交代历史问题、工作问题等,和改造思想为借口的隔离审查、体力劳动及思想批斗。

概两个星期，沪东造船厂革命委员会敲锣打鼓来到药物所抗生素室给谢毓元送"红宝书"——《毛泽东选集》第一至第四卷。在"文化大革命"期间，这种宝书送四集是很隆重的，工宣队觉得有点惊讶，他怎么这么有能耐呢？还有人来送红宝书啊。于是就问谢毓元到底怎么回事，谢毓元说我帮他们解决了难题呀。

原来沪东造船厂从国外进口了一台硬水处理设备，可以将硬水变成软水。设备所用的药片全部进口，而且价钱比较贵。沪东船厂就想自己仿制，但药片中的成分搞不清楚，希望找一个单位给他分析一下药片成分。船厂的人几乎跑遍了上海所有的单位，但没人愿意过问这件事。于是找到了上海药物研究所，问到了当时的计划处长张淑改[①]。张淑改是一个很热心的人，就跑到谢毓元的实验室，问谢毓元能不能解决这个问题，谢毓元很自信地说一个礼拜之内可以解决。回复沪东船厂，他们有点将信将疑，不敢回复说一个礼拜就成，只说这个问题可以解决。谢毓元之所以如此自信，是因为他对文献调研得很清楚，既然是水处理剂，而且要除去水中的钙、镁离子，他觉得不外乎是 EDTA 之类的东西。沪东船厂的人马上将药片就送过来了，谢毓元就利用他的知识将药片进行了分离，分到了两个化合物，根据它们的量知道了配比。一个化合物根据性状很容易就判定为 EDTA，另外一个物质虽然不知道，但根据两个化合物的配比，可以推测是一个添加剂。谢毓元根据获得的线索去图书馆查找专利，很快就从专利里面找到了一个化合物，其性状与他所得的化合物一模一样。这样谢毓元日以继夜地干了一个礼拜，不但很快鉴定了药片中的成分，而且搞清楚了配比，将报告交给了张淑改。报告交出去没几天，谢毓元就被关了起来。

自从有了沪东船厂送"红宝书"的经历，工宣队对他更加不闻不问，但依然没有放谢毓元回家。过了一个多礼拜，沪东船厂又来找谢毓元了。按照谢毓元的配方他们做出来的东西是绿的，而国外进口的是白色的药片。怎么会是绿的呢？谢毓元提出到现场看一下，但他不是自由身，于是让船厂的人去找工宣队请假，说需要谢毓元去厂里解决问题。因为是沪东

[①] 张淑改（1925-2012），1953 年 7 月进入药物所，在药物所工作近 40 年，曾从事过业务研究、科技管理和编辑部管理等岗位，期间曾任中国科学院上海药物所科研处处长。

船厂革委会出面，工宣队同意谢毓元到厂里去。谢毓元来到药厂一看，制造过程中用到一面铜筛子。谢毓元马上知道了症结所在，因为络合剂会与铜离子螯合，当湿漉漉的样品通过铜筛时自然就变绿了。于是建议他们不要用金属筛子，改过来以后就生产出白色的合格产品了。沪东船厂再次来贺喜，工宣队的头儿彻底折服了。谢毓元趁机和工宣队的人说："书记和我讲我这个是军工任务，如果不好好完成将来会受责备的。"工宣队没有办法，就将谢毓元放了出来，结果又发生了一件令人捧腹的事。

谢毓元一放出来，马上又去图书馆看文献去了。一个造反派看到他，感到很震惊："你怎么会在这里？你是牛[①]啊，你这个牛，你怎么可以在这里呢？"谢毓元说我已经放出来了，怎么还是牛呢？他不相信，打电话去问工宣队，结果工宣队说谢毓元没有问题了。看来造反派的"觉悟"还真高呢！[②]

整个"文化大革命"期间的经历，就这样被谢毓元先生三言两语轻松带过。事实上，十年"文化大革命"，对人内心的冲击以及对科研事业的干扰都是巨大的。谢毓元的女儿当时年仅10多岁，却对父亲被"关牛棚"的一段经历记忆深刻：

"文化大革命"初有一段时间父亲突然被"关牛棚"不许回家，周围别有用心的人散布说父亲是"叛徒、特务、坏分子"。我在外面受到欺负，回家问妈妈为什么，母亲一边安慰我，又非常担心父亲的处境，让我去"探营"。我怀着满腹委屈和希望，一路上想着只要找到爸爸什么问题都可以解决了。可是当我踏进抗菌素室院子的大门就感到一片萧条，进入大楼更觉阴森森地空无一人，每间房门都关着。我大声叫着爸爸，没人应允，我害怕，更大声叫，又过了一会儿，终于走出一个我认识的阿姨。她环顾一下四周，急急地说："你怎么来了？"我说："我来找爸爸，为什么不让爸爸回家？"她无奈，悄悄地对我说："你爸爸没事，你不要来了，快点回去，快点回去。"不几天爸爸真的回来了，我高兴地扑上去，不料爸爸说："我是偷偷回来

[①] "牛"，这里意指前面提到的牛鬼蛇神。
[②] 谢毓元访谈，2011年12月29日，上海。资料存于采集工程数据库。

的，我是特意来告诉你们，爸爸是好人，绝对没有做对不起国家对不起人民对不起你们的事，不要听外人说什么，要相信爸爸。说完转身就投入黑暗的夜幕中。父亲怕我们小不懂事，会出问题，冒着风险（现在人可能难以理解，但那时要是被发现将会招来更严厉的批斗）回来说的这几句话，在当时恐怖的日子里是最好的安慰，让我记了一辈子。①

"文化大革命"期间，谢毓元的经历可谓颇为丰富。从苏联归国后至1966年1月，谢毓元一直在枫林路的抗菌素室任副主任。"文化大革命"开始后，全所科研工作一度受到干扰，但因为谢毓元接受的是放射性核素促排药物研究的军工任务，在经历一个多月的串联之后，他重新回到工作岗位，排除万难继续工作。直到1969年，他均在枫林路的抗菌素室从事放射性核素促排药物研究。1969年4月，药物所各研究室改为连队建制，谢毓元此时被调入专门从事国防科研任务的一连（前身为第五研究室），来到岳阳路319号大院②，直到1972年3月，他被下放到上海市郊区奉贤县的"五七干校"③劳动。1972年3月1日—1972年8月31日，将近半年的时间，谢毓元在"五七干校"的六连四班参加劳动，主要是学习种植蔬菜、粮棉田间工作，还有帮厨工作④。干校期间，劳动还好说，最让谢毓元难过的是经常吃不饱肚子。

五七干校学习结束后，谢毓元重新回到药物所，此时连队建制已经结束，谢毓元继续留在五室，并任五室副主任，直到1978年底。当时五室的主任是池志强，国防任务主要分两大部分，一部分是外照射的抗辐射损伤防治药物研究（项目命名为639）和6003任务（项目命名为694），由池志强负责；一部分是内照射⑤的放射性核素促排药物研究，由谢毓元

---

① 叶家苏：女儿眼中的父亲。见本书附录。

② 当时中国科学院药物所的本部。蒋凝（党员）和邹正国（本科生）就是在此时调来，跟他一起从事放射性核素促排药物研究。

③ "五七干校"是"文化大革命"期间，为了贯彻毛泽东《五七指示》和让干部接受贫下中农再教育，将党政机关干部、科技人员和大专院校教师等下放到农村，进行劳动的场所。

④ 学员思想小结。存于中国科学院上海药物研究所档案室。

⑤ 内照射，是指放射性核素进入体内，从而引起的机体损伤，是相对外照射而言。外照射，是指使生物受到来自外部的射线照射。

负责。整个"文化大革命"期间,除了"串联"、被关"牛棚"、"五七干校"等经历之外,谢毓元把所有精力都放在放射性核素促排药物研究上。正是由于他的坚持和不懈努力,在非常时期,他完成了几项响当当的国际领先的科研成果,喹氨酸、酰膦钙钠以及左旋多巴的国产化。

图 6-8　岳阳路 319 号第五研究室旧貌(中国科学院上海药物研究所提供)

"文化大革命"结束后,因国家政策的调整,改为以经济建设为主要目标,二机部逐渐停止对放射性核素促排药物的资金支持,药物所也整顿全所室组结构,谢毓元被调离五室,来到了合成室[①],工作至今。

图 6-9　岳阳路 319 号合成楼旧貌(中国科学院上海药物研究所提供)

铀促排药物——双酚胺酸

"文化大革命"之后,改革的春风吹遍神州大地。随着工农业生产发展,生产和应用各种有害金属及其化合物日渐增多,职业性铅、汞、锰、

---

① 合成室当时分肿瘤组、美登素组、心血管组、避孕药组、络合物组和同位素组。谢毓元任络合物组的组长。参见:中科院上海药物所七十年光辉历程 1932-2002。2006 年,内部资料,第 22 页。

图 6-10 1982 年，谢毓元在实验室给组里的科研人员讲授螯合剂方面的知识。从左至右分别为费开逵、谢毓元、邹正国、胡玉麟、陈文致、蒋凝（中国科学院上海药物研究所提供）

镍、镉、砷等急性和慢性中毒，是危害劳动人民健康的常见职业病。EDTA 和 DTPA 是国内外应用较多的医用螯合剂，但它们对金属促排解毒疗效很不理想，有长期使用损害肾脏，在体内选择性差，影响体内必须微量元素的平衡，延迟用药效果不佳等缺点。核燃料铀等放射性核素导致的中毒依然缺乏有效的解毒药物。从 1980 年起谢毓元及其课题组开始踏上寻找铀促排药物的征程。此时，回到合成室的谢毓元，其课题组人员配备空前的强大，化学方面有从五室跟随而来的陈文致、蒋凝和邹正国，还有曾于"文化大革命"期间被留在避孕药组的胡玉麟和费开逵，药理方面更是人才济济，原来曾在五室从事外照射药理研究的人员，现均转入为放射性核素促排药物做药效及药理研究的药理研究室（梁猷毅为课题组长），包括陶正勤、徐新华、严雪铭等。这些都为他全力以赴地寻找放射性核素铀及其他重金属中毒解毒药物提供了强有力的支撑。

铀化合物主要以黄绿色有荧光的铀酰离子形式存在，极易水解，即使在胺羧螯合剂存在时，仍易和水配位，所以其螯合物不太稳定。具有邻位酚羟基的钛铁试剂（Tiron，邻苯二酚 -3,5- 二磺酸钠）与铀能生成稳定的螯合物，不会再和水中羟基结合。动物实验证明 Tiron 有促排铀的效果，但其毒性比较大，在有效剂量时动物会出现血尿，无临床应用前景。保存邻苯二酚的基本结构，并引入各种取代基团，是探索提高促排铀效果和降低毒性有希望的途径。谢毓元等合成了新型的邻苯二酚及取代邻苯二酚类多胺多羧和胺羧酰胺螯合剂一百多个，以及邻苯二酚胺羧膦酸类化合物数十个，通过动物模型的药理筛选，证实有 30 多个化合物具有较好的促排铀的作用。经动物实验，发现 39 号化合物双酚胺酸对铀的促排解毒效果超过文献报导的

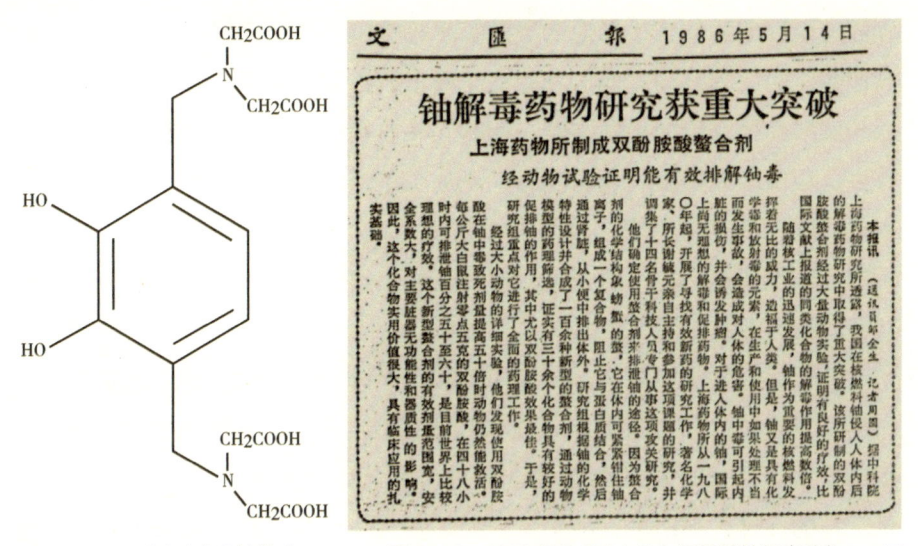

图6-11 双酚胺酸化学结构式

图6-12 1986年5月14日文汇报对铀解毒药物——双酚胺酸的报道（中国科学院上海药物研究所提供）

Tiron 和 Phosphicine，使用双酚胺酸在铀中毒致死剂量提高五十倍时动物仍然能够存活。大鼠每公斤体重注射0.5克的双酚胺酸，在48小时内可排泄铀50%—60%。它本身毒性较低，同时对锰、镍、锌、镉中毒有较好的解毒促排作用，是一个治疗金属中毒职业病和促排铀的很有前景的药物[①]。

经过3年左右的时间，谢毓元在核素促排领域又一次站到了世界前沿水平。1986年5月14的文汇报以"铀解毒药物研究获重大突破"为题对这一成果进行了报导。直到今天，双酚胺酸依然是促排铀的最有效的化合物。

与日本福田博士合作

1987年国际螯合剂的应用会议在捷克召开，谢毓元带着药理的陶正勤一起去参加会议。在大会上谢毓元做了一个关于双酚胺酸的报告，日本国

---

① K-1-43-Y-03，双酚胺酸管理性文件；K-1-43-H-01，双酚胺酸的合成。存于中国科学院上海药物研究所档案室。

立放射研究所的福田俊和他的导师听了报告以后非常感兴趣，晚上特意来到谢毓元的房间拜访。他们和谢毓元商量，希望能送点大会报告上提到的双酚胺酸的样品给他们做实验。谢毓元一口答应，回国以后就把样品给他寄去。福田做完实验后非常满意，说这个东西的确是好，希望能提供更多的化合物，后来他一下子买了500克回去，对双酚胺酸进行深入的研究。期间福田俊还请药物所的人员对双酚胺酸用同位素标记，以便进一步研究其在动物体内的作用[①]。

在随后的科研生涯中，福田和谢毓元保持了密切的联系，经常通信探讨新型螯合剂的研究进展。合作依然由谢毓元提供双酚胺酸及其类似物，福田安排人员进行药效的筛选和确证。从开始时对锶的促排，到后来对铀、钚的促排，福田进行了一系列的实验。一旦有了好的结果和进展，福田会向谢毓元及时通报，这样有利于新化合物的设计及合成，而谢毓元也会提供自己的建议和想法供福田实验时参考。因为福田准备研究 APDA（1-Acetamido-Propylidene-1,1-Diphosphonic Acid）锌盐对锶的促排效果，在对福田 1996 年 7 月 1 日来信的回信中，谢毓元就建议采用碳酸锌代替氯化锌来制备 APDA 的锌盐。这是因为 APDA 与碳酸锌反应生成的二氧化碳会随之释放，氯化锌中的氯离子会干扰测定，而且氯化锌本身是较强的路易斯酸。应福田要求，谢毓元三次派课题组的严雪铭分别于 1996 年 3 月，2001 年 2 月，2010 年去福田所在的日本放射研究所开展合作研究，2001 年以后的研究除了促排药物，还包括谢毓元课题组新合成的抗骨质疏松药物。福田将双酚胺酸与其他已报导的化合物、谢毓元新合成的双酚胺酸类似物进行反复比较，得出的结论是双酚胺酸促排铀的效果是最好的，而且对钚也有较好的促排效果。

关于双酚胺酸福田俊一共发表了 20 多篇文章，而且每篇文章上都署上了谢毓元的名字。福田俊认识谢毓元的时候还是一个博士研究生，对双酚胺酸的研究贯穿了他整个学术生涯，一直到 2010 年退休。可以说福田是这个世界上对双酚胺酸的药理研究得最透的人，他一直希望能将双酚胺

[①] 谢毓元访谈，2011 年 12 月 29 日，上海。资料存于采集工程数据库。

酸推上临床尽管日本已经发生过多起核事故，福田也反复向日本政府申请临床，但并没有得到批准。这也从侧面反映了核素促排药物临床研究面临很大的困难，即使像日本福岛 2011 年 3 月这样大的核事故，受害人员主要是体表污染，其临床病例数依然难以满足药物的评价。

图 6-13　2009 年，在上海药物所与福田和大町交流如何加强放射性核素促排药物研究（中国科学院上海药物研究所提供）

2009 年福田临近退休的时候，他带着他的继任者大町康来到药物所，他说："我要退休了，我这个继承人是大町，我希望我们的合作能够继续下去。" 2010 年 3 月谢毓元的继任者杨春皓和药物所叶阳副所长回访了日本放射医学研究所，也表达了继续合作的愿望。

现在说起核素促排药物，谢毓元还是觉得有很大的遗憾。由于临床病例少，他研制的这几个药物都没有被正式批准成药。他说美国 2003 年曾经批准过 DTPA 的钙盐和锌盐用于放射性钚、镅、锔的体内污染促排，而这两个药品在过去数十年中都作为临床试验药品治疗紧急放射污染患者。实际上这两个药本身也没有经过系统的临床评价，是作为特批药物的。所以他希望他的双酚胺酸或喹胺酸有朝一日也能特批，能应用于紧急突发情况的处理，此时他的脸上是一脸的无奈和遗憾。

第七章
拓展领域

从 1966 年开始，谢毓元就全身心投入到放射性核素促排药物研究中，先后发现了三个非常有效的促排药物，分别是钚-239、钍-234、锆-95 促排药物喹胺酸，锶-90 促排药物酰膦钙钠和铀促排药物双酚胺酸，但均因为各种原因而没有成药。由于临床困难、适用人群太少等原因，国内外对放射性核素促排药物的研究一直以来都鲜有问津（在国家统筹安排下，情况相对乐观些）。80 年代以来，国家停止了对放射性核素促排研究的资金资助，谢毓元面对资金支持不足，配套研究体系缺乏等境况，实在是难以继续进行核素促排药的研究。孤掌难鸣的情况下，为了课题组的前途着想，谢毓元不得不开始将眼光转向一些常见病、多发病。是否可以把自己在医用螯合剂领域积累的多年的研究经验转向民用呢？谢毓元开始进行多方面的尝试。

HEDP 水处理剂

70 年代做锶-90 核素促排药物研究时，谢毓元曾设计并合成了一系列积二膦酸类化合物，而羟基乙叉二膦酸（HEDP，也叫 EHDP）就是合成该系列化合物的原料，因当时无处供应，只能自己合成原料。于是谢毓元就通过查阅文献，自行合成了结晶的HEDP，解决了原料问题。尽管也知道HEDP是一种多用途的螯合剂，在工农业及医学上也有广泛的应用，其中之一就是运用在核医学上，可将它进行放射性标记后做身体器官功能的测定，但受当时条件的限制，也无法进一步推广。

机缘巧合的是，"文化大革命"后不久，谢毓元的爱人叶德华有一次让他帮忙合成一个化合物。叶德华在上海市第六人民医院同位素科工作，需要使用放射性的锝标记的HEDP来做肾功能的测定。科主任知道谢毓元是做合成的，就希望通过叶德华请谢毓元帮忙合成一些HEDP。谢毓元觉得是举手之劳，很快就帮医院合成了结晶纯的HEDP，而医院里之前也有人曾尝试合成，结果得到的大多是油状物，根本无法使用。之后，谢毓元就开始留心调研HEDP更广泛的用途[①]。

调研中发现，HEDP可以作为一种变形性骨炎（Paget病）的治疗药物，并已经上了美国药典，谢毓元就想做该药物的仿制药，也联系了一个骨科医生，并请他帮忙做了几个病例，疗效挺好。但是，这种病例实在太难找，后来只好不了了之。之后谢毓元又发现HEDP在水质处理上用量很大，大工厂用水量大，希望水经一定的处理后可以重复使用，HEDP可以满足此需求。当时国内虽然也有不少工厂生产HEDP，但都得不到结晶纯品，只能供应液体的HEDP；而液体的HEDP中含有各种杂质，会影响它的应用范围。谢毓元本着科研主要为生产服务的思想，在原

图7-1　1986年，HEDP技术鉴定会现场。左三为谢毓元
（中国科学院上海药物研究所提供）

---

① 谢毓元访谈，2012年5月18日，上海。资料存于采集工程数据库。

第七章　拓展领域

来合成的基础上，进一步改进并完成了一种原料易得、操作简便的生产工艺路线，于1984年将生产工艺转让给浙江黄岩红旗化工厂。经过一年多的中试和试生产，于1986年投产。同年，该产品通过了由中科院上海分院与浙江省科学技术委员会共同组织的鉴定[①]。当时参加HEDP推广的还有他课题组的陈文致和胡玉麟。

除了转让给浙江黄岩以外，谢毓元还曾转让给其他几个厂子，也实现了一些创收。但后来发现，作为一般的水处理剂时，因对产品的质量要求并不太高，在民间一些作坊里就可以实现。将几样东西混合，然后在锅里煮一煮就能派上用场，既解决了生产问题，也解决了部分职工家属的就业问题，所以一般要求不高的工厂根本不用纯度很高的HEDP，谢毓元只好作罢。不过药物所里倒是有不少人对他的HEDP挺感兴趣，因为HEDP可以用来作为浴缸或马桶里污垢的清洁剂，效果非常好。所以谢毓元就把他们组里合成的HEDP放在所里的开发处，谁需要谁就按成本价购买。

抗骨质疏松药物研究

表面上抗骨质疏松药物和放射性核素促排药物似乎风马牛不相及，其实从药物化学角度来看，它们都属于医用螯合剂范畴。谢毓元等人在研究核素锶-90促排药物的时候，就已经知道偕二膦酸类（gem-diphosphonates，也译为积二膦酸）化合物有着广泛的用途。1977年首个偕二膦酸药物依替膦酸二钠作为骨代谢调节剂在意大利上市，在1980年第五期《化学通报》上谢毓元等发表了一篇综述，标题就是《一种新型的多用途螯合剂——积二膦酸类化合物》，比较详细地阐述了偕二膦酸类化合物在工业、农业和医学上的用途，其中在医学上的一个重要用途就是在骨代谢疾病方面的运用，包括治疗变形性骨炎和骨质疏松。随后在1984年的《国外医学药学

---

① K.1.22.H.01，多用途螯合剂结晶HEDP化学合成工艺。存于中国科学院上海药物研究所档案室。

分册》上谢毓元发表了一篇综述《积二膦酸类药物对钙代谢有关疾病的应用前途》,再次体现了谢毓元对积二膦酸类化合物国际研究动态的关注。

但此时谢毓元课题组并未开展抗骨质疏松的研究,原因是多方面的。一是课题组的主要注意力还集中在核素促排药物方面,因为在这个领域有很好的研究基础,研究条件比较成熟,而且取得了令人瞩目的研究成果,作为科学家,肯定是希望在这一个方向上能更加深入地系统研究;二是我们国家当时对于骨代谢疾病治疗的药物需求没有那么迫切,因而骨代谢疾病在国内的研究也就不受重视;第三个原因就是没有现成的药理学研究模型,新建模型不但需要投入人力、物力,更重要的是等于新开拓一个研究方向,而当时研究所的条件还不成熟。

然而随着改革开放的深入,国际形势发生了根本的改变。1991 年苏联解体,美苏之间的冷战宣告结束,国际形势趋于缓和。而国内正立足于发展经济,核能的利用也逐渐趋向于民用。国家对核素促排药物的研究不再迫切,减少了对该领域研究的支持,因而经费申请变得困难起来。1992 年 6 月,中国科学院向国务院报送了《关于中国科学院进行综合配套改革的汇报提纲》,从而将中国科学院的改革推向深入,而这次改革也意味着科研人员不再是靠国家养活,需要自己争取经费做科研并养活自己。同时在这几年中,国际骨代谢疾病药物的研究取得了可喜的进步,多个双膦酸类化合物被批准上市。1986 年氯屈膦酸钠在芬兰批准上市,帕米膦酸二钠在 1994 年获准在美国上市,替鲁膦酸二钠 1995 年在丹麦上市,这些双膦酸化合物主要用于治疗恶性肿瘤的骨转移和变形性骨炎。1995 年阿仑膦酸在美国上市,用于预防和治疗女性绝经后的骨质疏松症。而中国的人口老龄化问题已经不容忽视,尤其是人口老龄化带来了一系列健康问题和社会问题,骨质疏松引起的骨折以及骨折后的并发症影响了老年人的生活质量,并发症导致的死亡也时有发生,给社会和家庭都造成了相当的负担。

谢毓元觉得不能再等下去了,课题组遂于 1996 年启动了抗骨质疏松的研究[1],这里指筛选模型的建立,包括细胞水平和动物水平的筛选模型

---

[1] K-1168-022-Z-01,SF-7 抗骨质疏松项目书。存于中国科学院上海药物研究所档案室。

（双膦酸的化学合成从研究锶-90促排药物的时候就开始了，期间对双膦酸的合成积累了丰富的经验，并且化合物的样品数也已有相当的积累，只是缺乏筛选模型）。1997年"治疗老年骨质疏松药物的筛选模型"的项目获得中国科学院应用研究与发展重大项目资助[1]，资助总金额为15万元。凭着这一点经费，课题组开始了艰难的摸索，当时课题组也是国内最早进行抗骨质疏松新药研究的课题组。课题组的工作人员严雪铭首先从破骨细胞和成骨细胞的体外培养开始，成功建立了细胞水平的筛选模型，后来又建立了卵巢切除的大鼠和小鼠骨质疏松模型，并对课题组设计的化合物进行了筛选，获得了多个活性很高的化合物，包括双膦酸类化合物SF-7，SF-10，Y-129以及选择性雌激素受体调节剂Y-134等。

早在研究核素促排药物双酚胺酸的时候，和谢毓元合作的福田博士就观察到，双酚胺酸能促进骨基质的形成[2]。谢毓元推测该特性应该与双酚胺酸中的邻苯二酚结构有关，因此设想将邻苯二酚结构与双膦酸结构整合，合成含有邻苯二酚结构的双膦酸化合物。双膦酸化合物由双膦酸酯水解而来，水解需要强酸、强碱等剧烈条件，而且后处理需要用碱性和酸性条件，而邻苯二酚结构对酸性和碱性条件不耐受，尤其在碱性条件下非常不稳定，易于氧化变黑。因此这一设想开始时并未能实现，但谢毓元一直没有放弃。从这一点可以看出，谢毓元对实验中出现的正面结果保持着一种锲而不舍的劲头。最终通过中性的催化氢化脱除保护基得以实现[3]，后来还合成了一些其他的邻苯二酚结构的双膦酸[4]。研究发现，部分化合物确实有很好的抗骨质疏松作用，初步证明了谢毓元的推测，但遗憾的是该类化合物毒性较大。除了邻苯二酚结构的双膦酸化合物，课题组还合成了其他多种结构类型的双膦酸。其中SF-7不仅有促进成骨细胞增殖的作用，

---

[1] K.1.42.H.01, SF抗骨质疏松药效学。存于中国科学院上海药物研究所档案室。

[2] Fukuda S., Iida H., Xie YY., et al.Toxicological study of DTPA as a drug. Hoken Butsuri, 1991, 26: 101–107.

[3] Xu, GY., Yang CH., Liu B., Wu XH., Xie YY. Catechol-BisPhos Phonate Conjugates: New Potential Chelating Agents for Metal Intoxieation Therapy.Chinese Chemical Letters.2004,15(12): 1403–1406.

[4] Ding HS., Xu GY., Wang JB., et al. Catechol - bisphosphonate conjugates: New types of chelators for metal intoxication therapy .Heteroatom Chemistry. 2004，15（7）：549–555.

而且有明显的抑制破骨细胞的功能，在体内静脉给药也有很好的疗效。该化合物后来由于口服生物利用度太低（上市的双膦酸类药物口服生物利用度也仅有 1%—3%），而且口服效果较差，没能继续开发。

由于当时选择性雌激素受体调节剂雷洛昔芬已经上市（1997 年 12 月 FDA 批准），用于治疗绝经后妇女的骨质疏松症。谢毓元设想通过药物化学的拼接原理，将双膦酸的药效团和雌激素受体调节剂拼合起来，这样可以起到双重的药效，同时可以提高双膦酸化合物的生物利用度。当时江苏恒瑞制药集团对此设想非常感兴趣，与课题组签订了合作协议，研发抗骨质疏松药物。课题组有几个从事双膦酸合成的研究生，谢毓元将该任务交给了其中一个学生。由于双膦酸化合物与一般有机化合物性质相差较大，尤其是其极性大导致难于纯化分离，很难得到纯品。脂肪类双膦酸化合物的检测也比较麻烦，无法采用紫外检测，必须用磷钼酸溶液在高温烤板显色，即使如此其在较高浓度下显色也不明显，给分离带来很大困难。另外合成双膦酸－雷洛昔芬拼合物需要单酚羟基保护的雷洛昔芬，而雷洛昔芬有两个酚羟基，单保护的产物不仅收率低，且极性相差不大，难于分离。因此开始时项目进展很不顺利，半年下来没有任何进展。在这种情况下谢毓元于 2002 年 9 月将任务交给了他此时的三年级博士生杨春皓。

杨春皓用了三个月时间，经过反复的实验和多次的失败，解决了单个酚羟基保护难于分离的问题以及双膦酸拼接方式等其他问题，最终顺利取得了雷洛昔芬其中一个酚羟基和氨基双膦酸的拼合物 Y-129A。幸运的是，这个化合物在体内外具有很好的活性（后来的实验证实，另一侧酚羟基与双膦酸的拼合物活性要远逊于 Y-129），经过大鼠和小鼠两种模型、不同给药方式（腹腔、口服）、不同剂量的体内实验证实，该化合物是一个很有苗头的抗骨质疏松药物候选物化合物。初步的实验也证明该化合物安全性较好，没有显示明显的毒副作用。然而恒瑞集团却因为骨质疏松药物的研发周期太长，尤其是临床评价时间长、耗资巨大，不再资助这项研究，

---

① Jun Bo Wang, Chun Hao Yang, * Xue Ming Yan, Xi Han Wu, Yu Yuan Xie. Novel Bone-targeted Agents For Treatment of Osteoporosis. Chinese Chemical Letters 2005, 16（7），859-862.

开始转向抗肿瘤药物研究。于是课题组准备自己研发该药物，但由于该化合物合成工艺复杂，收率低且步数较长，尝试了一些其他合成路线均不理想，加上课题组人手和经费紧缺，而骨质疏松项目又很难争取到经费（此时的国家经费偏向于传统中药治疗骨质疏松，也没有新药重大专项之类的项目），加上人员变动，而将来市场的竞争力等诸多方面的因素，课题组遂不再推进 Y-129 的项目。尽管 Y-129 没有能够最后成功，但其活性结果证明谢毓元的设计和设想是十分合理的。

除了 Y-129 以外，在谢毓元的指导下，杨春皓还合成了多种新型的选择性雌激素受体调节剂。通过将雷洛昔芬的链状胺氧乙基侧链用哌嗪环替代，大胆突破了原有的构效关系（雷洛昔芬－雌激素受体的晶体结构显示胺氧乙基侧链是结合最好的，虽然药物化学中将开环转变为闭环是常采用的策略，但此处受限于已有的构效关系，在他们研究时尚无人采用此策略），得到了多个对雌激素受体有很高亲和力的化合物，以 Y-134 为代表。该化合物是雌激素受体 α 的高选择性配体，对 ERβ 的选择性达到 120 倍，研究成果发表在 *Bioorg. Med. Chem. Lett.* 杂志上[①]，文章发表后引起广泛关注，并有国际搜索引擎将其列为雌激素受体 Top10 的文章。Y-134 的小鼠体内抗骨质疏松作用与雷洛昔芬相当，体外对乳腺癌细胞 MCF-7 有很强的抑制作用，在动物水平对雌激素受体阳性的乳腺增生有很好的抑制作用。其药理学的文章[②]发表后引起了国际知名乳腺癌专家 VC Jordan 的注意，并特地在同期的《英国药理学杂志》撰写评论，认为该化合物是极具潜力的抗乳腺癌药物。后来由于 Y-134 生物利用度比较低，以及其他一些原因，包括动物模型等，没有能够继续推进。

从以上的例子可以看出，化合物要成为一个新药，除了药效好以外还

[①] Chunhao Yang, * Guangyu Xu, Jia Li, Xihan Wu, Bo Liu, Xueming Yan, Mingwei Wang, *Yuyuan Xie .Benzothiophenes containing a piperazine side chain as selective ligands for the estrogen receptor α and their bioactivities in vivo.Bioorg. Med. Chem. Lett. 2005, 15（5），1505-1507.

[②] M Ning, C Zhou, J Weng, S Zhang, D Chen, C Yang, * H Wang, J Ren, L Zhou, C Jin and M-W Wang.* Biological activities of a novel selective oestrogen receptor modulator derived from raloxifene（Y134）. British Journal of Pharmacology，2007，150（1），19-28.

需要逾越许多科学和非科学的障碍：工艺最好要简单，化合物要易得；要有可接受的生物利用度；毒性要低；对将来可能的市场也要加以考虑。还有一点非常重要，各学科之间的沟通要顺畅，协作要紧密，毕竟新药开发是一个系统工程。

涉足抗肿瘤药物研究

由于骨质疏松研究经费来源受限，加上动物实验周期很长，课题组在肿瘤的研究方面又有一些新的发现，所以课题组从 2005 年开始逐渐转向以肿瘤药物尤其是靶向性抗肿瘤药物为主的研究。

其实在这之前，课题组断断续续做过一些肿瘤药物的研究。课题组从 1986 年开始研究棉酚类化合物开始，除了测试棉酚衍生物的男性抗生育活性，同时也进行肿瘤的活性测试[①]。后来还进行过数年的哌嗪二酮类化合物的研究[②]。此时对抗肿瘤药物的研究只是螯合剂的进一步深化和拓展，包括哌嗪二酮类和双膦酸酯类，其主要化合物结构保留了氨羧络合等螯合剂的结构特征。

从 2005 年开始，课题组瞄准国际抗肿瘤的前沿热点，主要是磷酸肌醇激酶 3（PI3K）及其下游信号通道人雷帕霉素靶蛋白 mTOR。研究表明有 70% 的肿瘤其 PI3K 信号通道过度激活，因此 PI3K-mTOR 是非常吸引人的抗肿瘤药物靶标。与著名的肿瘤药理学家丁健[③] 院士合作，短短数年间，课题组在该信号通道获得了多个系列、结构类型迥异的高选择性

---

① 张席妮：棉酚类似物的合成研究。博士毕业论文，1986 年。
② 杨成达：几种哌嗪二酮类化合物的合成及抗肿瘤活性研究。硕士毕业论文，1993 年。
③ 丁健（1953-），上海人。1978 年毕业于江西医学院医学系，1983 年获中国医科大学硕士学位，1991 年获日本国立九州大学医学博士学位。抗肿瘤药物的药理药效学专家，时任中国科学院上海药物所所长，2009 年当选中国工程院院士。参见仲娜娜、邹荣君：坚持自主研发：从研究癌症到治愈癌症——专访抗肿瘤药物的药理药效学专家丁健院士。《创新中国》，2010 年，总第 8 期，第 14-19 页。

抑制剂，如 S9，WJD008，WJE04，CYH33 等。其中 S9 是模拟天然产物 Wortmannin（PI3K 泛抑制剂）合成的，但作用方式与 Wortmannin 不同。S9 是世界上首个报道的微管蛋白-PI3K 通道的双重抑制剂，能从多个层面、不同层次上对微管蛋白及信号通道产生抑制，是一个结构新颖的抗肿瘤先导化合物[①]。其中最值得关注的是 CYH 系列化合物，其中多个系列化合物的活性远超阳性对照，代表性的化合物 CYH33 为 PI3Kα 的选择性抑制剂，国际上截止到 2012 年 12 月仅有两个 PI3Kα 抑制剂进入 I 期临床，且结构类型与谢毓元课题组的差别较大。目前课题组已经完成了 CYH33 的初步成药性研究，显示 CYH33 是一个成药性良好的药物候选化合物，即将进入系统的临床前研究并为申报临床资料做准备。

课题组另一个重大进展是聚腺苷二磷酸核糖聚合酶抑制剂的研发。聚腺苷二磷酸核糖聚合酶 [Poly（ADP-ribose）polymerase，PARP] 属于包含至少 17 种细胞核酶和细胞质酶的超家族，可调节多种重要蛋白的催化活性和蛋白质间的相互作用，并对多种基本生物过程进行调控，尤其是 DNA 修复、细胞死亡等。PARP1 是发现最早、研究最深入广泛的具有催化多聚腺苷二磷酸核糖基功能的细胞核酶，在病理生理及实验治疗中显示最强的相关性，其活性占细胞 PARP 总酶活性的 80% 以上。与正常细胞相比，PARP 在实体瘤中的表达普遍增强。DNA 修复相关的基因缺陷（如 BRCA-1、BRCA-2 等）的肿瘤，包括乳腺癌和卵巢癌，表现出对 PARP1 抑制剂的极端敏感。此外，在细胞毒药物或辐射作用下，PARP1 抑制剂可使 DNA 受损的肿瘤细胞最终死亡。因此，PARP1 已成为近年来最重要的抗肿瘤药物靶标之一，PARP1 抑制剂的开发也成为个制药公司抗肿瘤药物研发的热点。课题组从 2008 年开始进行 PARP1 抑制剂的设计与合成，目前得到了多个高活性化合物和全新骨架，代表化合物有 WM2 和 YCH102。其中 WM2 项目获得了"十二五"国家重大新药创制重大专项候选新药项目的支持，由于其优异的成药性，目前已签订转让合同，与企

---

① Zhang C, Yang N, Yang C-h, Ding H-s, Luo C, et al. S9, a Novel Anticancer Agent, Exerts Its Anti-Proliferative Activity by Interfering with Both PI3KAkt-mTOR Signaling and Microtubule Cytoskeleton. PLoS ONE 2009, 4（3）: e4881.

业共同开发该化合物，WM2 有可能成为国内、国际上率先开发出的 PARP1 抑制剂抗肿瘤药物。

由于年事已高，谢毓元于 2010 年 5 月将课题组交给了自己的接班人杨春皓，但他还是时刻牵挂着课题组的工作。谢毓元

图 7-2　2012 年，谢毓元和课题组所有人员合影。前排右三为谢毓元，右二为杨春皓（采集小组提供）

为科研事业殚精竭虑、无私奉献的精神依然会引领着课题组一路前行，道路会越走越宽。

表 - 油菜素内酯——植物生长调节剂

不管是七八十年代的 HEDP，还是 90 年代的抗骨质疏松药物研究，还是早期抗肿瘤药物的初步尝试，都属于医用螯合剂的范畴，是谢毓元在核素促排药物研究难以继续之后，在医用螯合剂其他应用领域进行的多种尝试。那为什么谢毓元中途会突然转向植物生长调节剂——表 - 油菜素内酯的研究呢？这其中还有一段故事。

在 70 年代末，美国从油菜花粉里面提取到油菜素内酯（brassinolide），发现它是一个很好的促进植物生长的调节剂，由于该物质的生理效应比已知的五大类植物激素有明显的优点，从而引起各国科学家的高度重视，并在世界上被誉为植物的第六激素。但是从油菜花粉中提出来的含量太低，根本没办法做推广，所以各国都在想办法合成。80 年代初，日本进行了仿生合成，首先实现了该物质的化学合成。不过目标化合物的结构比较复杂，

第七章　拓展领域

合成的成本也很高，日本东京工业大学的池川信夫教授研究中发现，其实不必合成油菜素内酯本身，而只要合成它的立体异构体——表-油菜素内酯（这里实指24表-油菜素内酯，英文名为24-epibrassinolide，简称24表-BR）即可。虽然它的生物活性约为油菜素内酯的10%左右，但由于合成方法较之油菜素内酯简便，易于工业化生产，有利于推广应用。1985年初，池川信夫教授到中国讲学期间，就向我国介绍了日本的油菜素内酯研究情况，并表示可以与中国合作共同开展表-油菜内酯从合成到生物活性的系列研究[1]。

从1985年起，在上海市科委主持下，由中国科学院上海植物生理研究所与上海药物研究所协作研制表-油菜内酯，其中上海药物所负责表-油菜内酯的合成研究，表-油菜素内酯的生理作用及其应用则由上海植物生理研究所承担。接到任务后，任药物所所长的谢毓元将表-油菜素内酯的合成任务交给了合成室的潘百川负责，并附上池川教授的合成方法。但因池川教授的合成步骤中，第二步反应产率很低，而且第三步中用的溶剂为四氢噻吩砜，国内无货，且价值较贵，加之池川教授提供的原料油菜甾醇也所剩无几，七八个月后，他们仅得到很少量（数毫克）的目的产物。而这时候潘百川赴美在即，其他课题组的人员也无法抽出人手接管，在这种情况下，谢毓元只好充当起了救火队员的角色，亲自上阵指导表-油菜素内酯的合成。首先，他让一位研究生按照池川教授的合成方法将路线打通，同时仔细查阅文献，根据国内实情，设想使用便宜易得的原料来进行合成，最后综合参照Thompson和池川二人的合成方法，经过七个多月的摸索，迅速打通路线，还对原有路线做了许多改进，使之适合大规模合成，并突击合成出11.5克的表-油菜素内酯样品。后经上海植物生理所的试验证明，他们合成的样品与池川的样品活性相当[2]。

谢毓元在图书馆翻阅这方面资料的时候，还发现在合成表-油菜素内酯（24表-BR）时，还有一个副产品为3表-油菜素内酯（简称为3表-BR），也属于油菜素内酯的立体异构体，日本人只取了24表-油菜

---

[1] K1212-034-Z-01，研究成果表-油菜素内酯。存于中国科学院上海药物研究所档案室。
[2] K1.39.H.03，油菜内酯的合成工艺。存地同上。

素内酯，而把这个副产品（3表－油菜素内酯）丢掉了。谢毓元发现这个副产品也是同样有效的，如果单取表－油菜素内酯，而丢掉副产品，成本会比较高。所以他就设想不要丢掉副产品，而是把它们混在一起，命名为混表－油菜素内酯（简称为混表－BR）。这样的话，每亩地大概用不到一块钱（大概几毛钱）就可以了，农民是完全可以接受的[①]。

当时课题组的经费需要自筹，谢毓元又开始动脑筋，是否可以用混表－油菜素内酯实现些创收？那时他已年近70岁，不顾年迈体弱，亲自赴外地联系农田实验，通过大量试验，肯定了"混表－油菜素内酯"比其他多种植物生长激素效果显著，经喷洒过的作物营养价值还有所提高。后来该成果经药物所开发处牵线搭桥，谢毓元联系广东省的江门农药厂生产，最后以100万转让。当时的100万已经非常可观，另外销售也可以分成，有3%的提成分给药物所。所以谢毓元就和对方签了协议，并派组里几个人专门到江门农药厂待了一两个月，教会他们之后，很快实现了规模生产，并将商品名定名为"天丰素"。江门农药厂是个老厂，它的销售渠道非常畅通，1995年就实现产值一千万元。"天丰素"对粮食作物、经济作物、花卉等增产效果显著，增幅在5%—10%，并具有提高农作物的免疫功能、抵御病虫害和适应自然条件变化的能力，被世界上誉为植物第六激素。据统计：只要全国10%的农作物使用"天丰素"，就能增产粮食3800万吨，增收100亿元以上，蔬菜可增收507亿元。1995年该成果在上海科学技

图7-3　1995年，油菜素内酯技术转让后去广东江门农药厂实地考察。右三为谢毓元（中国科学院上海药物研究所提供）

[①] 谢毓元访谈，2012年5月18日，上海。资料存于采集工程数据库。

术博览会上展出,荣获金奖,1996年被国家科委批准列为"九五"期间国家级重点科技成果推广技术项目[①]。

这项成果的获得,对谢毓元来说是偶然中又透露出必然,虽然他是中途介入的"救火"队员,但他在"救火"过程中,却处处显示出自己的主动性和灵活性。通过文献调研,发现可以通过保留另一个副产品,将成本降低并获得相似的效果,又通过促进产品转让,实现了规模化生产,不仅扩充了课题组的经费,还为"科技兴农"作出了突出贡献!

纵观谢毓元的科研生涯,包括中草药提取、简单化合物的合成、天然产物的全合成、放射性核素促排药物研究以及抗骨质疏松和抗肿瘤药物研究等等,他多次改变科研方向,却在每一个方向都取得了骄人的成绩。对此他本人认为:

> 领域变化很多,对于一个人也是一个锻炼。所谓招之即来,来之能战,战之能胜。反正组织上叫我做啥,我都能圆满地完成任务,这点我还是蛮欣慰的。[②]

[①] 7类5号,"1995年度上海市劳动模范登记表"。存于中国科学院上海药物研究所档案室。
[②] 谢毓元访谈,2012年5月18日,上海。资料存于采集工程数据库。

第八章
管理岗位

谢毓元不仅是一位出色的科学家，还是一位尽职尽责的管理者。他曾先后担任药物所抗菌素室、五室及合成室的副主任，并于1984—1987年间，担任中科院上海药物所第三任所长。卸任之后，又于1988—1992年担任药物所学术委员会主任，1990—1996年，担任新药研究国家重点实验室主任。

出 任 所 长

1983年，谢毓元任代所长。任职伊始，为了加强学术领导，集中力量，调动积极性，促进科研工作，谢毓元首先对出国人员较多、室内学术领导薄弱、课题分散多头、组合上不够合理、忙闲不均的研究室进行整顿改革：提名六名学术带头人，请他们在全室大会上报告今后科研工作的设想，然后采取"自由报名和学术带头人选择相结合"以及"自由结合和组织安排相结合"的办法，组成课题组。经过改革，该研究室形成了明确的学术领导和科研体系，有利于贯彻落实责任制。又因为"志同道合"，而有利于发挥各级人员的积极性,适当解决了长期解决不了的"疙瘩",科研秩序明显改善。这种按照自由结合的原则调整科研组织的方式成为药物所一种新的尝试[①]。

作为所长,面对学科发展和科研布局,要能着眼长远,统筹兼顾。80年代初,药物所图书馆已订购外文期刊 400 余种。但因人民币与美元的汇率比价从 3.73 一路攀升,加上外文书刊本身的通货膨胀,售价平均上涨了足足六倍。在文献购置经费日趋困难的形势下,所里部分研究员认为同处一个院子的分院文献中心的馆藏完全可以满足药物所的科研需求,药物所图书馆已没有存在的必要,应该予以撤销。时值中国科学院国家科学图书馆也要求整合地理位置相邻的图书馆,一时间要求药物所图书馆与分院文献中心合并的舆论甚嚣尘上。面对压力,谢毓元审时度势,认为分院文献中心馆藏优势在于其生物学科方面的资源较为丰富,但化学期刊的收藏量明显不及药物所图书馆,而药物化学合成领域的科研人员又极其依赖这类文献,故坚持药物所要保留自己的图书馆。而这一决断在 2003 年药物所东迁浦东,图书馆成为张江地区唯一一家专业图书馆后,更显现出他对研究所发展全局的把握能力。

1984 年 12 月,分院下发了药物所所长的任命文件,谢毓元被正式委任为药物所第三任所长。这时,谢毓元已经 60 岁了。他说:"其他所做所长的老一辈科学家,都做名誉所长了。我们所晚一点,这是一个趋势,老科学家们退居二线,要找新的人。那个时候选上我,我觉得我就承上启下吧。"即使如此,谢毓元心中仍然有一个宏愿,那就是充分发掘、利用我国中草药植物资源,出新药。只是他没有想到上任后面临的第一个挑战居然是体制改革。

1985 年 3 月 13 日,中共中央做出了《关于科学技术体制改革的决定》。决定认为,我国的科技事业过去虽有很大发展,但逐步形成的科技体制存在严重的弊病,不利于科技工作面向经济建设,不利于科技成果迅速转化为生产力,束缚了科技人员的智慧和创造才能的发挥,使科技的发展难以适应客观形势的需要,必须进行坚决的有步骤的改革[②]。研究所要实行所

[①] 84-3-1,上海药物所 1983 年工作总结。存于中国科学院上海药物研究所档案室。

[②] 金良浚,季明明:《研究所体制改革》。北京:北京现代管理学院,1986 年,第 8-9 页。

长负责制,建立和实行各种责任制,并加强民主管理。特别是要相应扩大课题组长的职权,课题组可以由组长聘请人员或自由组合。研究所的党组织则要通过思想政治工作,保证、监督各项方针政策的贯彻,支持所长负责制的有效实施,促进科学技术工作的发展[1]。很快,同年4月1日,中国科学院就开始在全院实行所长负责制。

  谢毓元身上的担子更重了。可除了人事,改革也涉及拨款制度。国家为克服单纯依靠行政手段管理科学技术工作,国家包得过多、统得过死的弊病。要逐步减少国拨事业费,在三五年左右的时间内,这类研究机构中的大多数能够做到事业费基本自给。对基础研究和部分应用研究工作,逐步试行科学基金制,设立国家自然科学基金会和其他科学技术基金会,根据国家科学技术发展规划,面向社会,接受各方面申请,组织同行评议,择优支持,争取几年之后做到科研经费主要靠申请基金。拨款制度的改革使中国科学院面临极大的压力,虽然直到1986年底,中国科学院才初步划分了院属各研究所的类型,并依据1985年的经费数据拟定了事业经费核减方案。但对于药物所来说,科研经费不足始终是药物研发过程中的不能承受之重。当时,美国政府和制药厂商都对新药研究开发投以巨资。1983年达到28.5亿美元,其中Lilly公司一家就投入3亿美元,占其全年销售总额的17.8%。这里固然有对新药研究的重视,但也有其他的因素。据国外统计,一个化合物从药理初筛到最终发展成上市新药的平均几率仅为万分之一到八千分之一,研究周期为八至十年,平均耗资约0.8—1亿美元。在专利制度保护下,国外药厂不能在专利有效期内无偿地仿制别人新药。因此,各国际药企都以充足的经费、最先进的仪器设备和众多的高级科研人员来研究开发新药。随着药厂销售额的增加,用于研究开发的投资也逐年提高,形成良性循环[2]。而药物所这类中国科学院研究所的研究经费是常年依靠国家拨款的。1984年,院部给予研究工作上的投资160万元中,实际用于科研

---

[1] 金良浚,季明明:《研究所体制改革》。北京现代管理学院,1986年,第61页。
[2] 新药研究开放实验室筹建工作资料汇编(一)。1995年,内部资料。

的只有110—120万元，只占国外投资的百分之零点几[①]，根本无法满足新药开发的需求，且这种情况非短期内所能改变。

谢毓元不仅要劳心组织架构、人事关系、科研方向，还要落实维持研究所正常运行的经费和筹措实现"出新药"梦想的科研经费。于是，开源节流成了他工作中的重中之重。

节流对于谢毓元来说并不难办，况且他自身一直崇尚节俭。1979年，中国科学院与日本学术振兴会签订学术交流备忘录。许多中国科学院学者利用此交流窗口去日本访问研究国家、中国科学院相关重点课题，取得了非常好的效果。1980年9月4日至10月4日，谢毓元也被药物所派往日本讲学。那时学术振兴会的接待标准比较高，吃住行基本都由日方安排，谢毓元自己用钱的地方不是很多，又恰逢当时药物所合成室的支部书记告诉谢毓元，药物所需要一个仪器，但是无钱购买。谢毓元便尽可能地把钱省下来，共计约22万日元交给中国科学院院部，希望院部能帮助药物所购买这台仪器。后来仪器虽未买成，但勤俭的作风谢毓元从未丢弃。

图8-1 1980年谢毓元在东京（谢毓元提供）

让谢毓元比较头痛的是如何开源。早在1981年，谢希德[②]等89名学部委员就向国家提出设立"中国科学院科学基金"，以资助全国的基础性科学研究，建议很快批准。又在1985年、1986年先后成立了"中国科学院院内科学基金"和"国家自然科学基金"。药物所的课题组每年都会申

[①] 84-3-12，关于我所和日本全药工业公司合作研究AT2153类似化合物的进展情况交流汇报。存于中国科学院上海药物研究所档案室。

[②] 谢希德（1921-2000），福建泉州人。1923年赴美国留学，先后获哥伦比亚大学硕士、芝加哥大学博士学位。中国科学院学部委员，主要从事团体物理学和半导体表面物理学研究。参见王增藩：女物理学家——谢希德，《中国科技史科》，1993年，第14卷第3期，第59-66页。

请这些基金的资助,只是这些基金的资助金额很小,无法从根本上缓解经费紧张的问题。当时药物所自己也有药厂,但因为经营不善,并不盈利。谢毓元曾希望借助更换负责人,使药厂有所起色,可惜毫无成效。他便想通过成立开发公司来改善局面,让药厂成为开发公司的生产实体,迅速实现扭亏为盈。同时,把它作为全所技术转让和产品销售的窗口,与国内外厂商洽谈,加强横向联系,扩大经费来源。事实上,在成立的第一季度,开发公司也曾先后和本市及外地厂商签订了二十几个合同。但转让项目通常未经过中试或鉴定,合同签订后还会有许多工作需要课题组做。由于开发公司在经济上独立核算,课题组很难接受无偿做此类工作,面对计划处和开发公司两套管理班子也觉得无所适从。再加上技术市场不景气,公司负责人忙于日常的经营谈判活动,频繁的洽谈和出差使他们未能有充分时间和精力对药厂及时进行整顿,与计划处的分工也不易明确。最终,开发公司对所的经费不能有所裨益,只维持了不到一年便被撤销了[1]。有了这几个教训,谢毓元觉得或许搞合作会是个不错的办法。于是,他积极与企业接触,寻求国内外的合作对象,在接待企业团队来访之际,着力宣传介绍药物所新药研究的悠久历史,丰硕成果和强大的科研实力,吸引他们投资,以增加科研经费。1985年,药物所与杭州市医药局签订一项为期五年的合作研究协议。协议规定医药局每年资助药物所十万元,药物所提供各种咨询、分析测试、人员培训,协助解决技术难题和以优惠形式向对方转让成果。但协议执行半年后,该局下辖的七个药厂(其中三家中型厂)的厂长都表示难以支付平均每家每年只有1.5万元的"智力投资"费。第一年药物所只收到八万元,第二年协议就中止了。经过一个时期的试探,谢毓元发现我国制药工业即使是大型和托拉斯型的,也根本没有投资新药研究开发的实力。以当时我国两家最大的制药企业——华北制药厂和东北制药总厂为例,1986年总产值分别为三亿元和2.5亿元,上交国家利税各达一亿元,而厂方留利不足1000万元,其中能用于研究的经费不到100万元。谢毓元清醒地认识到,在我国当时的企业管理体制下,再有远见的厂

---

[1] 86-11-1,关于本所开发公司申请停业的情况汇报。存于中国科学院上海药物研究所档案室。

长,也会因为手头没钱,根本无力支持新药研究的前期工作,他转而将国际合作放在首位[①]。

国 际 合 作

1983年3月21日,经多次请示,院部批准。药物所与日本全药公司签订了共同研究开发抗肿瘤药的协议书。第一年就在AT-2153的基础上,共合成了近50个化合物,经动物试验,有七个抗肿瘤作用较好,药物所设计和合成的新药第一次在国外申请了四个专利,还准备向日本以外的国家申请专利。从此项国际合作中,药物所在学术上,科研管理上及经济上都有不少收益,如在合作研究中,药物所方面合成思路经共同努力,很快得以实现,而日方在生物活性试验中有较好的条件,因而在短期内即获得较快进展。再如,双方严格按照新药研究程序,一步步协调,落实评价,要求任务明确,既保证质量,研究工作又能迅速而稳步地前进。通过合作研究,药物所1983年得到20万日元的收益,1984年得到40万日元的收益。这是药物所第一次与外国的药企建立合作关系,使药物所了解了国外新药开发的组织管理工作,初步积累了与外国企业谈判和组织协作的经验。谢毓元敏锐地感觉到从与国外合作中获取经济利益开辟财源是可取的,充分利用国外条件进行药物的研究开发,既节省投资又能为我们研究的药物跻身世界市场创造条件,国际合作将是药物所发展必不可少的部分,以后要慎重而又积极地开展。

谢毓元曾有一位同事,叫洪山海[②],台湾人。1953年他从日本东京大

[①] 87-2-1,关于建立中国科学院上海药物研究所新药研究开发中心的报告。存于中国科学院上海药物研究所档案室。

[②] 洪山海,药物化学家,台湾台中人。1949年毕业于日本东京大学药学系,1953年该校药物化学研究室研究生毕业,同年回国。任中国科学院药物研究所研究员。从事植物化学研究工作。在石蒜科生物碱的系统研究中,分离出治疗小儿麻痹后遗症的新药加兰地敏。用光谱方法解决了一系列复杂的天然物结构,如中草药臭水仙、雷公藤、石蒜、乌头中的新化合物结构。编有《光谱解析法在有机化学中的应用》等。

学药物化学研究室研究生毕业后,因热爱祖国而来到药物所任研究员,从事植物化学研究工作,"文化大革命"后去了日本。他与谢毓元私交不错,对药物所也有很深厚的感情。在得知谢毓元的处境后,他对谢毓元说,如果谢毓元能和国外的药厂合作,找到好药的话,所里的经费一辈子都不用愁了。洪山海的话坚定了谢毓元开展国际合作的决心,他开始不遗余力地寻求合作对象。但是要合作,首先要有"有苗头"的化合物。由于多种因素,过去药物所在新药筛选这一环节上,长期没有受到足够的重视。谢毓元通过充实队伍、适当投资、改善条件等措施,让肿瘤药物的筛选,无论从出报告时间和准确性方面,都有很大改进,满足了化学工作同志的要求,也找到了一批有潜力的药物[1]。

万事俱备,只欠东风。1984年,日本山之内药厂由院部外事局介绍而来药物所,希望与药物所和昆明植物所合作,共同研究新药,可提供150万美元资助[2]。合作谈得很顺利,第二年药物所就与日方签订了合作协议。这是谢毓元作为所长第一次与国外药厂签订协议。协议规定药物所每年提供20个样品给他们筛选。日方每年支付药物所20万美金[3],并一年组织一次交流。合作后谢毓

图8-2 1984年,在上海太原路294号贵宾室,药物所与日本全药株式会社合作留影。左二为蔡俊超,左三为谢毓元,右二为洪山海

图8-3 1984年,谢毓元在分院组团下,参加与日本山之内药厂年会。前排右一为分院院长曹天钦,后排左一为谢毓元

---

[1] 86-1-2,述职报告。存于中国科学院上海药物研究所档案室。
[2] 84-3-12,上海药物所1984年外事工作总结。存地同上。
[3] 谢毓元访谈,2011年12月29日,上海。资料存于采集工程数据库。

图 8-4 1987 年，谢毓元访问 Lilly 公司总部时留影

图 8-5 1986 年，在美国芝加哥，药物所与普强公司总裁签订合作协议。后排左一为贺贤国，左二为徐任生，左三为张海澜，前排左一为谢毓元

元发现他们从事抗生素方面的研究，遂提议提供土壤样本，再获五万美元。这样，每年药物所能从日本山之内制药株式会社获得 25 万美元。而当时药物所一年的运行费在 300 万人民币左右[1]，按那时的汇率，仅这一项国际合作就解决了药物所三分之二以上的运行费。

就在谢毓元尝到了甜头，准备再寻求美国药厂合作的时候，却发生了一件让他深受教训的事。国外药企在合作前通常会先签订一份保密协议，这份协议是为了在确定正式合作前保护各方的知识产权及利益。因此，当霍夫曼公司在谢毓元积极联系美国各个药厂做报告和宣传时，表示对药物所的石杉碱甲有兴趣后，签订保密协议便顺理成章。谢毓元拿了些样品给霍夫曼公司，并提供了一份药理报告。霍夫曼公司验证后，认为效果很好，甚至比药物所做的结果还要好，准备和药物所共同申请专利，提供经费，协作开发。正当谢毓元兴致勃勃地想要进一步谈合作时，却被霍夫曼公司告知，他们专门负责专利信息的部门发现在公开出版物《中国新药与临床》上已经公开了石杉碱甲的结构式[2]，因而无法继续合作。其实那个时候霍夫曼公司已经同意先给药物所五万美元的样品购买费。"如果不是因为这件事，几十万美金的资助是没问题的。"每每谈到此事，谢毓元总

---

[1] 84-3-1，上海药物所 1983 年工作总结。存于中国科学院上海药物研究所档案室。

[2] 张守圭：治疗重症肌无力新药——石杉碱甲通过鉴定。《中国新药与临床》，1985 年第 4 期，第 235 页。

会流露出遗憾的神情。

事实上，当时国内的专利意识普遍不强，吃过专利亏的单位不在少数。80年代初，四川一位医生来上海华山医院进修，转眼进修期将至，那医生对带教老师说，家乡非常贫穷，能否支援一两个科技成果，帮忙脱脱贫。经过带教老师的一番撮合，1984年7月，华山医院把专治哮喘的"急支糖浆"药方转让给四川涪陵制药厂。根据协议，华山医院先后获得转让费128000元。而后，涪陵厂将该药方申请了国家专利。此后，"急支糖浆"每年为涪陵厂带来超亿元的销售收入。1989年，涪陵厂发现浙江绍兴中药厂也生产"急支糖浆"。经交涉无果，一纸诉状，状告绍兴厂侵犯知识产权，而且把上海华山医院作为第二被告一起告了。经过十年反反复复的调解、胜诉、抗诉，重庆高等法院最终判决绍兴厂侵权成立，上海华山医院连带赔偿1154960.10元。涪陵厂胜诉后，当年便出资整合了绍兴中药厂，还向上海华山医院提出一个看似有点温情的调解方案：100多万不要了，再给个科技成果吧！医院不愿赔款，无奈又把一个名为"补肾防喘"的药方拱手相让。2000年4月国家知识产权局与世界知识产权组织在北京颁发中国专利金奖时又起波澜，代表四川上报的专利科技成果"补肾防喘片"被授予全国12个专利金奖之一。华山医院闻讯后，请求将该项金奖归入上海，最终的结果是，奖金一分为二，奖项归四川所有[①]。

亲见国内如此情形，亲历教训如此刻骨，谢毓元初识专利重要性，却也感叹国外有如此强烈的专利保护意识和强大的查新能力。故而，1985年国家专利法一施行，谢毓元立即派自己课题组里的费开逵同志去北京专门学习专利代理，学成后在计划处任职，为药物所服务。同年，中国科学院准备派一部分人出国学习专利，选中了费开逵，并委托上海分院到药物所商讨具体事宜。可是，药物所计划处处长并不积极。后来此事被谢毓元得知，他极力支持，认为应该去学习这方面先进的东西。据费开逵回忆："尽管当时谢先生工作很忙，但仍然非常关心专利方面的事。他帮我去联系，还帮我出主意。有外国人来访时，让我学习如何和外国人交往，又叫

---

① 专利故事——十年诉讼仍不醒，《药物信息》第56期。2001年1月5日，内部资料。

我去学了半年英语，对我帮助确实很大。他希望我们药物所能有人尽快去学习。"[1] 经过努力，费开逵被中科院批准作为1985年度公费生可赴国外学习专利知识一年，却因落实进修单位困难，未能成行。谢毓元没有放弃，1987年，经谢毓元推荐，费开逵被美国马歇尔和米尔共律师事务所（Law office Marshall and Melhorn）杜内尔特·弗雷赛（Donald R. Fraser）接受，半年后又转入美国纽约专利事务所继续进修半年[2]。"我回来以后在专利、国际合作等方面应该说还是有成绩的。谢先生经常问我这方面的情况，他自己有很多的专利申请，专利证书。"费开逵说[3]。

1984年，美国普强公司来药物所参观，谢毓元作为所长出面接待，借此机会向他们宣传药物所。一年后，效仿与日本山之内的合作模式，药物所与普强公司签订了合作协议。根据协议，药物所每年提供十种样品，普强公司出资12万美元。

在谢毓元任期内，药物所先后与日本全药、山之内、津村顺天堂、昭和以及美国普强、罗氏、格拉苏等药厂建立合作关系。仅通过国际合作，就前后为药物所争取到了约150万美元的经费，得以购置400兆核磁等多台精密仪器，在一定程度上改善了科研条件，还派遣多名干部接受相应培训。药物所的财政，也从他接任时的捉襟见肘，转变为卸任时的颇有盈余。当然，这些成绩无论是经费或成果来讲，和现在药物所在国际合作方面的大局面都无法比拟。但不可否认，当时在科研学界敢于走出去、寻找科研支持资金的，谢毓元无疑是第一人。而在当时坚持这种做法能够取得成功，从而开拓出良性循环局面的，谢毓元是当之无愧的智者和勇者。短短几年，药物所的国际合作便成绩斐然，就连药物所同事都说："谢毓元是一个高明的谈判家和外交家。"[4] 只可惜送出去的样品都未能在后期的实验中表现出活性，这点让谢毓元很是郁闷。自然这些国际合作也没能实现他的愿望：出新药。不过，就在谢毓元卸任所长，

---

[1] 费开逵访谈，2012年4月16日，上海。资料存于采集工程数据库。

[2] 87-3-14，关于费开逵（公费生）赴美进修的报告；关于费开逵（公费生）延长进修半年的报告。存于中国科学院上海药物研究所档案室。

[3] 同[1]。

[4] 华仁长：《我的科学生涯》。上海：上海文化出版社，2011年11月，第144-149页。

回归实验室后不久,新的希望出现了,那便是建设新药研究国家重点实验室。

新药研究国家重点实验室

20世纪80年代,我国新药研究在学科配置,设备条件,人员素质等方面与先进国家存在很大的差距。如何利用我国丰富的生物资源,创制新药造福人民,是一项紧迫而繁重的任务。只有战略性地、有计划地在国内不同地区设立各有特长的新药研究机构,才能使我国十亿人口所需的各种新药立足国内,具有国际竞争能力,并获得巨大的经济效益。为此,谢毓元在1987年2月即开始着手筹建"新药研究开发中心",并获得全所上下积极响应。在多次向分院、院部和院生物局领导汇报,取得支持后,药物所正式向院部提出申请报告。12月,谢毓元任满,回到实验室,"中心"的筹建工作便交予下一任所长[1]。恰逢国家计划委员会决定利用国家教育委员会同世界银行探讨的一个加强研究生教育的贷款项目,使有限的资源集中用于大学和中国科学院研究所所属的重要实验室;并与世界银行确定了能源、原材料、交通和通讯、机械和电子、农业、生物工程、新材料、医药卫生、环境和地学工程、基础科学研究十个领域为优先支持的方面[2]。最后,在院、局领导的关心、指导和建议下,"研究开发中心"易名为"药用生物活性物质研究开放实验室",作为院部申请世界银行贷款的备选项目,参与此次评审[3]。

药物所如果通过审批,不仅能得到世界银行100多万美元的贷款资助,还能以合作研究、短期访问、出国培训等形式开展技术援助。当然,这样

---

[1] 87-2-2,1987年工作总结。存于中国科学院上海药物研究所档案室。

[2] 项目专家咨询组:《世界银行贷款中国重点学科发展项目评价报告》,北京:北京大学出版社,1997年6月,第1-18页。

[3] 87-2-2,1987年工作总结。存地同①。

的机会很多单位都想争取。国家计划委员会也表示在选择国家重点实验室过程中，对机构或地区没有任何限制或照顾，项目实验室的选定完全依据国家计划委员会的要求达到优秀的业绩标准。并且要求提出申请的机构应该有很高的学术水平和完善的组织机构，应该拥有良好的实验设施、辅助人员、优良的学习和工作环境以及完善的管理系统，同时还必须有一个好的学术管理者，他（她）应是实验室该领域的学术带头人，并有良好的管理才能[①]。

前两项，药物所本就符合要求，但是一个能获得国家计划委员会和世界银行认可的好的学术管理者却是凤毛麟角。药物所几经研究，决定请已卸任所长的谢毓元重新出山，担任实验室主任，帮助药物所完成审批筹建工作。据谢毓元的同事费开遂回忆，"这是药物所第一个开放实验室，大家没有经验，谢先生经常组织讨论会研究实验室的筹建问题。他当时也很辛苦，要写很多报告，而且要中英文的。我记得有一次是比较急，当中大概有几十张纸的，很厚一叠，中文的，他就半天全部译成英文，第二天报上去的。"

审批整整持续了一年，过程自然也是非常严格的。自1988年1月，国家计委通过中国科学院向有关机构发放了项目实验室选择标准指南后，共有124个中国科学院研究所被列为评审对象。第一阶段的评审由中国科学院聘用的68名专家（其中31名来自非中国科学院系统）组成的专家委员会进行。一般说来，这些专家在他们研究的领域里都名声显赫，而且对所评审的实验室也是十分熟悉的。通过初步评审，备选的实验室减少到38个。之后，召开了答辩会，并以投票的方式评选了项目实验室，将国家重点实验室的数量再次从38个减少到23个。第二阶段的评审主要侧重于资金、设备和培训指南等方面。由财务、设备、管理以及学术方面的专家组成的另一个委员会进行评审，其形式主要是现场检查。评审的第三阶段由国家计委根据与项目总体计划有关的标准加以组织实施。同年6月，由18名专家组成的专家委员会成立，并于8月1—11日召开了第一次评审会议，

[①] 项目专家咨询组：《世界银行贷款中国重点学科发展项目评价报告》，北京：北京大学出版社，1997年6月，第1—18页。

把中国科学院提交备选的国家重点实验室划分为三类：合格的、不合格的和有争议的，并对引起争论之处进行深入的调查。9月6日—11日，专家委员会再次开会，就调查结果进行了充分的讨论之后，决定投票表决，最后通过18个国家重点实验室，其中就有药物所的新药研究国家重点实验室。11月，由巴巴拉.W.瑟利（Barbara W.Searle）为首的世界银行检查团来华[①]。18日，在时任国家基金会副主任的师昌绪陪同下，检查团来到药物所对实验室进行了检查。谢毓元作为实验室主任出面接待，用流利的英语为检查团介绍了实验室的情况。"我从代表，还有师昌绪的脸上看出，他们对我的汇报是非常满意的。"谢毓元说。为让世界银行检查团能了解药物所在管理方面的经验和存在问题，药物所还特别召开了研究生和青年科技人员座谈会。会上，检查团询问了仪器管理，试剂供应，出国培养等问题。12月31日，国家计划委员会经中国科学院通知并要求评选出来的实验室准备可行性研究报告。1989年3月，200多名专家审查了这些报告。世界银行的后评估团5月来华，对可行性报告进行了审查，并与国家计委管理部门进行了会谈。同年9月，世界银行评估团再次来华两周，通过讨论和现场考察的方式完成了整个项目规划，进一步确认重点学科发展项目的全部内容。

最终，药物所的新药研究国家重点实验室不仅顺利成为世行贷款资助对象，更凭借出色的科研成果和尝试新管理模式的能力及愿望被列入试点实验室管理计划，成为7个试点实验室之一。

1990年4月，中国科学院组织专家对实验室进行评估验收。11月，批准为中国科学院开放实验室。1991年8月18日—9月9日，谢毓元参加由国家自然科学基金委员会组织的代表团赴美国、加拿大考察试点实验室前期管理工作，学习国外科研管理经验。直到胡国渊回国，接过负责人的担子，谢毓元才重新回到实验室。

新药研究国家重点实验室原是在我国正面临新药研究的严重困境时，为发展我国的药物基础研究和创制自己的新药而积极筹建的。作为全所发

---

① 项目专家咨询组：《世界银行贷款中国重点学科发展项目评价报告》。北京：北京大学出版社，1997年6月，第1-18页。

图 8-6 1995 年，新药研究国家重点实验室验收会留影。第一排右五为谢毓元（中科院上海药物研究所提供）

展新药研究的战略重点，药物所在人员配备，实验用房，条件器材设备等各方面一直给予大力支持。经过几十年的建设，现如今实验室已是人才济济，硕果累累。原先谢毓元对"新药研究开发中心"的"近、中、远"三个设想（近就是要老药新用，见效快；中就是进行筛药；远就是要有高新技术，达到先进水平）也在逐步实现。这当中有着许多人的心血与奉献，而谢毓元更是功不可没。

第九章
人文素养

培 养 后 学

    谢毓元不仅在科研方面成绩卓著，他还是一位优秀的教育家。1961年谢毓元开始接收首批研究生（推荐生陈文致和华家枨），后因国家政策调整及十年动乱，直到1978年才重新招收研究生（胡玉麟），但此时他只能作为硕士生导师。1981年11月，中科院上海药物所的谢毓元、朱任宏、高怡生、嵇汝运、丁光生、池志强和胥彬七名科学家一同被国务院学位委员会批准为首批博士生指导教师，届时谢毓元已于1979年升为研究员。1984年，谢毓元招收了自己的第一位博士研究生（张席妮），她也是中科院上海药物所招收的第一位女博士。几十年来谢毓元共培养了近40名硕士和博士，一代又一代青年科技人才从他的实验室走出，至今广布海内外。为表彰其在研究生培养中的杰出贡献，2008年5月，谢毓元被评为中科院"杰出贡献教师"[①]。他的绝大多数学生都活跃在药物研究领域的各行各业，其中有科研院所的学科带头人，有跨国药企的高管，还有国内药企的开创者等等。

张席妮，1989年在谢毓元组里博士毕业后留学美国，曾先后在美国多家国际知名的制药企业工作，拥有全球药物研发领域22年的研发、管理经验。2010年，张席妮回国加入浙江华海药业，不仅分管位于临海的华海药业总部的原料药研发体系，任原料药研发副总经理，还担任位于上海的全资子公司——科胜药物研发有限公司总经理。2011年张席妮入选国家"千人计划"第六批创新类人才。沈旭，1995年博士毕业于谢毓元课题组，之后曾先后到日本及美国从事相关科学研究，2002年回到上海药物所，被聘为研究员和博士生导师，主要从事药物设计学、细胞分子生物学和化学生物学等领域研究。2005年获国家杰出青年基金，作为项目和课题负责人先后主持国家"863"项目、"973"子课题、"国家自然科学基金"、"上海市重点基金"等多项。朱勤，2000年博士毕业于谢毓元组里，是华拓医药[②]的创始人之一，曾兼任CEO及总经理，他也是谢毓元学生中屈指可数的创业者。华拓医药作为我国民营高科技医药企业，能发展到如今的规模，实属不易。

谢毓元的学生能人辈出，以上仅列出其中的三位，因篇幅有限，实难一一赘述。或许是因为学科的局限，他的学生中鲜有人从事医用螯合剂的研究，但不管在什么行业或什么岗位，他们都深刻感怀谢先生的教诲和影响，从谢先生这里获得的一切，对他们之后的工作和生活带来诸多裨益。

[①] 在中科院研究生院成立30周年之际，为表彰长期以来为中科院研究生教育建设发展做出杰出贡献的教师和教育工作者，544人获首批中科院"杰出贡献教师"和"资深教育工作者"称号。上海药物所嵇汝运、谢毓元、池志强、陈凯先、金国章、唐希灿六位院士获首批"杰出贡献教师"表彰。见上海药物所获首批"杰出贡献教师"和"资深教育工作者"表彰。中国科学院上海药物所网站，2008-06-06。

[②] 华拓医药，全称为上海华拓医药科技发展股份有限公司，成立于2000年6月（股份制合作企业），位于上海张江东区医疗器械园，是上海市人民政府认定的民营高科技医药企业。公司历经11年的发展，已从最初的单纯医药研发型企业拓展到了如今集研发、生产、营销等产业链资源于一身、且具有较强盈利能力的医药企业。

图 9-1　1985 年教师节，谢毓元与药物所师生合影，二排左 11 为谢毓元（谢毓元提供）

  谢毓元对研究生的培养倾注了大量心血，他总是以自己成功和失败的经验教诲青年，引导他们走上科研道路的第一程。首先，他认为科研工作要有锲而不舍的精神。从大处讲，是对任何工作都要锲而不舍；从小处讲，是对每一个实验的锲而不舍。化学是一门实验科学，任何一个实验，假如设计路线事先经过充分的调研和周密的思考，应该有较大的成功把握。遇到失败，首先考虑的不应该是对设计的怀疑，而应从实验过程中可能的疏忽等各个方面去寻找原因，比如反应时室温的变化，反应时是否需要无水，等等，在所有可能的原因被排除前，不能轻易放弃原有设计。这样，在大多数情况下最终会得到成功。他的很多实验，都是在多次失败后仍然坚持之下才取得良好结果的。信心、耐心和细心的缺乏，往往是成功道路上的绊脚石。

  其次，他认为独立思考也是科研工作的重要一环。导师虽然有较多的知识和经验积累，但总还是有一定的局限性，不可能对每一个问题的看法或判断都没有偏差。因此，一方面要尊重导师，一方面也要破除迷信。在解决实际问题的过程中，最好多一些主动，少一些依赖。他常以自己和苏联导师的关系为例。他不按导师为他设计的合成路线而是根据自己经过文献调研制订的方案来做，虽然导师曾坚决否定，但当他按自己的方案进行并很快取得了成功时，导师非但没有责备，反而用"成则为王"这句中国成语来鼓励他，而且以后对他完全信任，完全放手，所以实践是检验真理的唯一标准。对于专家权威应该尊重，但也不要盲从。

第三，他认为从事任何工作，若缺少激情，缺少一种刻苦钻研和拼搏向上的精神，是很难取得成功的。但拼搏并不等于苦行僧式的心无旁骛，隔绝尘世。劳逸结合，有张有弛，不但无碍工作，相反会对工作有所促进。一个人在过度疲劳的情况下，考虑问题精神不易集中，易生舛错。在实验多次失败情况下，心情焦急，不易冷静分析，往往钻牛角尖。每遇到这种情况，最好自我松弛一下，找一些自己喜欢的娱乐活动，调剂身心，然后以饱满的精力重新投入工作，往往会收到良好的效果[1]。

锲而不舍的精神，独立思考的能力，富有激情，这也是谢毓元对科研创新必备要素的经验总结。另外，谢毓元非常看重一个人是否有责任心、进取心，因他的学生来自全国各地，基础会有所不同，他认为首先要有积极、负责的态度，科研能力是可以通过后天的努力而得到改善。他对学生因材施教，如果学生的资质和基础较好，就放手让他去做，题目也可以自己确定，若基础稍差一点，就会手把手来教他怎么查文献，怎么做实验[2]。若学生有自己的兴趣点，他会积极地鼓励和支持。60年代还在抗菌素室时，和陈文致一同被推荐进所的华家枨[3]，对化学不怎么感兴趣，反而对生物合成有点兴趣，谢毓元就让他参加抗菌素室的发酵、提取等工作，凭借精湛的手艺，华家枨将放线酮中若干化学成分一个个分开，取得了不俗的成绩[4]。

在实际培养学生过程中，谢毓元对所有的学生有两个基本的要求：首先是外语一定要好，要有一目十行的能力，若一篇文献需看半天，就会影

---

[1] 陈凯先：谢毓元传记。见：《谢毓元论文选集》编辑小组编，《谢毓元论文选集》。上海，中国科学院上海生命科学院上海药物研究所制作，内部资料。
[2] 谢毓元补充访谈，2013年1月30日，上海。存于中国科学院上海药物研究所。
[3] 华家枨，谢毓元1961年的研究生，现定居美国。
[4] 谢毓元访谈，2011年12月29日，上海。资料存于采集工程数据库。

响工作的进度。外语好，也会有助于快速、高效地收集及查阅文献，从而把握国际最新研究热点和方向。其次是动手能力，因化学是门实验科学，若动手能力不强的话就很难做出结果。此两点正是所有从事药物研究工作人员必备的两把剑。这也是谢毓元多年科研工作的深刻体会：

> 我为什么在合成上碰到的问题基本上都能够解决，我觉得有两条：一条是外文比较好[①]，文献调研效率比较高。我每做一项工作，都要经过非常充分的文献调研，把所有可能的资料都收集到，然后选出或设计出解决自己问题的路线。其次，我做实验是严格按照正规的操作来做。所以，经充分文献调研认为可行的合成路线，再经过非常严格的操作，结果往往90%第一次就会成功[②]。

以上是谢毓元在培养学生时的一些希望和要求，他是这样说，也是这样以身作则来实施的。那么学生眼里的谢毓元又是怎样的呢？

平易近人，是他最大的特点。前文曾提到，谢毓元在实验室里提倡三严作风，即严肃、严格和严谨。但那只是针对上班时间，工作之余，在学生眼中，谢毓元非常平易近人，陈文致老师对此印象深刻。她自1961年作为推荐研究生进入谢毓元的课题组，一直工作至1994年退休。

谢先生刚从苏联回来时，看上去比较严肃，实验

图9-2　2012年4月16日，在上海张生记为谢毓元庆祝88岁生日。前排右一为陈文致，右二为谢毓元，右三为胡玉麟
（胡玉麟提供）

---

① 谢毓元英语、俄语四会，日语、德语可读写。
② 谢毓元访谈，2011年12月29日，上海。资料存于采集工程数据库。

室的人都很怕他，他一在实验室我们都不敢讲话，他一走我们就唧唧歪歪，外人就说像老鼠见到猫一样。其实后来才知道，他人很随和，为了让实验室的人不怕他，还特意组织实验室的人一起去无锡、苏州旅游，若有人生病请假，他都亲自去探望。你看他平时在路上，看见人好像不怎么打招呼，不怎么言笑。但是熟悉以后就知道了，甚至所里的电工、其他各个室的人有困难也会找他，无论在生活还是工作上都会去找他，比如分房子、工资、工作上的矛盾、排名啊等等，只要他能解决，他都尽力帮忙解决。找他的人很多，他非常热心，从不会觉得麻烦。他人很不错，逢年过节，很多人都向他打电话问好、带礼品去看他。像以前植化室的徐任生、五室的朱应麒、华家桎等从美国回来时，都会去看望他。[①]

知人善任，因材施教，是谢毓元培养学生的另一个特点。胡玉麟[②]，是1961年从科技中专进入他组里的一名技术人员，但他一直不满足于仅仅作为一名技术人员。胡玉麟原本在鲁班中学上高中，想毕业后考大学的，但因学校转为中专，也即是专门为中科院有机所和药物所供应技术人员的科技中专，当时国内对学历等级分的很严格，没有大学文凭，就只能永远做个技术人员。谢先生看他聪明好学，就鼓励他去上夜大，当时上的是与药物所毗邻的上海第一医学院（即现在的复旦大学上海医学院）办的夜大学，当时周一到周六的白天在实验室工作，周一、周三和周五的晚上去念书。最终，他取得了同等学历的大学文凭，若没有这段经历，他也不可能在"文化大革命"结束后，获得首批报考研究生的资格，成为"文化大革命"后谢毓元通过国家统一考试招收的第一名研究生。同样，也是从科技中专毕业的，1965年进入谢毓元组里的费开逯，也在谢毓元的支持和鼓励下，考取了上海第一医学院的夜大学，白天工作，晚上念书。经过不断的

[①] 陈文致访谈，2011年11月23日，上海。访谈资料存于老科学家学术成长资料采集工程数据库。

[②] 胡玉麟，1961年进入谢毓元组里，1978年考取谢先生的研究生，80年代末留美，曾在NIH和跨国药企工作。

学习和锻炼，几年之后作为技术人员的他们都获得了长足的进步，再也不用谢毓元手把手教他们做实验，也不用谢毓元将查好的文献交给他们，因为他们已经完全可以自己去查文献，甚至可以自己设计合成路线。后来，胡玉麟留学美国，先后服务于 NIH（美国国立卫生研究院）和跨国药企；费开逯作为我国第一代专利代理人，专门从事专利事业。谢毓元这样不惜时间和精力培养人才，恐怕在当今也是不多见的！若干年后的今天，二人谈起当年谢先生对自己的培养，还是充满感激和敬佩！①

除此之外，谢毓元做人公正，坚持原则。这一点，作为谢毓元"文化大革命"后招收的第一名研究生，胡玉麟最有发言权，他讲述了一个小小的故事，而这个故事足以影响他的人生道路。

77年恢复高考，78年恢复了研究生制度，因为有年龄限制，当时大概再过半年我就没资格报名啦（报名年龄不能超过40岁）。因为有个前提，我是不甘愿一直做技术人员的，尽管当然是夜大学毕业，但所里并不承认夜大文凭，还是作为技术人员。那我就正式考研究生，考药物所的研究生。我研究生毕业以后你应该承认我的学历啦。当时，每一个导师登报了以后，各地的学生都来报考，是可以指定导师的。当然我在谢先生的实验室做，我就报谢先生作为导师，当时考他的有30人左右。通过科学院统一命题考试，我成绩还是不错，能进入第一第二的面试，面试我也通过了，但这里出现了个插曲。不知道什么原因，有人让我退出研究生的入学录取，而要让另一个人进来。谢先生在这件事上非常讲原则，我记得他要去二机部开会，他那时在搞促排药物（我做计划生育药物，因为我出身不好，不能跟他做国防任务），他就说你这个问题不给我解决，我二机部的会也不去开。他当时很有原则的提出，胡玉麟是报名考我的研究生，考我的研究生中间他成绩最好，通过院部的统一命题考试，所里面学术委员会的面试，他被录取了，你现在把他去掉，我不同意。你让另外的人来当我

---

① 费开逯和胡玉麟的访谈，2012年4月16日，上海。资料存于采集工程数据库。

的学生，他没有报我的名，也不一定他认为我可以当他的老师。所以在他的坚持下，我有幸还是做了他的研究生。硕士毕业后，留在谢先生组里工作，他当所长期间，我担任室里的业务秘书，这段时间我知道很多人不管是学术上的问题或者个人关系上的问题都来找谢先生，都认为他是比较公正、比较讲原则的一个人。没有他的坚持原则，也不可能有我的今天！一个人说真话，讲原则，是很重要很重要的！①

不仅组里的人员如此认为，他的继任所长白东鲁先生曾评价，在工作中谢先生爱憎分明，刚正不阿，嫉恶如仇。第四任所长陈凯先院士在撰文中曾写道，谢毓元生性刚直，坚持原则，表里如一②。可见，谢毓元是如何的耿直。这样的性格，在他任所长期间也曾给他很多的困惑，比如一些室组的不配合，工作开展中的一些阻力等等。有时甚至被认为有些书生意气。直到今天，谢毓元还是认为，他最喜欢的仍是自己的科研工作，从科研工作中他感受到莫大的快乐和满足。他是药物所课题组长中亲自做实验的典范，一直做实验到70多岁。真正从事药物研究的人员会懂得，只有你自己做了实验之后，才知道问题出在哪里，才能给别人指出问题所在。

图9-3 90年代，谢毓元在岳阳路319号合成楼做化学实验

谢毓元院士治学非常严谨，对一个结果一定要反复验证后

① 胡玉麟访谈，2012年4月16日，上海。资料存于采集工程数据库。
② 《谢毓元论文选集》编辑小组编：《谢毓元论文选集》。上海，中国科学院上海生命科学院上海药物研究所制作，内部资料。

才肯信服,曾受他推荐两次东渡日本进行合作研究的严雪铭老师曾讲过一件事情:"以前实验室有两位老同志发现几个化合物有效,谢先生一声不吭,拿到别的同行那里再评价一下,人家说有效,他才觉得可以。另外,我去日本福田博士那里合作研究时,会定期打电话给谢先生汇报,结果有一次谢先生说,你不用汇报啦,福田已经告诉我你在那边表现很好。特别喜欢我。他就是这样,你自己说好是没用的,一定要别人认可了,他才觉得你做得确实不错。"[1] 吴吉安老师也讲过一个故事:"1981年我还是研究实习员时,有一天谢老师特地来问我一个量子化学的专用英文名词。原来应中国科学院的邀请,日本著名理论化学家诺贝尔奖获得者福井谦一教授访问中国,将在上海分院做"前线轨道理论在有机化学中的应用"学术报告,特别请老谢担当全程翻译。谢老师把福井谦一的报告内容提要仔仔细细看了几遍,十分亲切地对我说:'隔行如隔山,一辈子学无止境。'"[2]

惜才爱才揽才,是他的又一特点。谢毓元院士最大的心愿,就是在他有生之年,能看到中科院上海药物所能够研发出自己的创新药物。因此他更是不遗余力地为药物所招贤纳士,谢福明博士就是他从日本吸收而来的中科院上海药物所第一个博士后。

1985年底,在我即将拿到博士学位的同时,也面临何去何从的问题,当时国内的改革开放和经济发展还刚刚起步,各方面条件也比较差。我将这些困扰写信告诉了谢先生,不久他就给了我一封热情洋溢的回信,他列举了国内科学研究的现状、陈述了国内对人才的渴求,指出了国内发展的新气象和辉煌远景,同时也坦承告诉我国内科研人员的生活条件与日本的差距,不过还是希望我可以回国效力。1986年,中国科学院开始建立博士后流动站,以便吸引国外的科技人才回国工作,上海药物所也将建立当时国内第一批、也是药物所历史上的第一

---

[1] 严雪铭访谈,2011年12月29日,上海。资料存于采集工程数据库。
[2] 吴吉安:著名科学家、杰出领导者。《谢毓元论文选集》编辑小组编,《谢毓元论文选集》。上海,中国科学院上海生命科学院上海药物研究所制作,内部资料。

个博士后流动站。在谢先生的召唤下，我成了上海药物所第一个博士后流动站的第一个博士后，导师正是当时担任所长的谢先生。[1]

图9-4 1991年，谢毓元和李援朝在重点实验室讨论学术问题

毕业于中科院北京化学研究所有机化学专业的李援朝[2]是谢毓元课题组的第二位博士后，也是药物所的第三位博士后。

虽然爱惜人才，但他会非常尊重学生自己的选择。80年代出国潮，他课题组里的骨干人员相继出国（如胡玉麟、华家桎），虽然他很想挽留，但还是心甘情愿的为他们写推荐信，为他们联系更好的去处。至今他组里很多早期的研究生仍在美国发展或定居，当他们回国探亲访友时，都不忘来看望一下恩师。

在人才不断流动中，谢毓元一直留意合适的接班人。2000年，杨春皓来到谢毓元组里，他是1992年毕业于苏州大学化学系，1995年华东师范大学化学系硕士毕业，后任职于南通医学院，从事有机化学教学工作。谢毓元院士非常看重他勤奋、负责的态度。最为难得的是，杨春皓有很高的文学功底，这在他这个年龄是很少见的。2003年，杨春皓毕业后被谢毓元留在课题组，2010年谢先生将课题组正式交给了接班人杨春皓。目前课题

---

[1] 谢福明：科学研究的先驱、正值领导的楷模、令人尊敬的师长。《谢毓元论文选集》编辑小组编，《谢毓元论文选集》。上海，中国科学院上海生命科学院上海药物研究所制作，内部资料。

[2] 李援朝，中科院上海药物所研究员，主要从事具有自主知识产权的原创性小分子化学药物的研究与开发，同时针对与新药研发过程密切相关的基础理论和关键技术开展系统研究，其研究领域涉及组合化学、天然活性化合物全合成、药物合成新技术、新方法等。曾任药物所合成室主任。

组主要研究方向是肿瘤药物的研发，至今已经发现若干苗头化合物，并获得"十二五"国家重大新药创制重大专项候选新药项目的支持[①]。

作为他的关门弟子，杨春皓老师对谢先生最为了解，寥寥数语，勾勒出大伙心目中的谢先生：

> 谢先生工作上对于学生要求比较严，但是不骂人。现在有一种错觉，以为导师经常骂学生叫严厉，不是的。他的严是一种不怒自威，是让你自己觉得做得不够好，自己去反省。
>
> 谢先生又很宽容，不会因为你实验做得不好，就劈头盖脸地骂一顿，会让你自己去思索原因，去改进。
>
> 谢先生还有一个特点，就是对学生的作息时间没有严格规定。他不会因为你早上迟到几分钟，晚上早点回去，就不乐意。他一直说：做实验的时间是自己安排的，自己要合理安排时间。
>
> 谢先生经常会替学生着想，即使不是自己的学生，如果学生求到他，他觉得能够帮助的一定会帮，没有一点架子。包括学生和导师闹了矛盾，他也会尽量尽力化解。[②]

幸福家庭

谢毓元出身于书香门第，家学渊源，拥有一个让人羡慕的大家庭。兄弟姐妹七人，谢毓元作为家里最小的孩子，受到父母和哥哥姐姐们的格外照顾。父母的言传身教，兄弟姐妹间的和谐互助，潜移默化地影响着谢毓元的一生。

除了大家庭的熏陶之外，谢毓元的成功，也离不开小家庭的支撑和帮助。俗话说，一个成功男人的背后，总离不开一个伟大的女人。

---

① 详细请看前文第七章第三节。
② 杨春皓本次采集中撰写。

图 9-5 2000 年，谢毓元夫妇游尼亚加拉瀑布（谢毓元提供）

图 9-6 1954 年，谢毓元和叶德华结婚照（谢毓元提供）

叶德华[①]，1952 年毕业于苏州东吴大学理学院药学专业，毕业后到上海公费医院任药剂师。1953 年，24 岁的叶德华来到中科院药物所实习，做造影剂碘化油，最初被赵承嘏老先生分到药理室丁光生手下。因为放射科做不透 X 光的碘化油当时都是进口的，新中国成立后进口有困难，就只好自己来做。后来不知什么原因，要改作溴化油，被赵老先生分到谢毓元的实验室。就这样，两个人不知不觉中恋爱了，一年以后叶德华结束了实验实习，俩人喜结连理。

谢毓元坦言，爱人对他的照顾可谓是无微不至，几乎包揽了所有的家务事。谢毓元从上到下，从里到外的衣服，全都由叶德华购买，两个孩子的生活起居也都是爱人操持。而谢毓元一般吃过晚饭就去实验室。可以说，叶德华为丈夫解决了一切后顾之忧，让他能有足够的时间和精力从事科研工作。即便家务缠身，叶德华并没有放弃自己的工作，她很好强，样样不愿落后于人，开始在药剂科，后来转到同位素科，这和谢毓元当时做放射性核素促排药物有不少的交叉，因此经常会要求谢毓元给他做点同位素标记的化合物等。谢毓元一般是有求必应，顺手会帮她做点东西，前面提到的

---

① 叶德华（1929-2009），江苏太仓人。1953 年 8 月至 1954 年 5 月在中国科学院药物所实习。

HEDP 就是最初为了满足夫人的需求而合成的。不过总的来说，谢毓元夫妇是典型的男主外，女主内。

谢毓元夫妇有两个孩子，儿子谢家叶早年留学美国，现定居国外，女儿叶家苏，和父母一起居住。为什么女儿会姓叶呢？还有个很有趣的故事。原来，叶德华家中是五朵金花，没有兄弟，叶德华是家中长女，希望自己的第一个孩子出生后能跟她的姓氏。当看到第一个孩子为男孩时，思想传统的谢毓元不同意儿子姓叶，争辩一番之后，儿子还是随了谢姓，但名字中必须加个叶字，于是儿子的名字定为谢家叶。谢毓元答应，第二个孩子无论男孩女孩都姓叶，因谢毓元是苏州人，所以在第二个孩子名字中加了苏字，女儿定名为叶家苏。

俗话说，虎父无犬子，不管是基因的遗传还是家庭的熏陶，两个孩子都事业有成，家庭幸福！谈及对孩子的教育，谢毓元坦

图 9-7　1995 年，谢家叶 40 岁生日时的全家福。在谢毓元高安路寓所拍摄，右一为叶家苏，右二为谢家叶，左一为叶德华，左二为谢毓元（谢毓元提供）

言自己并没花很多功夫，很放手，反而是他们自己都很争气。"以前放暑假，我就让他们去苏州过，我苏州的书可以随便他们看，我儿子非常喜欢看书，知识面也很广。"[①]

"文化大革命"期间，在叶德华努力下，谢毓元的儿子和女儿都免于上山下乡。儿子谢家叶有幸进入上海外语学院（现在的上海外国语大学）英语培训班学习，"文化大革命"后考取复旦大学语言系的研究生，毕业后留校任教。因他比较活跃，当时的校长谢希德就安排他专门接待外宾，从此有机会接触更大的舞台，于 1985 年留学美国的纽约市立大学，攻读

---

① 谢毓元补充访谈，2013 年 1 月 30 日，上海。存于中国科学院上海药物研究所。

本然化成　谢毓元传

图9-8　2011年5月，汪洋接见谢家叶为团长的旅美学人代表团。左为谢家叶，右为汪洋（谢家叶提供）

图9-9　2009年9月，谢家叶参加在纽约总领事馆召开的千人计划讨论会。右一为谢家叶，右二为李源朝，右三为总领事彭克玉。（谢家叶提供）

语言学博士。留美期间，他看到美国很多孩子在发育过程中会出现语音及语言障碍，于是又攻读了一门语言与听觉理科硕士，毕业后在美国从事儿童语言与听觉障碍早期诊断与治疗工作。因有很强的社会活动和交往能力，谢家叶曾于2000年任美国旅美科技协会会长，2003年任美国旅美科技协会大纽约地区创始会长及美国 Trade Wind 杂志主编，为中美科技交流和合作做出了杰出的贡献，并多次受到国家领导人的接见。

女儿叶家苏"文化大革命"期间被分配在一家工厂做铆接工。粉碎"四人帮"后就读厂办职工大学自动控制专业，后在航空无线电研究所做电子工程师。1995年人才市场比较宽松可以自由流动时，她为了寻求发展，在近不惑之年，放弃了已经捧了14年的研究所的"铁饭碗"，凭着只在夜校里读过半年的会计、簿记基础，闯进了一家中美合资企业做财务，从最基础的出纳做起，边工作边学习，学专业，学电脑，学英语，还报考了当时在国内未及推广国际上备受推崇的专业考试 CIMA[①]（英国工会注册管理会计师），这对于未受过专业及英语培训的她来说是非常难的。她凭借勤

[①] CIMA：皇家特许管理会计师公会，成立于1919年，是世界上最大的管理会计师认证、管理和监督的机构，属非营利性组织，拥有20.3万会员和学员，遍布173个国家和地区。

奋和努力，在工作上取得成绩的同时，也拿到了 CIMA 的管理级证书，在多家大中型外资企业担任大中华区财务经理和财务总监。

谈到儿女如今的成就，谢毓元非常欣慰，虽然都没有能继承他的衣钵，但他们都在各自的领域取得不错的成绩，而且生活得开心、幸福，这已经足够！

在儿女看来，父亲的影响是润物细无声的，他不会刻意的说教，而更多的是言传身教。

在儿女印象中，父亲每一天都在努力工作，即使周末也从不懈怠。周末谢毓元为了减轻爱人的负担，而又不想耽误工作，会带着儿女一起去单位。孩子们在户外的绿地玩耍，他则一头钻进实验室埋入瓶瓶罐罐的实验中。

他又是博学多才的，经常会给年幼的儿女讲《资治通鉴》、《水浒》、《三国演义》等文史典故和名臣名将的故事，这对儿时的叶家苏来说是莫大的幸福，言称"父亲是他的百科全书"。对儿子来说，则开启了他对中国文学历史的爱好。跟父亲一样，谢家叶也养成夜读的习惯，饱览群书，极大地开阔了视野。

谢毓元视野超前，一生通晓四门外语（英语、德语、俄语和日语，年过 40 岁开始学习日语），这为他及时把握国际最新前沿信息提供了便利。在他的影响下，儿子从小就开始学习英语，在"文化大革命"中也没有中断，后抓住机遇考入上海外国语大学，终有今天的成就。

勤勤恳恳、脚踏实地的工作态度，孜孜不倦的好学精神，以及放眼世界的开阔视野，这是谢毓元所给予子女们的最大财富。

志 趣 爱 好

谢毓元认为，做科研不一定要求苦行僧式的心无旁骛，劳逸结合、有张有弛，不但无碍工作，相反还会对工作有所促进。多找一些自己喜欢的娱乐活动，可调剂身心。与他相处过的人都知道，工作之余，谢毓元爱好十分广泛，富有生活情趣。

他是一个体育迷，只要有空都会看篮球、足球比赛，美国 NBA、甲 A 联赛等等都是他的所爱，半夜爬起来看球赛在过去也是不稀奇的事情。如今国内足球太差，他就不看了。他不光喜欢看比赛，在年轻的时候还非常喜欢打篮球，在清华时参加过班队的比赛，到药物所之后和王友梅、翁尊尧一起参加药物所的篮球队，虽然水平不精，但可强身健体，增进友谊。不仅喜欢打篮球，他还是乒乓球好手，曾在药物所联赛上能进前三名。

另外，他非常喜欢打桥牌，下象棋，玩 80 分。至今每次经过他在太原路的办公室外面，都能听到他联机打桥牌的声音，有人说，这有助于他活跃思维。这个爱好，从 1949 年在清华大学学会打桥牌以来他一直保持着。他待人随和，不摆架子，和他熟悉的人都知道，在休息的时候，经常会拉年轻人一起玩一局 80 分。

图 9-10　1983 年，在美国纽约和友人下象棋（谢毓元提供）

他还喜欢唱京剧，这是从父亲那里继承来的爱好。因父亲谢镜弟是京剧迷，经常带他去看马连良、梅兰芳的戏，不光看戏，父亲还会给他讲京戏的渊源，花脸啊、花旦啊，等等。他还记得当时福州路有茶社，里面有京戏班子，可以一边喝茶，一边看戏，很多名角都是从茶馆里唱出来的。耳濡目染，他也能唱几出，老戏如空城计、杨家将，新

图 9-11　2001 年，谢毓元夫妇在上海家中下飞行棋（牛群摄影）

戏如沙家浜、智取威虎山、红灯记等；每年课题组里师生联欢时，来一段京剧清唱是他的保留节目。

富有生活情趣的谢毓元院士，即便脱离了科研一线，仍生活得非常充实。年近 90 岁的他，仍坚持每天到办公室，早上一到首先打开电脑，收电子邮件。他幼时是没有拼音的，不会打汉字，所以若给他的是中文邮件，他基本不予回复，英文邮件是可以回复的。然后泡上一杯浓浓的绿茶，打开一早送来的报纸，点上一支烟，看当天的时事新闻。这一天若没有特殊的安排，看完新闻之后，他就会开始联机打桥牌。有时这种恬淡的生活也会被打断，比如采集小组不定期的采访，比如实验室送来研究生的稿件请他审阅，比如老朋友看望，等等，他也一样很开心。

结 语

"本然化成",此名的来历破费了一番周折。如何既能反映出谢先生在专业方面的成就,又能表达出他的人文情怀呢?谢毓元一生淡泊名利,随遇而安,书名中曾设想用"淡然"或"无极"二字形容他的人文品德,但终因不妥帖而弃用。直到看见菜根谭里的一句话"文章做到极处,无有他奇,只是恰好;做人做到极处,无有他异,只是本然",犹如醍醐灌顶一般。"本然"二字,《在线汉典》中解释为本当如此,本然人品指不违反个人的自然本性,发自内心而又顺其自然地表现出来的品格,人生在世,不论锐意进取,还是田园牧歌,只有回归"本然",才能领悟生命的真谛。用"本然"来形容谢毓元院士一生做人做事的态度和风格,最为贴切。而"化成"则比较直白,意指谢先生在药物化学、有机化学方面终有所成。此为"本然化成"的来历。

纵观谢毓元一生学术成长历程,有一条清晰的脉络可循。家学渊源,为他打下深厚的文史功底,也为他奠定了为人处世的方式,更为他选定了今后一生从事的专业——化学。名师及名校的浸润,为他以后从事药物化学研究打下坚实的专业基础,并为他准备了科学工作中必备的两把剑,实验能力及文献查阅能力(外文极好),也让他逐渐喜欢上化学这门学科。在求学过程中饱受战乱困扰,家庭变故并一度辍学,让他格外珍惜每次求学机会，学习异常勤奋刻苦，一直延续到后来从事科研工作中。

在大学跟随张青莲教授做重水方面的研究时，他还是位初涉科研的新手，基本处于被动地位，难以形成自己的东西。直到后来转入中科院药物所，才开始逐渐从被动走向主动，从一个科研新手一步步成长为在医用螯合剂领域及天然产物研究方面建树颇深的药物化学家和有机化学家。期间经历过多次科研方向的转变：① 1951 年入所后，先是跟随赵承嘏先生做中草药的提取。赵老做提取工作时的耐心、细心，以及勤俭办科学的作风，都给他留下深刻的印象。② 1953 年，接受华东血吸虫病研究会分配的任务，进行血吸虫病新药研究。当时嵇汝运负责化学，丁光生负责药理，谢毓元在嵇汝运领导下从事抗血吸虫病药物研究。在此项工作中，谢毓元经详细文献调研，设计并合成了一系列与锑结合牢固的邻二巯基化合物，其中一个就是二巯基丁二酸钠，虽然接了锑剂后的化合物最终并未开发为抗血吸虫病药物，但中间体二巯基丁二酸钠及游离酸二巯基丁二酸后来经药理室的后续开发，相继成药。二巯基丁二酸的作用机制为相邻两个巯基可以跟重金属结合，形成一个稳定的五元环，然后以尿的形式排出体外，这是谢毓元从事医用螯合剂的开端。在此过程中，谢毓元已经展示出可以独当一面的科研能力。③因表现优秀，谢毓元被推荐留苏，他选择了当时一个很具有挑战性的方向：天然产物的全合成。导师给他的题目是四环素类化合物的全合成，当时在国际上也很有挑战性。但他经三年半的努力，圆满完成任务并得到苏联导师的盛赞，说他有一双幸福的手，别人合成不了的东西交给他做，总是能很好地完成。最为重要的是，他从苏联导师那里继承了一套对天然产物系统性研究的方法，从发现活性物质、到阐明结构、然后是全合成，整个科研工作也得到系统的训练。这为他回国后从事天然产物研究打下最为扎实的基础。④因他的副博士论文题目是四环素类化合物全合成，回国后被分到抗菌素室，这时他已经可以招生自己的研究生，筹建自己的课题组，可以独立开展课题研究。为了延续在苏联所学，他先后根据兴趣并结合所里已有的工作基础，先后自行选定了灰黄霉素的全合成和莲心碱的全合成课题，后又接受外单位委托的甘草查尔酮的结构鉴定及合成工作。在这些工作中，取得一个个骄人的成绩。众所周知，全合成工作是异常辛苦的,他几乎没有休息日,醉心于他的科学研究。他在科研工作中,自得其乐,在甘草查尔酮结构鉴定中,曾连续奋战36个小时,确定一个羟基的位置。⑤正是因为看到谢毓元可以把每项工作完成得相当出色,所领导才会将新任务非常信任地交给他做。周总理提倡要做男性避孕药,于是让他负责化学,邹冈负责药理进行男性避孕药的研究。他接到任务开始马不停蹄地文献调研,经过大半年的准备,就在开始合成之际,被喊叫停,转给所里其他同志。⑥他接到一个更艰巨的任务,二机部(后来的核工业部)的钱三强布置了放射性核素促排药物研究的军工任务,当时该任务是由包括药物所在内的三家单位合作进行,另外还有上海市工业卫生研究所和海军医学研究所。当时正值"文化大革命"期间,对人的政审非常严格,他面临手下人员不足,科研环境不利的境况。他凭借惊人的毅力,两耳不闻窗外事,一心只为做研究,在"文化大革命"期间完成了两项重大成果,研发了两个国际首创的促排药物——喹胺酸和酰膦钙钠,并实现了震颤麻痹症药物左旋多巴的国产化。在此工作中,谢毓元重拾对螯合剂的研究,进行大量文献调研,巧妙设计化合物,合成了大量目标化合物。正是在此阶段,谢毓元在放射性核素促排药物方面逐渐深入并形成一套系统的研究方法。⑦"文化大革命"结束后,二机部对放射性核素促排药物研究不再投入,研究被迫中止。但谢毓元和当时药物所的同事并不就此罢手,他开始将自己多年来在医用螯合剂研究领域积累的经验和成果进行民用开发,分别进行过放射性核燃料铀的促排研究、抗肿瘤药物研究及抗骨质疏松药物研究,发现了目前国际上铀促排效果最好的双酚胺酸,遗憾的是因难以临床一直未获监管部门批准。⑧1984—1987年期间,谢毓元任药物所第三任所长。当时正值改革开放初期,研究所面临经费不足等困难,谢毓元大力推进国际合作,成为当时科研学界敢于走出去寻找合作、寻找科研资金支持的第一人。尽管他担任着领导职务,他对组里的科研工作仍毫不放松,先后完成了表油菜素内酯合成工艺的研究及成果转化,多用途螯合剂HEDP的合成工艺改进及成果转化等。

在理清传主的学术成长历程主线之后,现将他学术成长经历中的关键因素和关键点进行归纳总结:

家学渊源：传主出身于书香门第，受父亲影响，从小熟读古文经典，并背诵《论语》、《孟子》等儒家经典，逐渐为他奠定了一生为人处世的基调。与人为善，勤勤恳恳，淡泊明志，不求闻名腾达，但求问心无愧。在背诵古文经典的同时，也培养了极强的记忆能力，在后来的化学学习中，起到很大帮助作用。青少年时期又阅读大量文史书籍，通读《二十四史》、《资治通鉴》、《史记》、《纲鉴易知录》等史学著作，为他打开视野，并打下坚实的人文基础。本来想学习历史的他，受父亲及兄长的"要学一技之长"观点的影响，大学时报考了化学系。但少年时代奠定的深厚的文史功底为他以后从事科学工作带来诸多裨益，比如刚到中科院药物所之初，赵承嘏先生收徒弟一定要先"验字"，即让写几个字看其书法功底，因谢毓元从小练过毛笔字，赵先生看后大为赞赏，之后有很长一段时间，谢毓元除了做研究工作，还成了赵先生的公文秘书。在后来的论文撰写中，更是体现他的文字功底，语言简练扼要，不拖沓。

名师及名校的浸润：谢毓元中学时就读于当时苏州唯一一所省立中学——苏州中学，苏州中学历史渊源，名人辈出，如药理学家丁光生，高分子学家钱人元，史学家顾颉刚、胡绳，教育学家叶圣陶等等。谢毓元在中学时代就受深厚文化氛围的熏陶，打下很好的基础。大学历经三个学校，不管是东吴大学的顾翼东教授，还是南京临时大学时期的孙洪芬教授，都在谢毓元学习化学过程中，起到很好的启蒙、引导及督促作用。在东吴大学及后来辍学期间，采用东吴大学灵活而有效的英语学习方法，加上兄长远见卓识的培训，打下扎实的英语功底；后来考到清华大学时，英文免修。考取到国立清华大学，更是遇到多位名师的指点，并从三年级开始师从张青莲教授，从事无机化学方面的科研工作，也养成勤俭办科学的良好作风。在清华学习阶段，从查阅文献、到动手做实验等各方面都受到严格的基础训练，为之后的科研工作打下扎实的基础，也造就了他认真、自信、好钻研的性格。后来，经中科院药物所推荐留学苏联科学院天然有机化合物化学研究所，师从舍米亚金院士，从事四环素类化合物的全合成。留苏期间，从苏联导师那里他真正认识了科研工作应该怎么做，他的科研工作从头到尾得到完整的训练。

机缘巧合：清华毕业留校任助教的他，主要工作是为学生批改作业、准备实验，虽觉枯燥，但若不是在熟人介绍下，也不曾想到改变。后来经人介绍，可以到当时的中科院有机所下的药物研究室专心做科研工作，纵然张青莲教授诚意挽留，他仍坚持初衷。1951年来到中科院药物所，开始他一生和瓶瓶罐罐打交道的药物研究工作，也开始了他丰富多彩的科研人生。

时代需求，统筹机制，自身勤奋：进入药物所后的谢毓元，受国家大背景的影响，曾先后多次转变科研方向，这也是那个时代的老科学家所具有的普遍共性。不论是抗血吸虫病研究、男性避孕药研究，还是放射性核素促排药物的研究，都是根据国家需求，集合全所、甚至全国优势力量，重点攻关的当时影响国民卫生的难题。这种统筹安排机制，在当时来说是至关重要的。谢毓元作为科研队伍中的一份子，充分发挥主观能动性，凭借自己所学，解决了一个又一个难题。谢毓元是聪明的，但他更为勤奋，他是少数几个一直坚持自己亲手做化学实验的课题组长，直到退休，从他科研档案中的实验记录可以看到，他几乎是没有休息日的。他的弟子曾说，他若哪天开会，也一定要早早地将实验开好，晚上回来后进行处理。谢毓元在《院士春秋》里曾写道，"人一能之己百之，人十能己千之，勤能补拙，学无止境"，还曾书写过一副座右铭，"为学之道、贵在勤奋，刻苦钻研、持之以恒，戒骄戒躁、求博求深，锲而不舍、终能有成。"他是这样想，也是这样做的，凭借锲而不舍的精神，虽然不断转换科研方向，但坚持将每项工作做深、做透。

重视前人工作：在采访过程中，谢毓元曾多次提到，他的每一项工作都不是凭空想象出来的，相反，都是经过大量的文献调研，充分了解前人的工作，由此产生自己的灵感及设计思想，有自己的创新。所以他设计的化合物十有八九会成功。熟悉他的人都知道，谢毓元常年笔记本不离身，有空就去图书馆查文献，他的记录本简直可以堆成一座小山。谢毓元具有很好的语言天赋，通晓英语、俄语、日语和德语，这有利于他能及时、全面地了解各类文献信息，把握研究前沿和热点。

重视人才培养：谢毓元对研究生的培养倾注了大量心血，他总是以自己成功和失败的经验教诲青年，引导他们走上科研道路的第一程。他认为科研工作首先要有锲而不舍的精神。从大处讲，是对任何工作都要锲而不舍；从小处讲，是对每一个实验的锲而不舍。信心、耐心和细心的缺乏，往往是成功道路上的绊脚石。其次，他认为独立思考也是科研工作的重要一环。不迷信权威，在解决实际问题的过程中，最好多一些主动，少一些依赖。第三，他认为从事任何工作，若缺少激情，缺少一种刻苦钻研和拼搏向上的精神，是难望取得成功的。但拼搏并不一定要求苦行僧式的心无旁骛、隔绝尘世。劳逸结合、有张有弛，不但无碍工作，相反会对工作有所促进。这也是谢毓元对科研创新必备要素的经验总结。

幸福家庭，平和心态：谢毓元和他的爱人叶德华在药物所结识、相恋并结合，叶德华结束在药物所的实习生涯之后，多年来一直任上海市第六医院药剂师。叶德华在生活上对谢毓元照顾周到，关怀备至，将家里打理的井井有条，为谢毓元免除后顾之忧。谢毓元则在科研上对叶德华多有帮助，帮她做一些简单试剂的合成。俩人相辅相成，携手人生。谢毓元非常淡泊明志，随遇而安，凡是只求尽力即可。他曾说过一段话："人生最大的快乐不在于物质上的享受，而在于自己辛勤工作，能真正造福社会，为社会所承认，可以扪心自问，觉得没有虚度此生。"

附录一　谢毓元年表

1924 年

4月19日（农历三月十六），出生于北京西四兵马司胡同18号一深宅大院。父亲谢镜第，母亲徐墨蕾。在家排行第七，第四子，共有兄弟姐妹七人，按年龄顺序依次为：谢毓申（男）、谢毓綮（女）、谢毓晋、谢毓华（女）、谢毓寿、谢毓英（女）、谢毓元。

1927 年

4月18日，国民政府定都南京。
5月，国民政府在南京成立交通部，父亲谢镜第去南京交通部就职。

1928 年

春节，举家迁回苏州老家。

1929 年

2月，就读于菉葭巷小学校一年级。

1932 年

2 月，转入苏州私立明德小学上小学四年级。

1933 年

2 月，考入苏州县立大儒小学，就读小学五年级，至小学毕业。

1935 年

2 月，从大儒小学毕业，考入江苏省省立苏州中学初中部。

1937 年

8 月 13 号，淞沪抗战爆发后，苏州中学停办。

9 月，随家至苏州洞庭东山避难。

1938 年

2 月，由洞庭东山转至上海租界，到上海私立中国中学上高一下学期。租住当时处于金神父路（现在的瑞金南路）明德里的一处民宅。

8 月，苏州中学在沪复校，校名改为"苏中沪校"，插班考入苏州中学（沪校）高中部上高二。

1940 年

7 月，苏中沪校高中部毕业。

秋天，东吴大学增添化学工程系。

9 月，考入私立东吴大学（沪校）化工系。

1941 年

12 月 8 日，太平洋战争爆发，上海租界被日寇侵占。之后东吴大学被迫停办，辍学随父母返回苏州老家，在父亲及兄长督导下，勤学英文及古文。此间，时常帮助家里操作杂活，如打水、劈柴、生火、种菜等。

1945 年

10 月，在三哥谢毓寿的安排下，去南京临时大学补习班（当时在金陵大学校内），就读化工系二年级。有机化学受教于孙洪芬教授，分析化学受教于李酉开教授。因他考试总考第一名，很受孙洪芬教授看重，还鼓励他以后一定要考清华大学。

1946 年

5 月，西南联合大学结束，清华、北大、南开三校各院系随原校复原，清华大学师生于 8—10 月回到清华园。

6 月，南京临时大学取消，随即备考清华大学。

10 月，插班考入清华大学化学系二年级（英文免修）。

10 月 10 日，清华大学开学。

11 月 5 日，清华大学正式上课。由高崇熙教授讲授分析化学，二年级下学期由张青莲先生讲授高等无机化学和化学德文。

12 月，参加沈崇事件反美暴行游行。

1947 年

9 月，因受张青莲赏识，获得一间独立实验室，开始接触研究工作，从事重水方面的研究。

1948 年

在《国立清华大学理学报告》发表第一篇有关重水研究的学术论文。

"Solubility of Potassium Salts in Heavy Water at 25℃. I. Chlorate, Perchlorate, Bromate, Chromate and Dichromate." ——《Sci.Rep.Nat.Tsing Hua Univ.》（中文名为《国立清华大学理学报告》，创刊于 1931 年），A5, 252-259（1948）。作者：张青莲、谢毓元。

12 月，清华园解放。期间曾停课两三个月，他和舍友学习打桥牌，之后打桥牌成为他一生的兴趣爱好。

1949 年

7月，以年级第一的成绩毕业于清华大学化学系，获理学学士学位。发表两篇有关重水研究的论文，内容为几种钾盐在重水中的溶解度。这也是张青莲教授给他的本科毕业论文题目。

"Solubility of Potassium Salts in Heavy Water at 25℃. I. Chlorate, Bromide, Iodide, Iodate, Sulfate, Perrhenate and Ferricyanide"——《中国化学会志》，16，10（1949）。作者：张青莲、谢毓元。

"Solubility of Potassium Salts in Heavy Water at 25℃. III. Nitrate, Permanganate and Thiocyanate."——《中国化学会志》，16，65（1949）。作者：张青莲、谢毓元。

7—8月，在平津各大学暑期毕业生学习班（清华校园内），学习政治理论。

9月，留校任清华大学化学系无机助教。

1950 年

3月21日，李亚农代表中国科学院接收北平研究院药物研究所。

5月，原北平研究院药物研究所变更为中国科学院有机化学所下属的药物研究室，赵承嘏任室主任。

下半年，在清华大学加入教育工作者工会及中苏友好协会。

下半年转入冯新德老师处，任有机分析助教半年。

1951 年

2月，经三哥谢毓寿及朱任宏先生介绍，转入地处上海法租界福开森路395号（现武康路395号）的中科院有机化学研究所药物研究室，任研究实习员。因精通英文，文笔好，字也写得好，颇得当时药物研究室负责人赵承嘏先生赏识，在辅助其进行中药成分研究的同时，帮他管理文书工作。初期跟随赵承嘏先生，进行普鲁卡因的合成、常山中草药提取工作。其中，在常山中草药提取工作中，建立了分析方法，测定出常山叶中的含量比根中的含量要高出 10 倍，发表于 1951 年的《中国科学》。

"常山叶中之抗疟质素"，1951，2，455《中国科学》，作者：赵承嘏、谢毓元。

7 月，丁光生归国，筹建药理组。

11 月，北京农业大学的蔡润生加入，筹建抗菌素室。

1952 年

秋天，参加中科院上海分院举办的俄文学习班。

全国开展"三反五反"运动，每周参加政治学习，还参加过打虎队[1]。

以曾广方为首的药学研究所筹备处并入。

参与中央轻工业部委托的任务，利用曼陀罗及类似物，制成医疗上必需的药品阿托品和后马托品。

1953 年

2 月，升助理研究员，直至 1956 年 9 月。

9 月，父亲患食道癌去世。

参加研制血吸虫病防治药物的化学方面的工作。

完成硝基苯甲酸和二乙胺的合成，解决了普鲁卡因的国产化工业制造和青霉素普鲁卡因盐生产所需的原料问题。

1954 年

结婚，妻子叶德华曾于 1953 年 8 月—1954 年 5 月在中科院药物研究所药理室实习，后任上海市第六医院药剂师。

合成巯锑钠中间体二巯基丁二酸钠。

---

[1] 打虎队：1951 年 12 月至 1952 年 10 月，"反贪污、反浪费和反官僚主义"的政治运动，也称"三反"运动，其中一个运动为"打虎"。所谓的"虎"指大贪污犯。一般而言，贪污 1 亿元以上为"大老虎"，5 千万至 1 亿元之间为"中老虎"，1 千万至 5 千万为"小老虎"（旧币，1955 年币值改革后旧币 1 万元兑换新币 1 元）。

1955 年

参加上海办事处举办的俄文句法班。

升为助研 8 级。

儿子谢家叶出生。

1956 年

2 月,向党组织递交入党申请报告。

5 月,经刘平、黄知恒介绍入党。

5 月 28 日,填写"留学预备生审查登记表"。

7 月 28—30 日,在上海外国语学院,参加国家统一组织的留学生考试。

8 月,经赵承嘏推荐参加留苏考试。

9 月 21 日,北京外语学院留苏预备班学习,为期一年。

在血吸虫病药物研究方面,发表重要文章(首次以第一作者身份发表文章):"血吸虫病化学治疗的研究 II——几种巯基羧酸的锑衍生物"。谢毓元,章辛,杨行忠,嵇汝运,《化学学报》,1956,22,163.

1957 年

3 月,女儿叶家苏出生。

10 月,完成留苏预备班学习。

11 月,留学苏联科学院天然有机化学研究所,攻读副博士学位。师从施米亚京(Mikhail M. Shemyakin),从事四环素类化合物的合成。

在血吸虫病药物研究方面,发表重要文章:"血吸虫病化学治疗的研究 IV——二巯基丙醇的芳基醚及其锑硫醇盐"。谢毓元,朱应麒,黄知恒,杨行忠,周启廷,嵇汝运,《化学学报》,1957,23,447。

1958 年

在苏联莫斯科成为正式党员。

1959 年

在黄耀曾访问苏联期间，担任全程翻译。

1960 年

在黄鸣龙访问苏联期间，担任全程翻译。

受苏联科学院天然有机化学研究所大会及公告表扬。

研究成果在苏联"科学院院报"、"普通化学杂志"及"抗菌素"上发表论文三篇。

暑假回国，专门学习反修正主义理论。

1961 年

在苏联期间，完成副博士论文"СЕЮЙ-ЮАНЬ，ИЗУЧЕНИЕПУТЕЙСИНТЕЗ АДЕДИМЕТИЛАМИНОДЕЗОКСО-ТЕТРАЦИКЛИНОВ"（4- 去二甲基胺，12- 去氧四环素合成途径之研究），获副博士学位。

5 月，由苏联回国。

5—8 月，在北京外国语学院归国留学生学习班学习，反对苏联的修正主义。

9 月，回中国科学院药物研究所，被分配到抗菌素室任副主任，升为副研究员七级。建立自己的课题组，招收两名研究生陈文致和华家桎。从事天然产物全合成工作，选择灰黄霉素的新合成路线研究作为回国后的第一个课题。

指导研究生华家桎，进行农抗 101 有效成分的分离和鉴定。研究成果发表在 1965 年的全国第二次抗菌素学术会议论文集第四册。

1962 年

开始莲心碱（抗高血压药物）绝对构型的确定和全合成工作。

合成了能防治水稻白叶枯病的抗菌素应为 cellocidin，并交无锡惠山农药厂生产。

获科学院优秀论文奖。

参加所里陈政雄办的日语学习班。

在组内树立了"三严"（即严肃、严格、严谨）、勇于拼搏的作风。

任中科院药物研究所第二届学术委员会委员。

1963 年

利用石耳为原料，用不同于国外文献报道的方法，合成得到消旋灰黄霉素，为我国生产灰黄霉素提供了另一种参考。

1964 年

所在业务组被评为室先进工作组。

完成抗高血压药莲心碱绝对构型的确定和全合成。

"莲心碱绝对构型的确证"以英文形式、第一作者身份发表在《Scientia Sinica》1964 年第 13 期第 2018 页上。

1965 年

3 月 23 日，参加中科院药物所学术委员会举行的第一次巯锑钠治疗耕牛血吸虫病及人血吸虫病的鉴定会和二巯丁二钠对锑、铅、汞、铜金属解毒的鉴定会。

4 月 6 日，参加中科院药物所学术委员会举行的第二次巯锑钠治疗耕牛血吸虫病及人血吸虫病的鉴定会和二巯丁二钠对锑、铅、汞、铜金属解毒的鉴定会。

3 月 30 日，参加在上海召开的灰黄霉素生产用变种 X-69 的鉴定会。

12 月 15—16 日，在上海召开巯锑钠院级鉴定会（由中科院委托中科院华东分院主持）。

12 月 17—18 日，在上海召开二巯丁二钠院级鉴定会（由中科院委托中科院华东分院主持）。

在《全国第三次抗生素学术会议论文集》上发表"灰黄菌素的化学合成"。作者谢毓元、陈芝雅。

普鲁卡因工业制备，获中国科学院推广奖（谢毓元的第一个大奖）。参加者：赵承嘏、谢毓元、朱应麟、杨行忠。生产单位为原上海生化制药厂。

接受所领导安排，开始进行男性避孕药的研究。

1966 年

承担二机部（现为核工业部）委托的军工任务，负责放射性核素促排药物研究，研制了钚-239、铀-234、锆-95 等放射性核素的促排药物。由中科院药物研究所、上海工业卫生研究所和海军医学研究所三家单位共同承担。药物所主要负责化学方面工作，另两家单位主要负责药理药效等工作。

配合其他同志完成了补骨脂活性成分补骨脂乙素的合成工作。

"莲心碱的全合成"以英文形式、第一作者身份发表在《Scientia Sinica》1966 年第 15 期第 809 页上。

1969 年

4 月，任职中国科学院药物研究所一连，一连即第五研究室（专门做国防任务）。

1970 年

11 月 20 日，中国科学院药物研究所划归上海市领导，改名为"上海药物研究所"。

1972 年

3 月 1 日—8 月 31 日，在上海科技五七干校六连四班学习。

9 月，回上海药物研究所五室任副主任。

1974 年

解决了左旋多巴国产化问题，并通过鉴定。

开始放射性核素锶-90 促排药物研究。

1975 年

筛选到 S-186 对锶 -90 的促排效果优于国外报道的其他有效药物。

1976 年

为 811 化合物进行临床试验，与陈文致到嘉峪关外生产原子弹的 404 厂职工医院蹲点三个月。

1977 年

12 月 8—10 日，参加在上海举行的放射性核素（钍、钚等）和重金属元素（铅、汞等）促排药物喹胺酸（螯合羧酚，811）的鉴定会。会议由中科院药物所、中国人民解放军 38601 部队、上海工业卫生研究所共同主持。主要参加者：谢毓元、罗梅初、曾坤荣。参与单位：中科院药物所、上海工业卫生研究所、海军医学研究所。

任中科院药物研究所第三届学术委员会委员。

基本完成放射性核素锶 -90 促排药物 S-186 的疗效重复试验。

1978 年

1 月 24 日，参加中国科学院上海药物研究所学术委员会 1978 年第一次会议，会议就招收研究生、召开药学会上海分会年会、书籍编译、成立生物学学术委员会、八年规划等问题等做了讨论。

4 月 25 日，参加中国科学院上海药物研究所学术委员会 1978 年第二次会议。

4 月，上海药物研究所重回中国科学院，更名为中国科学院上海药物研究所。

年底，调至中国科学院上海药物研究所合成室任副主任。

被评为上海市科技先进工作者。

1979 年

3 月 20 日，中国药学会上海分会恢复第四届理事会组织，任理事。

5月23日，受中国科学院批准任研究员。

11月29日，卫生部发布中华人民共和国药典（1977版），其中二巯基丁二钠、左旋多巴和左旋多巴胺片入选1977年中华人民共和国药典。

甘草查尔酮工作发表在《化学学报》上。

任中科院药物研究所第四届学术委员会秘书。

1980年

3月，放射性金属元素促排药"螯合羧酚"获国防科学技术委员会表彰，奖励等级三等奖。

9月4日—10月4日，与日本学术振兴会协议，赴日本讲学交流。并访问东京大学、东北大学、大阪大学和京都大学的药学部，东京工业大学天然物研究设施、国立癌中心研究所及京都大学化学研究所等机构。以报告和讨论会的形式，向日方介绍药物所在中草药有效成分的分离，结构分析和全合成方面近年来的工作成果。对日本部分大学的教学、研究制度、实验室设备、科研人员工作状态有了基本了解。

被选举为上海药物所第五届学术委员会委员，任期三年。

在上海、甘肃进行S-186临床观察，并进行产品控制质量规格标准工作。

1981年

1月，作为中国科学技术协会代表团化学分团团员，赴加拿大参加国际学术交流会议。并在以断肢再植、显微外科和中草药为题的学术讨论会上宣读学术论文"中草药的有效成分的化学结构"（用英文宣读）。

任中科院药物研究所第五届学术委员会副主任。

1982年

9月4日，申请参加中科院与西德商谈协作研究小组。

10月7—8日，参加在上海药物所召开的放射性锶-90促排药物S-186的科研鉴定会。S-186是由中科院上海药物研究所、上海工业卫生研究所和海军医学科学研究所三家单位合作研究的药物。

11月，带领中国科学院植物化学考察团赴印度考察天然药物研究情况。回国后向所内作了详细汇报，指出印度在天然药物研究与组织管理方面值得我们学习借鉴之处。

被评为中科院上海药物所优秀党员。

任中国化学会第21届（1982—1986年）理事。

7月，"中草药活性成分的研究——十二种新有效成分的发现"获国家自然科学二等奖，包括"莲心碱绝对构型的确定和全合成"和"甘草查尔酮结构的确定和全合成"两个项目。

1983年

4月，任上海市第八届人民代表大会代表。

8月，参加中国化学会在西安举行的理事会全体会议。

10月8日，中国科学院外事局函复表示1982年报赴匈牙利考察"天然产物化学、抗肿瘤药物、神经药物"的项目。

12月5日，促排药"酰膦钙钠"（锶的促排解药物）被卫生部授予甲级成果奖（一等奖）。

12月，任中国科学院上海药物研究所代所长（1983年12月—1984年6月任中科院上海药物研究所 代所长）。

12月31日，获得中科院上海药物研究所发的来所从事科研、技术管理工作三十周年的荣誉证书。

1984年

1月20日下午，与嵇汝运、张淑改接待美国Merck药厂研究部负责人沈宗瀛。

3月1日，获中国科学院外事局正式批准，与翁尊尧、唐希灿赴匈牙利考察天然产物化学。

3月8日，任上海药物所职称评定小组组长。

4月7日上午，与张淑改、顾芝萍接待WHO计划生育科研现场访问团。

4月23日，参加上海市化学化工学会第三次会员代表大会，成为上海市化学化工学会第三届（1984—1988年）理事会组成成员。

5月14—25日，与翁尊尧、唐希灿赴匈牙利就天然产物、肿瘤、神经、肝炎药物等方面进行短期考察。

5月28日，与蔡俊超接待纽约州立大学水牛城分校肿瘤药物化学及生化药理教授巴多士（Thomas J. Bardos）。

6月12日，与杨胜利、吴汝平接待西德分子生物学研究所所长F. Wagner教授。

6月18日，与邹冈、金国章、胥彬、张隽一等接待中美医学交流访华团。

6月22—23日，与劳爱娜、徐任生接待日本东北大学曳野宏教授。

7月1日，被授予1982年度优秀共产党员称号。

7月5日，与贺贤国、黄知恒、徐修容、潘百川接待美国化学会交流团。

8月10日，与张海澜、张隽一接待东京理化研究所见理朝正主任研究员和德岛大学药学系教授藤本等。

8月20日，与丁光生、贺贤国、屠曾宏、邹冈、杨金龙、马广恩、金国章接待加州大学来访。

8月24日，与应百平、劳爱娜、相金龙、张隽一等接待日诚制药工业株式会社访中代表团。

8月31日，与白东鲁等接待东京大学教授铃木昭宪，山之内制药株式会社、中央研究所所长（董事）前野弘夫。

9月6日，与蔡俊超接待美国南加州大学W.P.Weber教授夫妇。

9月28日，与胥彬、邹冈、杨金龙接待美国耶鲁大学Prusoff教授夫妇。

10月14—16日，与贺贤国、徐任生接待美国Upjohn公司（普强公司）生物技术组总理事长R.E.Christoffersen、药物研究发展部主任R.D.Hudson、生物高分子化学高级研究员R.L.Heinrikgon等人。

10月16—22日，与丁光生接待美国Arizona大学分子生物和细胞生物学前系主任 H.Vasken Aposhian 教授夫妇。

10月19—22日，与潘百川、奚国良接待美国 Applied Biosystems 公司蛋白质生化研究发展部负责人 Micheal Hunkapiller 博士，出口部经理 James Knight。

11月2日，与刘嘉森接待叙利亚副总理的科学顾问、大马士革大学植物学教授罗为·阿赫德里，叙利亚国防部生产局局长佳赫。

11月4日，与徐任生、方圣鼎、周炳南、劳爱娜、张隽一接待日中天然药物学术讨论会日方与会人员。

11月6日，被编入《中国人名词典》（中国科学院部分）。

11月28日，与邹冈、徐修容一起接待美国明尼苏达大学药学院药化系主任，美国 J.Med.Chem 的学报主编，药物化学家 P.S.Postaghese。

12月，分院下发了药物所所长的任命文件，正式出任中国科学院上海药物研究所所长。

12月1日，与李志毅接待美国 Wellcome 研究所高级研究员 Eduaido Lapetenia。

12月14—20日，与蔡俊超、徐少华及东方公司上海分公司胡仲培赴日访问，就 AT-2153 的 85 年度合作计划和进一步扩大合作范围进行磋商，并就全药工业公司支付第二期合作费用进行会谈。

12月24日，留任上海药物所第六届学术委员会委员，任期三年。

在《药学学报》上发表《铀促排药物研究：两种新型膦酸类螯合剂的合成》。

任中科院药物研究所第六届学术委员会委员。

1985年

2月12—21日，与蔡俊超、徐少华等同日本全药工业（株）式会社就 AT-2153 药物的 85 年合作计划进行会谈，并探讨进一步扩大合作研究范围。

3月2日，与白东鲁、蔡俊超、洪山海等接待全药工业株式会社桥本一弘等。

3月25—27日，接待东京工业大学理学部化学科池川信夫教授。

3月28日，与蔡俊超、劳爱娜、江树发接待日本三井物产株式会社的百鹿敦已等人。

5月2日，与胡玉麟、潘百川、蔡国玲、贺贤国接待WHO专题委员会成员，英国伦敦大学化学系，有机合成化学博士Medlin。

5月6日，与徐任生、丁光生接待美国汉方医药研究所所长许鸿源教授和美国汉方医药研究所工作人员许照新博士。

5月10日，与奚国良接待瑞士CIBA Gygei药厂，瑞士巴富文西巴公司蛋白质专家张瑞跃博士。

5月21日，与徐任生、杨胜利、劳爱娜接待生物医学研究所长野口照久。

5月31日，与劳爱娜接待理化学研究所副理事长中根良平，理化学研究所化学工学研究室主任远藤勋，理化学研究所研究部次长千叶芳树。

6月8日，寄送《中国人名词典》释文和照片。

6月17日，与贺贤国、朱应麒接待美国Searle Co.技术部主任L.G.Smith，总裁助理J.Feldman，市场顾问R.Wilcox，美商汉德公司总经理钟培顺。

6月27日，与嵇汝运、贺贤国、曾衍霖、李英接待南斯拉夫医药代表团。

7月9日，与贺贤国、劳爱娜接待日本科技厅长官一行。

7月18日，与杨然、贺贤国接待意大利Biodata公司代表团。

10月3—4日，与潘百川、徐任生、周亦昌接待西德科学家。

11月12日，接待苏联科学院副院长，苏共中央候补委员，苏联科学院院士，苏联科学院生物有机化学所所长，生物有机化学杂志主编奥夫钦尼科夫（在苏联学习时的同学）。

当选上海市党代会代表。

任中国药学会上海分会第五届常务理事。

1986年

5月14日，《文汇报》以"铀解毒药物研究获重大突破"为题对双酚胺酸螯合剂进行了报导。

6月7日，多用途螯合剂HEDP通过中科院上海分院和浙江省委联合鉴定，并与浙江黄岩红旗化工厂合作生产水质稳定剂HEDP。主要参加者：谢毓元、陈文致、胡玉麟。

4月6日，受中科院派遣赴日本山之内制药公司访问十天，协商合作研究事务。

6月18日—7月20日，与徐任生、贺贤国赴美国访问，和普强药厂讨论科研合作并顺访了罗氏药厂、勃力斯托尔药厂、威尔克姆药厂和新坦克斯药厂，探讨其他方面合作可能性（上海－旧金山－密西根巴拉与助－纽约）

10月，应苏联科学院副院长奥夫钦尼柯夫的邀请，携夫人赴苏联访问。

任中国化学会第22届（1986—1990年）理事。

1987年

3月4日，获中国科学院上海分院的一级升级奖励。

4月7日，接待美国大使馆二秘陈建思。

4月27日，出席上海市人民代表大会第六次会议。

5月6日，接待美国北卡大学药学院药物化学教授、天然产物实验室主任、美国药学院合药学院院士李国雄。

6月，向国家医药管理局申请新药研究基金，项目名称为"螯合剂双酚胺酸对铀及多种金属解毒促排的化学和药理"，项目时间为1988年1月到1990年12月。

6月1日，接待美国律师事务所倪汝德。

6月21日，接待美国Clemson University, Dept. of Chemistry R.A. Abramovitch教授和Dept. of Biochemistry Dorota Abramovitch。

7月3日，接待美国洛克菲勒大学James P. Tam副教授。

7月5—20日，赴美与英国格拉苏药厂商谈落实合作项目。

8月8—14日，接待NIH心肺血液研究所生化实验室研究员蔡麟。

8月10—17日，赴捷克参加第二次螯合剂国际学术会议。做双酚胺酸的介绍报告，大会报告后在同行中引起较大反响。英国同行希望告知合成方法，西德同行希望告知以前几种螯合剂的合成详细步骤，美国同行索取样品，东德同行要求合作计算构效关系，日本同行希望会后能开展合作，并访问药物所。

11月18—21日，接待美国普强药厂研究发展副总裁J.C.Stucki博士和药厂基础研究副总裁R.E.Christofferson博士来访，商讨继续合作事项。

12月，所长任届期满。

12月10日，所撰"积二磷酸盐（EHDP）的研制和临床应用"一文被中国药学会评为庆祝中国药学会建会八十周年优秀论文。

接受留苏时苏联同学的邀请，携夫人去俄罗斯生物有机化学研究所进行访问。

1988年

6月20日，被选为上海市化学化工学会第四届（1988—1992年）理事会理事。

任中国科学院上海药物研究所学术委员会主任。

开始参与筹建新药研究国家重点实验室。

1989年

7—8月，赴美参加"第三次国际医用螯合剂会议"。受华盛顿大学的Rubin教授邀请作大会报告，报告后与会者对其合成的螯合剂种类和数量之多，极有兴趣，并作了高度评价。

7月12日，参加二巯丁二酸科研成果鉴定会。

1990年

4月，新药研究国家重点实验室通过专家组论证。

9月前，参加新药研究基金专家论证会。

10月，新药研究国家重点实验室被中科院批准对外开放，并被遴选为世界银行重点学科发展项目试点实验室。

10月,任中国科学院上海药物研究所新药开放实验室主任。

10月,解毒药"二巯丁二酸"(铅、汞等的口服解毒药)获中国科学院科技进步二等奖。获奖单位为中国科学院上海药物研究所和上海新亚药厂。

10月,获中科院科技进步二等奖。

11月24日,卫生部为二巯丁二酸原料药及二巯丁二酸胶囊分别颁发新药证书。

1991年

4月,参加新药研究国家重点实验室召开第一届学术委员会第一次会议。

7月,获政府特殊津贴。

8月18日—9月9日,赴美国、加拿大进行"试点实验室前期管理工作考察"。

8月,"二巯基丁二酸"获上海市1991年度优秀发明选拔赛职务发明二等奖。

10月,"二巯丁二酸"获首届上海科学技术博览会金奖。

11月,"二巯基丁二酸"获国家科技进步二等奖。

"二巯基丁二酸"获国家发明协会颁发的第六届全国发明展览会奖,并载入我国出版的《中国的世界纪录》科技卷中。

11月,当选为中国科学院学部委员(院士)。

受美国NIH邀请,做"药物所肿瘤药物研究情况"的报告。

"二巯基丁二酸"经美国FDA批准上市,用于小儿铅中毒(这是美国首次仿制和使用中国发明的新药)。

1992年

6月18日,研究的国际首创的金属促排新药二巯基丁二酸(钠)在抢救郑州学生砒霜中毒中发挥了决定作用,788名中毒学生无一死亡。

6月25日,参加上海市化学化工学会召开的会员代表大会,被选为第五届理事会副理事长。

任中科院药物研究所第八届学术委员会委员。

1993 年

2 月，与药理组的陶正琴申请了"双酚酰胺丁酸对铀核素解毒促排作用的研究"国家自然科学基金，与陈文致负责化学合成工作。时间为 1994 年 1 月到 1996 年 12 月。

6—9 月，赴美国合作研究。

7 月 14 日，作为中国科学院院士和新药研究国家重点开放实验室的代表访问雅培制药公司（芝加哥）。期间，在诊断试剂研究和生产部门做了题为"Some new chelating agents for mental mobilization"的报告，在新药研究开发部门做了题为"Exploitation of medicinal plants an efficient way in drug discovery"的报告。

10 月，在北京举行的"International symosium on the development drugs from natural sources"大会上作报告，题目为"Exploitation of medicinal plants—an efficient way in drug developmnet"。

12 月，"表油菜素内酯"通过鉴定。

1994 年

3 月，与广东省江门市农药厂签订"表—油菜素内酯（简称表—BR）的合成技术"的转让合同。

6 月，参加在山东泰安举行的全军医院药学专业第三次中药制剂学术会议。

10 月 14 日，被卫生部授予 1994 年度吴阶平医学研究奖和保罗·杨森药学研究奖药化学科专业一等奖。

1995 年

6 月，新药研究国家重点实验室通过国家验收。

10 月，植物生长调节剂"表油菜素内酯"荣获第三届上海科学技术博览会金奖。

"表油菜素内酯"实现产值1000万元。

任中国化学会第24届（1995—1998年）理事。

法国、瑞士讲学并访问（学术交流）。

1996年

3月，派组里的科研人员严雪铭东渡日本三个月，进行螯合剂双酚胺酸研究。

4月，被上海市人民政府授予1995年度上海市劳动模范称号。

7月1日，在"双学""双争"活动中成绩突出，获中科院上海药物所委员会表彰。

8月8日，被上海化学化工学会授予荣誉理事。

9月，上海药物所被批准为《国家级科技成果重点推广计划》项目"表—油菜素内酯（天丰素）"的技术依托单位。

任上海市化学化工学会第六届（1996—2001年）顾问委员会副主任。

开始抗骨质疏松药物的研究。

1997年

1月27日，被中科院上海药物所评为1996年度所先进工作者。

2月，获中科院上海药物所帮困基金管理委员会荣誉证书。

8月，参加在广西举行的国家自然科学基金委员会化学部97年度项目评审会。

8月8—11日，参加在亚特兰大召开的美国作物生长调节学会（PGRSA）会议。

任中科院上海药物所第九届学术委员会委员。

获得中国科学院应用研究与发展重大项目资助"治疗老年骨质疏松药物的筛选模型"。

1998年

4月21日，向苏州市图书馆捐赠古籍图书，获苏州市图书馆颁发的荣誉证书。

5月,"表—油菜素内酯合成研究"获国家科技成果证书。

1999年

12月,获得徐光启科技荣誉奖章,是首届获此奖的75人之一。

参加清华大学1949届毕业生50周年纪念活动。

2000年

4月1—10日,到香港特别行政区参加创新中医药研讨会。

派组里的科研人员严雪铭东渡日本近一年,进行螯合剂双酚胺酸研究。

与江苏恒瑞合作开发抗骨质疏松药。

2001年

2月,派组里的科研人员严雪铭东渡日本近一年,进行螯合剂双酚胺酸研究。

秋季,作为上海药物所学位委员会主任,通过生动的事例,为新一届研究生讲述了在研究生学习期间遵守科研道德,培养"三严"学风的重要性。

8月26—27日,作为论证专家组组长,参加并主持了昆明植物所植物化学开放实验室提出申请建设"植物化学与西部植物资源国家重点实验室"的论证会。

10月16—19日,参加由中科院上海分院组织的赴绍兴考察调研活动。同行的院士还有中科院上海有机所黄维垣、戴立信、袁承业、陈庆云,上海药物所的池志强,上海硅酸盐所郭景坤,上海技物所薛永祺,上海同济大学孙钧。

任上海市化学化工学会第七届(2001—2006年)顾问委员会主任。

任中科院上海药物所学术委员会顾问。

2002 年

1月3号，获上海市教育委员会颁发高等学校教师资格。

2月，参加在南京举行的"院士论坛"会。

10月，参加由中科院上海分院组织去天皇药业天台山铁皮石斛栽培基地的科学考察。

10月25日，作为评审专家，参加在上海有机所召开的，由中国科学院高技术研究与发展局组织的"关于引进细胞凋亡的化学基因学研究的'海外知名学者'团队论证会"。

2003 年

6月18日，参加由福建省政府、中国科学院等五家单位主办的第四届"中国·福建项目成果交易会"，参与中科院上海药物研究所与福建汉堂生物制药股份有限公司的雷公藤新药联合开发项目，总投资1.2亿元。

11月，参加由昆明植物所、上海药物所、联合国教科文组织、云南省计委和昆明市科技协共同举办的"第十一届亚洲药用植物、香料及其它天然产物学术大会"。

2004 年

4月19日，参加上海药物所为自己举办的八十寿诞活动。

6月，在北京大会堂获中国科学技术发展基金会药学发展基金委员会和中国药学会颁发的"2003年度中国药学发展奖药物化学奖"。

7月，学生杨春皓博士毕业，开始逐渐接收他课题组的工作。

2005 年

1月5日，"一种双膦酸衍生物及其制备方法和应用"获国家知识产权局颁发发明专利证书，发明人：谢雨礼、李全、谢毓元、严雪铭、秦欣荣。

7月18—20日，在中国科学院上海药物所2005年学术年会上，获"中国科学院上海药物研究所终身成就奖"。

2006 年

4月7日下午，出席上海市欧美同学会举办的"自主创新发展，引领上海未来"的两院院士座谈会。

5月24日，"1-羟基-1，1-双磷酸类化合物的合成方法"获国家知识产权局颁发发明专利证书，发明人：谢雨礼、朱勤、谢毓元、秦欣荣。

6月，参加在北京举行的中国科学院第十三次院士大会。

11月23日，出席受上海药物所之邀，来访的著名药理学家、中国工程院院士秦伯益的报告会。

2007 年

6月21号，作为泉州生物医药产业专家顾问团顾问之一，参加福建省生物医药产业产学研（永春）现场会，并在会上作报告。

5月16日，"苯并噻吩[3，2-b]吲哚类衍生物、制备方法和用途"获国家知识产权局颁发发明专利证书，发明人：吉庆刚、王军波、杨春浩、吴希罕、王明伟、谢毓元。

7月4日上午，与陈凯先院士共同为上海药物所展示馆揭牌，并代表老一代科学家发表了热情洋溢的讲话。

7月11日，"骨重吸收抑制剂阿伦膦酸及生理可接受的盐和它的制备"获国家知识产权局颁发发明专利证书，发明人：徐光宇、谢毓元。

9月11日，"一种含苯酚的双磷酸衍生物、其制备方法和用途"获国家知识产权局颁发发明专利证书，发明人：丁华盛、严雪铭、吴希罕、谢毓元。

9月26日，"骨靶向药物、合成方法及用途"获国家知识产权局颁发发明专利证书，发明人：王军波、杨春皓、严雪铭、吴希罕、谢毓元。

2008 年

2月25日，"10种云南药用植物活性成分的研究"获云南省科学技术奖励中的自然科学类二等奖。

2月20日，"N-[4（R）-（1，3-二噁烷基）甲基]苯胺、制备方法和用途"获国家知识产权局颁发发明专利证书，发明人：徐光宇、吴希罕、谢毓元。

2月27日，"一类茚并吲哚酮类化合物、其制备方法和用途"获国家知识产权局颁发发明专利证书，发明人：王军波、严雪铭、王明伟、吴希罕、谢毓元。

3月，带队到浙江台州台海医药园区与40多家医药企业开展交流合作活动。

5月10日，被中科院研究生院授予"杰出贡献教师"荣誉称号。

5月10日，被中科院授予资深院士证书。

9月19—20日，参加在福建三明的泰宁召开的第五届全国雷公藤学术会议。

11月，参加中科院上海分院组织的院士赴嘉兴中心考察活动。

2009年

1月14日，妻子叶德华因脑血栓去世。

2月16日，参加上海药物所在太原路召开的二巯丁二酸钠注射液、二巯丁二酸胶囊的情况调研座谈会。

4月26日，参加清华大学49届毕业生60周年纪念活动。

6月27日，参加在合肥天鹅湖酒店召开的我国第一个拥有自主知识产权的氟喹诺酮类抗生素——盐酸安妥沙星的上市会。

8月，参与南京首批建设的省级企业院士工作站——南京长澳医药科技有限公司企业院士工作站。

参与扬子江药业集团南京海陵药业有限公司的企业院士工作站。

10月15日下午，在上海市科学会堂参加"院士专家华谊行"圆桌会议。

11月27日，在"口服二巯丁二酸解铜中毒的作用及其临床应用"项目中，获上海市科学技术奖三等奖。

11月30日，日本国立放射医学综合研究所福田俊博士和大町康博士访问上海药物研究所。双方就如何进一步加强放射性核素促排药物研究进行了广泛的交流。

2010 年

4月28日，"一类 α-亚甲基-γ-丁内酯化合物、其制备方法及应用"获国家知识产权局颁发发明专利证书，发明人：丁华胜、张超、吴希罕、杨春皓、章雄文、丁健、谢毓元。

6月17—8日，参加华东理工大学研究生院组织召开的新增学位授权点专家评审会，并担任理工农医类学位授权点专家评审组组长。

7月28日，"一类苯并噻吩类化合物及制备和它的医药用途"获国家知识产权局颁发发明专利证书，发明人：杨春皓、李佳、王明伟、谢毓元。

派组里的科研人员严雪铭东渡日本，进行螯合剂双酚胺酸研究。

2011 年

1月19日下午，参加上海药物所举办的2011年新春团拜会，并作为老科学家代表发言。

3月，日本福岛发生9级大地震，面临核泄漏危急。遂进行大批量双酚胺酸的合成，整理相关研发资料向国家食品药品监督管理局申请双酚胺酸临床批文，拟在我国发生大面积核素辐射时，在抢救被辐射者的过程中同时进行临床试验；协调有关药厂，进行双酚胺酸生产储备。

7月1日，参加在中科院上海药物所承觐厅召开的中国共产党成立90周年庆祝大会。

11月18日，作为受邀嘉宾，参加在上海有机所举行的我国著名的有机化学家、氟化学家黄维垣院士九十华诞庆贺会暨学术报告会。

2012 年

4月27日，参加在焦作大学南校区举行的河南省四大怀药院士工作站揭牌仪式，并被焦作大学特聘加入四大怀药的科研项目。

9月20日，参加在上海东方艺术中心举行的中科院上海药物所80周年所庆活动，作为目前入药物所资历最老的科研人员，做三分钟发言。

附录二　谢毓元主要论著目录

[1] 谢毓元，章辛，杨行忠，嵇汝运. 血吸虫病化学治疗的研究（Ⅱ）几种巯基羧酸的锑衍生物. 化学学报，1956，22（2）：105-111.

[2] 谢毓元，朱应麒，黄知恒，杨行忠，周启霆，嵇汝运. 血吸虫病化学治疗的研究（Ⅳ）二巯基丙醇的芳基醚及锑硫醇盐. 化学学报，1957，23（6）：447-454.

[3] СЕ ЮЙ-ЮАНЬ. ИЗУЧЕНИЕ ПУТЕЙ СИНТЕЗА ДЕДИМЕТИЛАМИНОДЕЗОКСО-ТЕТРАЦИКЛИНОВ（副博士论文），1961.

[4] 谢毓元，陈芝雅. 灰黄霉素的化学合成. 全国第三次抗菌素会议论文集Ⅱ，1965，306.

[5] Hsieh Yu-yuan, Chen Wen-zhi, Gao Yi-shen. Studiesonthealkaloidsof EmbryoLoti, NelemboNuciferaGaertn. Ⅲ. Absoluteconfiguration of Liensinine. Scientia Sinica, 1964, 13（12）：2018-2019.

[6] Hsieh Yu-yuan, Pan Bai-chuan, Chen Wen-zhi. Gao Yi-shen. Studies on the alkaloids of Embryo Loti, Nelembo Nucifera Gaertn. Ⅳ. Total synthesis of Liensinine. Scientia Sinica, 1964, 13（12）：2020-2025.

[7] 华家柽，周亦昌，谢毓元. 农抗101有效成分的分离和鉴定. 全国抗菌素学术会议论文集，第四册，1965，37.

［8］吴淑云, 郑之新, 谢毓元, 蔡润生. 抗菌素 C-4826 的理化性质及对实验肿瘤的作用. 全国抗菌素学术会议论文集, 第一册, 1965, 36.

［9］徐任生, 文广玲, 江树发, 王长根, 蒋福祥, 谢毓元, 高怡生. 甘草查耳酮的分离、结构及全合成. 化学学报, 1979, 37（4）: 289-297.

［10］谢毓元, 罗梅初. S-186 对放射性锶的促排作用和毒性研究. 科学通报, 1981, 26（14）: 896.

［11］颜庆瑜, 蒋凝, 邹正国, 谢毓元. N, N-双羧甲基氨基乙酰蛋氨酸的合成及其与 In（Ⅲ）的螯合行为. 化学学报, 1983, 41（6）: 519.

［12］胡玉麟, 谢毓元. 肝胆道显像剂研究: N-（取代苯胺甲酰甲基）亚氨二乙酸类化合物的合成. 药学学报, 1983, 18（9）, 678-683.

［13］陈文致, 谢毓元. 铀促排药物研究: 两种新型膦酸类螯合剂的合成. 药学学报, 1984, 19（11）: 865.

［14］邹正国, 谢毓元. 几种有肿瘤定位作用的 N-取代亚氨基二乙酸衍生物的合成. 药学学报, 1984, 19（8）, 630-632.

［15］徐美忠, 谢毓元. 铀促排药物研究Ⅱ. 邻苯二酚类胺羧酰胺螯合剂的合成. 药学学报, 1986, 21（2）: 148.

［16］S. Fukuda, Y. Y. Hsieh, W. Z. Chen. Toxicological study of DTPA as a drug Ⅴ. Toxicities of Ca-DTPA, Ca-EDTA and CBMIDA after intravenous injection in beagle dogs. Hoken Butsuri, 1990, 25: 115-119.

［17］S. Fukuda, H. Iida, Y. Y. Hsieh, W. Z. Chen. Toxicological study of DTPA as a drug Ⅵ. Effects of intravenously injected Ca-DTPA, Ca-EDTA, CBMIDA and orally administered Zn-DTPA to bone metabolism in beagle dogs. Hoken Butsuri, 1991, 26: 101-107.

［18］张席妮, 谢毓元. 棉酚类似物合成研究Ⅰ. 两种结构简化类似物的合成. 中国药物化学杂志, 1991, 1（1）: 7-11.

［19］徐美忠, 谢毓元. 抗肿瘤药物 2,3-二乙酰氧基-1,4-双（3',5'-二酮-N^4'-取代苯基哌嗪甲基）苯的合成研究. 中国药物化学杂志, 1993, 2（3）: 27-32.

［20］杨亚惠, 耿淳, 谢毓元. 积二膦酸盐（EHDP）的研制和治疗 32 例

老年性骨质疏松症. 安徽医科大学学报, 1994, 29 (3): 212-213.

[21] S. Fukuda, H. Iida, Y. Hsieh, W. Chen. Effects of CBMIDA and Zn-DTPA in drinking water on removal of plutonium in rats. J. Health Physics, 1995, 30: 117-120.

[22] Chunhao Yang, * Guangyu Xu, Jia Li, Xihan Wu, Bo Liu, Xueming Yan, Mingwei Wang, *Yuyuan Xie . Benzothiophenes containing a piperazine side chain as selective ligands for the estrogen receptor α and their bioactivities in vivo. Bioorg. Med. Chem. Lett. 2005, 15 (5): 1505-1507.

附 记

父亲，我人生道路上最好的导师

谢家叶

我于1955年在上海出生，是家中长子。1985年去美国学习，在美国纽约市立大学获得言语与听觉理科硕士学位及语言学博士学位。现在美国纽约从事儿童语言与听觉障碍早期诊断与治疗工作，是开业的双语语言听觉病理专家。出国前，1982年在复旦大学语言文学研究所获文学硕士后留校任教至出国。

父亲和我以及我们全家的发展与中国现代60多年的历史发展紧密相连。中国的现代发展提供了父亲和我个人成长和发展的机遇，但个人的成长如何能楔入国家的历史发展，从而为社会发展做出贡献，这个方面父母亲的言传身教对我有重要的影响。这种影响可以概括成勤勤恳恳、脚踏实地的工作态度；孜孜不倦的好学精神以及放眼世界的开阔视野。

自儿时起，父亲给我的印象就是每一天都在努力工作，很少休息。星期日也常常带着我去实验室工作（那时是六天工作制），大多时，父亲在实验室工作，我在室外的绿地玩耍。有时我在一旁看着他在许多形状各异的玻璃瓶中鼓捣着各种液体，散发出一些刺鼻的味道。实验室里很少有人，每次父亲总要工作到很晚才带我回家吃饭。父亲常说"加倍的努力才能获得优异的成就。"自我工作之后，无论在国内还是美国，都很少休息。在纽约，只要病人有约，即使在周末，我也工作。这样不但在行业中建立了口碑，也为我带来较高的收入。我还担任了由旅美学人组成的科技协会会长，努力为促进美中科技文化交流及旅美学人回国创业工作，做了一些贡献，多次受到中国领导人的接见。这努力奋斗的工作方式是从小在父亲影响下养成的。

同代人中，我被认为是知识较广博的，在报纸杂志上发表过科技、文化各方面的文章，也是旅美学人杂志《海风》的主编和主笔。我酷爱中华文化、博览群书亦是家教的影响。父亲是一位科学家，但他对中国历史和文学都耳熟能详，随口道来，有很好的古文功底，能写对仗工整的双联。幼时，就常听他讲《资治通鉴》和中国历史上的文史典故、名臣名将的故事。我到七八岁时，父亲就从苏州老宅拿来许多线装书给我读，记得我读的第一套是《封神榜》，以后又有《东周列国志》、《三国演义》、《隋唐演义》、《水浒》，等等，正是这些书籍开启了我对中华文学历史的爱好。父亲晚上通常不是写东西、就是看书查资料。跟随着他，我也养成了夜读的习惯。父亲爱读书亦喜欢买书，家中藏书甚丰，我只要能看得懂的都会涉猎，知识随着岁月增长。"文化大革命"中，除了革命书籍，基本上没有知识性的出版物。但"文化大革命"后期，内部翻译出版了一些供知识分子参考的国外书籍，父亲去北京开会时，一下购买了几十本，这对我在成长阶段认识世界和世界的发展有重要的影响，在观察和分析问题时，能够跳出当时的框框限制而自由地思考。

父亲还常对我谈起外语的重要，他说他工作上的成就是和他能快速阅读数种外文资料，借鉴外国的先进技术分不开的。记得他可以熟练使用英、俄、德数种外语，后来40多岁时又开始学习日语，常在家中念念有词，很快，他又能阅读日文资料了。我八九岁时，父母就鼓励我开始学习英语。父亲说学会了英语，对你将来工作和认识世界非常有用，即使在"文化大革命"中，父母也没有停止督促我学习英语。但我因少不更事，三天打鱼，两天晒网，不甚努力。即便如此，我的英语还是比大多同龄人好一些。所以，中学毕业时，适逢上海开始招收外语专业学生，我抓住了机会通过推荐和面试，进入上海外语学院（现在的上海外国语大学）英语系培训班，踏出了人生历程的第一步。在"文化大革命"时期，这是很幸运的学习机会。

父亲一辈子献身科学，自然很希望我能走上科学的道路，继承他的事业。但他从来都没有干涉我选择学业，也并没有一定要我成名成家，只是要求我做一个对国家对人民有用的人即可。"文化大革命"后，1977年恢复高考，这对所有青年都是一次机会，我虽然并非工农兵学员，但因在"文化大革命"中读书大部分时间是要劳动的，学习不够完整，所以最终发给的是大专文凭。于是很多同学又回炉读大学，父母希望我能就此开始理科道路，当时我已留在上外任教，喜欢语言文学甚于理工，我还特别不喜爱化学，于是就选择了考复旦的研究生。父亲虽然坚持"学好数理化，走遍天下都不怕"，却还是支持了我走自己选择的道路。出国定居后，年过30，我最后还是重拾理科，走上医科之路。但一路走来，感觉人生非常充实。既感谢父亲的支持，也应了父亲常说的"不为良相，宁为良医"。所以现在我也并不强求我的两个孩子学某个专业，只在大方向上顾问。大儿子刚大学毕业学的是信息系统与司法，准备读研究生，但尚未确定将来要做什么。小儿子才12岁，却说要做海洋生物学家（marine biologist），成日折腾水生物，家里养了许多海水鱼、淡水鱼和两栖小动物。我尽量支持他们的爱好，希望他们能按自己的爱好成长。

父亲虽然总是以事业为重、以学习为重，也可称为英语所谓的workaholic（工作狂），但他也是一个充满生活情趣的人。闲暇时常和我下棋打牌，输赢和工作一样较真。还有他很喜欢体育，喜欢看球和与我谈论体育比赛，各种比赛都爱看、爱侃，直到现在我们还常聊球赛，对美国职业篮球他了如指掌。父亲乒乓球打得很好，独特直拍握法，反攻正挡，球路怪异，在药物所联赛上能进前三名，我唯有乒乓从未赢过他。受父亲影响，我从小喜爱体育和下棋。无论象棋、围棋和西洋象棋，我都可算是业余好手。至于体育，在学校时，我曾是上海高校男篮的一员名将。所有这些不仅为我们生活增添了许多乐趣，也锻炼了身体，可以更好地工作。生活中，父亲好饮酒，喜美食。印象中，每次父亲去外地出差总会带回各种当地美食，最多的自然是老家苏州的各种酱味和糕点小吃。大概是幼时受苏州"陆稿荐"酱肉的影响，父亲至今年近90仍嗜吃肥肉。有条件时，他也常带全家外出上馆子品尝美食。记得那时经常去的有红房子西餐厅和淮海路上的一家美心酒家，那时候还有一些老一辈的师傅，做出的菜肴非常精致美味。父亲在美心酒家喜欢点"蚝油牛肉"，现在我走遍了世界，再也没有看到那种刀功和味道，我为能在记忆中收藏那美味而倍感幸运。假期时，他带我们旅游，领略苏杭山水、京城风光，大大开阔了我的眼界，也在我的记忆中留下许多美好的回忆。比如，60年代初，在杭州虎跑饮茶，那虎跑泉水满而不溢，甚为神奇，加上龙井茶叶，清香甘洌，两角钱一杯，无论贫富均饮得，其乐融融，妙趣横生。

我的人生道路上，父亲是我最好的导师。在他的引领下，我展开了事业成功、情趣多样的生活。奔走于中美，寄情于世界。在父亲年近90之际，叙述父亲的成就，回顾自己的成长过程，我更感到一个人在追求事业发展的同时，应兼顾各方面的修养，才能使幸福指数更高。

综观几千年的中国历史，以苏州为中心的吴越大地曾产生了许许多多杰出的知识分子，他们有"修身、齐家、治国、平天下"的情怀和抱负，亦有"漫卷诗书喜欲狂"的诗词书画情趣，还有"桃花流水鳜鱼肥"的闲适雅致，我认为从我祖父到父亲都受吴门文人情怀的影响。苏州老宅中的丰富藏书包括二十四史后来都捐赠给了苏州图书馆，但我至今仍然保留着祖父谢镜第（字蓉初）与吴门文人们的诗书酬答。现在我美国家中大门两边就是一副祖父喜爱的对联，"亭当流水群山外，人在春风化日间"，为徐世昌所赠。中西人士见之无不称道，我把吴门之风带到了美国。

最后吟一小诗，代为结束语："风雨飞叶云天外，总是吴门故土载。海天万里梦不断，长念高堂东方白。"

后 记

感谢父亲成长资料写作组给我机会写出父亲学术成就之外的生活和情趣,将他的生活比较完整地呈现给读者。提高精神文化层面的修养,发展多维的情趣,能在科学探索中不断活跃思维,触类旁通,提高创新能力。这是本文要向读者展示的一种体会和道理。

写作组李明辉女士提出写作主题并多次提出修改意见,在此表示衷心感谢。

2013 年 2 月 1 日

于美国纽约华元斋

女儿眼中的父亲

叶家苏

我是父母的小女儿,出生于 1957 年,一直工作生活在上海,与父母生活在一起的时间较多。这里撷取一些生活的片段,从一个侧面体现父亲对工作、对家人、对生活的追求和热爱。

我眼中的父亲很严肃,但不乏对孩子的慈爱。

童年,少年时觉得父亲很严肃,总是埋头在写字台前看书或思考,这种时候我不太敢靠近(父亲话不多,我笑称他在家就两张椅子,除了吃饭的椅子,就是写字台前的椅子,后来有了电视机才变成了三张椅子)。但是有两种情形我可以享受到与父亲在一起的欢乐。

一是生病。小时候我常生病,生病就不去上学,父亲为了安慰我,会乘中午回家吃饭之际给我讲故事,水浒 108 将,三国演义诸葛亮他讲的栩栩如生,绘声绘色,我听得入迷时往往又戛然终止,上班时间到。所以我真希望每天都生病可以听故事。这些故事当时是属封资修的,要批判的。

在外面没处听，没处看，没处学，只有父亲可以跟我讲。

二是星期天。每个周日休息天的早晨，父亲总要去实验室加班做实验，为了减轻妈妈的负担，就把我和哥哥一起带去实验室。在路上，我可以坐在父亲那辆全身都响只有铃不响的"老坦克"（自行车）的横杠上叽叽喳喳与父亲说个不停，尽情享受着父爱怀抱的温暖，而哥哥只能跟着跑，因为那辆车没有后座。只是家离实验室距离较短，一进入实验室，父亲就投入到他瓶瓶罐罐的工作，无暇理我。我就在院子里与哥哥玩，像只放飞的小鸟，直至父亲叫我回家。这样的好日子，我童年对周末的期盼，随着"文化大革命"烽火燃起而破灭。

"文化大革命"初有一段时间父亲突然被"关牛棚"不许回家，周围别有用心的人散布说父亲是"叛徒，特务，坏分子"。我在外面受到欺负，回家问妈妈为什么，母亲一边安慰我，又非常担心父亲的处境，让我去"探营"。我怀着满腹委屈和希望，一路上想着只要找到爸爸什么问题都可以解决了。可是当我踏进抗菌素室院子的大门就感到一片萧条，进入大楼更觉阴森森地空无一人，每间房门都关着。我大声叫着爸爸，没人应允，我害怕，更大声叫，又过了一会儿，终于走出一个我认识的阿姨。她环顾一下四周，急急地说："你怎么来了？"我说："我来找爸爸，为什么不让爸爸回家？"她无奈，悄悄地对我说："你爸爸没事，你不要来了，快点回去，快点回去。"不几天爸爸真的回来了，我高兴地扑上去，不料爸爸说："我是偷偷回来的，我是特意来告诉你们，爸爸是好人，绝对没有做对不起国家对不起人民对不起你们的事，不要听外人说什么，要相信爸爸。"说完转身就投入黑暗的夜幕中。父亲怕我们小不懂事，会出问题，冒着风险（现在人可能难以理解，但那时要是被发现将会招来更严厉的批斗）回来说的这几句话，在当时恐怖的日子里是最好的安慰，让我记了一辈子。在他内心深处时刻藏着对家人深深的爱。

父亲爱护家人，于无声处体现在点点滴滴，他喜欢美食，可是体谅我繁忙的工作之余还要照料家务，所以从不抱怨饭菜的好坏；晚年母亲身染沉疴，生活不能自理，父亲虽不谙家务，却尽量帮我分担照顾母亲，每天一下班就陪着母亲。病中的人往往脾气不好，父亲总是耐心地陪伴，尽力满足她的一切要求。

　　父亲是我的百科全书，除了我的专业之外，无论天文地理、历史外语，只要我有问题，第一想到的就是向父亲求证。在工作中遇到挫折，父亲会以最简单的人生哲理宽慰我，不要计较眼前得失，向前看。父亲就是这样以他自己的方式默默地关心，支持着我走向事业的高峰。

　　我眼中的父亲，勤勤恳恳，只求奉献，不追逐名利，为人低调。

　　他曾担任药物所粉碎"四人帮"后第一任所长，清楚这是承上启下的一任，那段时间他非常忙碌，为了弥补失去的科研时间，他争分夺秒加紧实验；为了恢复"文化大革命"给秩序带来的混乱，他积极落实政策，尽力解决众多科研人员的科研人员的困难，即使是"文化大革命"中犯过错误，他不计前嫌；对休息天来访的倾诉，他热情接待；当时"僧多粥少"他尽量公平公正分轻重缓急。绝不利用手中的权力，以权谋私。为解决科研经费短缺，他积极开拓与国外的合作。与外商合作，他亲自谈判，虽然他未在英语国家留过学，但他的英语水平、专业水平使谈判对象折服。却不知这背后他付出了多少心血，他常常跟我说谈判要充分准备，精力要非常集中，不然会中"招"。他对外开放的超前意识，不仅为科研合作打开了大门，培养了人才，也为药物所的发展打下了坚实的经济基础。

　　父亲在科研工作中硕果累累，却从不主动提及。我只看他忙忙碌碌，而他的辉煌成就、业绩我都是从报纸和杂志上以及一些院士风采录中看到而不是从他那里听到。在他听到被当选为中科院院士时，也只是微微一笑而过，他只是把它当做国家对其工作的最高肯定，而不是作为炫耀的资本，所长卸任后又为药物所开放实验室的建设殚精竭虑。他奋斗在科研第一线，70多岁时还接过别人的"半路"课题，并出色完成任务得到国家科技进步三等奖，父亲一生为新药的开发竭尽全力。

　　年轻时总是仰视父亲的高大，无论是身材、学识、处事。耄耋之年后，父亲逐渐将课题主要工作交给年轻的接班人，当工作压力卸下来的时候我发现他原来是个和蔼可亲的老头。父亲兴趣广泛，喜欢听京戏、看体育比赛、打牌；有一段时间经常参加科技节组织的桥牌比赛，虽然没得过冠军，但一直徘徊在二、三名，每次都捧着一些毛巾、杯子之类的"战利品"乐呵呵地回来；对 NBA 更是了如指掌，哪支球队状态，哪个教练执教，哪个球员被交换都是他茶余饭后津津乐道的话题。他能记得大部分稍有名气的国手名字，无论是哪个项目的。至今，只要我简单描述国手的特征属于哪个地方，他就能准确地报出他／她的名字。90 岁的高龄能有如此记忆力让我惊叹。

父亲不善交际但很重情义，每年春节有些老同事，学生来看他，他总是亲自早早准备好茶点，正襟危坐，等待他们的到来。在此我要特别感谢父亲的那些老朋友，这存续了半个多世纪的友情，无论是上门问候还是国内外的电话问候都会温暖一颗老人的心。谢谢叔叔阿姨们，谢谢接过父亲担子仍然前进在科研探索征程上的同事，学生们。

我还要借此机会感谢撰写此书的工作小组，为了民族的传承，为了正能量的传递，为了尊重事实，尊重历史，他们不辞辛苦，考证每一个细节，落实每一项资料，力求真实，付出了艰辛和努力。谢谢。

叶家苏
2013 年 3 月 15 日

谢雨礼撰文[①]

谢毓元院士采集小组：

你们好！我是谢毓元院士 1996 届博士生。很高兴在这里分享我与谢先生共处的点滴。在先生 90 大寿到来之际，借此也向先生祝寿，并感谢采集小组的辛勤工作，为我们的恩师记录学术成长的历程，这必将成为激励我等后进从事科学研究和新药开发的动力。

从名字来看，我和谢先生同姓并有一字发音相同，很多人误认我们是亲戚。虽然不是亲戚，但缘分更大，后来我们成为胜过亲戚的师生。我 1996 年

---

① 谢雨礼：1998—2001 年在谢毓元课题组攻读博士学位，现在药明康德任项目管理总监。

南开大学化学系毕业后，报考了中科院上海药物所的研究生，考试成绩为第一名，但由于我没有及时联系导师，以致研究生部迟迟没有录取我。谢先生当时是所学位评定委员会主席主管研究生招生，对于我的录取他还对研究生部的老师说了一段话，大意是第一名不能不要，哪有这个道理，别人不要，那就给我吧。后来才知道当时谢先生已经招了两名博士（朱勤和孔德源博士），本不想多招的。刚开始，我是跟谢先生组里的徐美忠老师学习的，我入学不久徐老师就去美国定居了，因此在我博士五年期间基本是老先生一手指导的。

第一次见先生，给我的印象是非常平易近人，毫不起眼，和一个刚毕业大学生所想象的院士有很大差异。不久即发现先生中午休息时还爱打一会儿80分，常与同事们争得面红耳赤，让人彻底忘记了这是一位为我国新药发展做出了杰出贡献的德高望重的科学家。然而谈到工作，先生又是判若两人，思维非常敏捷，知识面极宽，态度严谨，要求严格。最有意思的是，老先生常年笔记本不离身，有空就去图书馆查阅文献，并记录下摘要。我在他身边的五年多，没见间断过。现在条件好了，文献都是在线查阅。那时查阅文献要去闷热的书架旁一本一本地翻阅，既是脑力活，对于一个上了年纪的老人更是体力活。我查阅文献的技巧，就是先生在图书馆，书架旁手把手教会的，虽然现在有了 Scifinder 等数据库，具体技巧用不上了，但我从此养成了阅读文献的习惯，受益终身。而一起蹲图书馆培养的师生情谊更是无价。现在常听说院士们，大教授们太忙，学生太多，以至都不能认全。对比老先生培养学生的风格和态度，让人感叹。

我的博士课题是设计和合成抗骨质疏松的小分子药物。这个课题是谢先生在几十年研究医用螯合剂的基础上提出来的。谢先生课题组在80年代致力于研究开发放射性元素的促排药物。核潜艇上官兵和其他核设施工作人员由于长期接触放射性元素，容易累积中毒，需要促排药物解毒。谢先生课题组开发了一系列高效邻苯二酚类促排螯合剂，为我国军工和核电事业的发展做出贡献。日本由于核电发达，对放射性元素的促排药物需求较大。谢先生的研究成果在国际会议上报道后，引起国际同行特别是日本科学家的极大关注。日本国立核研究所的福田教授与谢先生课题组合作，对谢先生开发的邻苯二酚类促排螯合剂进行了深入研究。非常有意思的是，福田教授在狗上进行长期毒性研究时，发现这类化合物不但对骨头有很高的亲合性，还可以促进骨头的生长，因此可能用来治疗骨质疏松。当前的骨质疏松治疗药物一般是通过抑制骨质流失来起作用的，比如双磷酸和雌激素等。而这类药物副作用较大，缺点明显，如果有药物能促进骨形成，无疑会成为一类新型的抗骨质疏松药物。而谢先生想得更远，他提出将邻苯二酚类促排螯合剂结构和双磷酸，雌激素等结合起来，开发出一类既能促进骨形成又能抑制骨流失的双功能药物，从而提高疗效，降低副作用。基于这一设想，我和师兄朱勤博士设计合成了一系列新化合物。有的化合物在体外展示了双功能作用，并有效提高骨质疏松动物的骨密度和弹性，为开发全新抗骨质疏松药物打下了坚实的基础。非常巧合的是，多年后，我在美国哥伦比亚大学学习工作时，哥大的 Gerard 教授发现了调节骨头生长的重要机制，成果发表在顶尖杂志 Cell 2008，135（5），825-837 和 Nature Medicine 2010，16（3），308-312。Gerard 教授发现神经递质 5-羟基色胺可以调节骨形成，5-羟基色胺合成酶抑制剂可以促进骨形成。而另一神经递质多巴胺则可以抑制 5-羟基色胺合成酶，从而间接调节骨形成。我注意到多巴胺也是邻苯二酚结构，和我们促进骨形成的促排螯合剂结构类似，我们的化合物是否也是通过抑制 5-羟基色胺合成酶来促进骨形成的呢？想到这里，我给 Gerard 教授写信了，并得到他的支持，通过他博士后的研究，我的设想得到了证实。为此，Gerard 教授将我的名字加到了原始发明专利上了（WO2009123978）。这也从分子机制上证实了谢先生设想的正确性，虽然当时没有具体的作用机制研究指导，这就是一个伟大科学家的感觉。

想起来，还有很多有关先生的轶事，篇幅有限，就不多说了。总之，先生对我的影响是多方面的，不但教了我很多知识，更重要的是教了我做人的道理。我现在也工作在新药研发的第一线，慢慢也走上了管理岗位，工作繁忙，聆听教诲的时间少了，但偶尔会和朱勤师兄去陪先生打会儿 80 分。我们一干弟子一定要好好工作，好好做人，才对得起先生的教诲之情。

谢雨礼

2013 年 2 月 4 日

引路人与践行者——我与谢院士的机缘

朱 勤[①]

我是 1996 年中科院上海药物所谢毓元院士的博士生，也是中科院为数不多的走上创业之路的学生。更是师从谢老师收获最多的学生。

2000 年，在谢老师等老一辈医药科技人的悉心指导与影响下，从药物所实验室出发，带领一批有志于中国医药技术产业创业梦想的学子，经过 10 年的艰苦努力终于创立并探索出一种科技人创业、适合中国国情的医药技术高效转化的"华拓医药技术产业模式"。秉承"科技菁华，锐意开拓"（谢先生的题词），始终在导师的知识、睿智与人格激励下，我科技人践行着最初的承诺、开拓着光明事业、实现了共同的梦想。谢老师是引路人，我们是践行者。我们一代终生受益。

引路人

相识

我与谢老师最初的相识是 1990 年。国家医药局特聘谢老师、胥彬老师为顾问指导我们的药学和药理学方面的研究工作。我当时从 523 硕士毕业后有幸成为承担国家新药基金、1035 重点项目 CND-8901 的药学研究工作部分工作最年轻的负责人。

1990—2000 年当时国家整体新药研究的基础薄弱，加之自身除了一份责任和激情没有任何经验和经历。成药性研究最关键的原料药结构、结晶形态确认是在谢先生亲自指导完成的。所以，我博士论文之一：国家一类

[①] 朱勤：1996-2000 年，在谢毓元课题组硕博连读，也是从谢先生组里毕业后唯一一位创业的学生。现任华拓医药总经理。

新药甘氨双唑钠（CND-8901）研究部分，是论文的一部分。谢先生也是我真正选择专业、人生职业规划的引路人。

相知

由于前期工作中的相互了解，加之师兄李全的推荐，我于1996年夏来到谢先生实验室开始了博士学位。

当年的药物所与现在有着天壤之别。尽管周围已现都市的繁闹，而我们实验室却基本是六七十年代的陈设，谢老师的书房木地板白天经常会有老鼠出没。来到药物所的学生中90%以上都是为了通过这个国家平台，尤其院士的团队的出身，95%的概率能够得到国外最好的工作和待遇机会。当时同班的同学大多收入在300—500元人民币，有的还要用来承担家庭的费用（当时我一个月的车费有1000元）。社会当时的价值取向，技术、知识及科技人的地位构成了极大的反差。

自以学生的身份到谢老师身边后，从课题设计、实验讨论到的待人接物细节，我逐步被潜移默化，渐渐为先生的学识、睿智而又宽厚的中国科技人的品格所感染、感动从而感化了！

感恩、立志

1998年是我家庭事业的一个转折点。也是一个感情、人生道路选择最纠结的一段日子。

让我终生难忘的一件事和那一天：1998年6月12日。这一天是我35岁生日，中午接到科研处电话通知：晚上有一个聚会。记得是在枫林路一个不很起眼的餐厅。就座之后让我十分惊讶：谢先生、嵇先生、陈凯先所长、沈竟康所长、蒋华良及科研处长王黎明和药厂厂长全部就座。我真的记不得那天谈了什么、谁召集的、为什么。只记得我真的流了泪，默默的看了谢老师很久很久……真正下了决心。从那天开始（博士在读期间），在谢先生和所领导的信任和支持下，我们从新药研发产品入手，以药厂为载体，与杨玉社、吕伟、沈敬山、黄成刚等课题组横向联合，立足药物所开始了新药技术产品研发转化的探索之路。

谢先生是我国唯一一个被国外仿制新药——而二巯基丁酸的发明人之一。药物所学习、工作的5年，我感受到老一代科学家所承载过去积淀的厚重，背负责任的沉重，未来前途的渴望。没有一个国际化水准的研究体系，没有一批有理想、有能力、有激情的研究和转化团队，没有持续的研发投入，进而没有市场影响力的自主知识产权的新药，未来10年后中国医药将被迫退出国际医药竞争的舞台。我们作为中国医药国家队的科技人无论你在世界的哪里，什么位置都何以面对？

这就是对我们使命的重托！这里应该是我们出发的起点。从自身做起，从现在开始，用医药科技人自身的努力，从中国医药技术产业的创新创业入手，担负起中国医药突出重围走向世界的历史使命。责任重于泰山。时不我待！

收获

丰硕的成果

从1998年至今，上海康诺医药（1998—2000华拓医药前身）、华拓医药与药物所先后与药物所的5个课题组共同建立三个联合实验室，立项合作30多个新药技术、项目，获得20多个临床批件和10多个新药证书及多项专利授权。

其中国家一类新药甘氨双唑钠已于2002年作为全球首个肿瘤乏氧细胞增敏剂上市（获得国家发明二等奖）；与谢老师、杨玉社、沈敬山合作的"奥曲轻"转化后由南京长奥上市成为年销售5亿的品种；华拓医药委托吕伟专利工艺研究的"唯嘉能"于2005年上市，2012年列为目前国内心血管临床化学药物排名第一，单品种年销售超过10亿。与吕伟、丁健所长合作的国家一类新药NCP4得到国家新药十二五重大专项资助完成临床前研究，申报临床。

完善的技术转化团队、平台

为了解决机制问题和探索更符合国情与市场需求的技术转化模式，从2000年我离开药物所，与投资人共同成立了华拓医药。谢老师亲笔题词"科技菁华，锐意开拓"。以王黎明、潘俊芳、曾佳烽、黄金文、王嘉等8位药物所的学子、老师相继加入，并构成我们主要技术创新管理团队。

2001年引进国内最大的风险投资资本，2005年产品上市开始了高速发展阶段年均增长超过50%。到2012年，员工近500人；股本从500万元增加到14500元，净资产22262万元；收入32267万元；净利润5035万元。每年的研发投入在2000多万元。

目前公司已拥有三个全资子公司：

上海和臣医药工程有限公司——与药物所多项合作的技术转化平台

启东华拓药业有限公司——原料药、固体化学技术中试、生产基地

哈尔滨莱博通药业有限公司——多功能、多剂型中试、肿瘤原料药生产基地

一个控股子公司：

海南华拓天涯制药有限公司——液体、半固体制剂中试、生产基地

华拓医药的成功是中国集成人才技术、集约配置产业、高效市场转化的全新模式，也是本土科技人白手起家，立足院所产学研结合、创新创业的经典案例。

华拓医药创立和发展的全程中谢老师一直是我们的精神支柱、药物所始终为我们的强大后盾。每一步都倾注着谢先生和其他老师领导的关爱和帮助。

悟出了道

从1990年与谢老师相识是缘分。人生有很多事是一定要在你经历了许多得失之后才会真正感悟的。教书、育人。要做事先做人。

自从与老师相知以后，我的心态一下变得坦然了，坦荡了。无论多难亦或多大名利迎面而来，我总能感到有一丝淡定超然的微笑在前面。从2011年下半年开始，我调整了自己，不做CEO了。与谢老师约定每周通一次电话，每月见一次面。多一点时间给老师、朋友及抚育我们的药物所和实验室。该多用心来回报她们了！

2013年2月10日

参考文献

[1] 祝久红，秦宗良．免疫学家谢毓晋［M］．武汉：湖北人民出版社，2006.

[2] 苏全有．清末邮传部研究［M］．北京：中华书局，2005.

[3] 苏州市原吴县县立五所高等小学校百年校庆联合委员会主编．一百年前的小学校（苏州市原吴县县立五所高等小学校史）.2006.

[4] 陈敏．儒雅集（大儒蒉葭中心小学百年校庆纪念册）.2006.

[5] 胡铁军．百年苏中卷一．三元春秋［M］．苏州：苏州大学出版社，2005.

[6] 金德门．苏州中学校史 1035—1949［M］．苏州：苏州大学出版社，2011.

[7] 苏州地方志［EB/OL］．http://www.dfzb.suzhou.gov.cn/index.htm.

[8] 徐刚毅．苏州旧街巷图录［M］．苏州：广陵书社，2005.

[9] 王稼句．苏州旧梦［M］．苏州：苏州大学出版社，2001.

[10] 胡铁军．百年苏中卷二．碧霞春雨［M］．苏州：苏州大学出版社，2007.

[11]《中国名校优良传统丛书》编委会编．往事寻踪（苏州中学优良传统史料汇编）［M］．北京：中国大百科全书出版社，2008.

[12] 周建屏，王国平，王卓君，朱秀林．苏州大学校史研究文选［M］．苏州：苏州大学出版社，2008.

[13] 王国平．东吴大学简史［M］．苏州：苏州大学出版社，2009.

[14] 陈洪鹗．中国工程地震学的开创者——谢毓寿［EB/OL］．中国地震局地球物理研究所网站．

［15］王德滋. 南京大学百年史［M］. 南京：南京大学出版社，2002.

［16］易地与易长［N/OL］. 东南大学校报电子版第1186期. 2012年5月10日第八版. http：//seu.cuepa.cn/show_more.php?doc_id=617487.

［17］《南大百年实录》编辑组. 南大百年实录（中卷，金陵大学史料选）［M］. 南京：南京大学出版社，2002.

［18］清华大学化学系80周年系庆领导小组. 清华大学化学系80系庆纪念册（内部资料）. 2006.

［19］宋心琦. 高崇熙：永远的怀念（高崇熙教授纪念塑像落成纪念文集）［M］. 北京：清华大学出版社，2008.

［20］赵匡华. 张青莲教授九五华诞志庆集［M］. 北京：北京大学化学学院，2003.

［21］上海药物研究所编. 谢毓元论文选集（内部资料）. 上海药物研究所，2004.

［22］中国科学院上海药物研究所简史［EB/OL］. 中科院上海药物所网站，http：//www.simm.cas.cn/gkjj/lsyg/.

［23］上海药物研究所. 继往开来，再创辉煌——中国科学院上海药物研究所七十年光辉历程（1932—2002）（内部资料）. 上海药物研究所，2002.

［24］全国血吸虫病研究委员会编辑小组. 血吸虫病研究资料汇编1956年［C］. 上海：上海卫生出版社，1957.

［25］单刚，王英辉. 岁月无痕——中国留苏群体纪实［M］. 北京：中央编译出版社，2007.

［26］李滔编. 中华留学教育史录（1949年以后）［M］. 北京，高等教育出版社，2000.

［27］北京外国语大学编. 北京外国语大学志（1941—2000）［M］. 北京：北京外国语大学，2011.

［28］李鹏. 建国初期留苏运动的历史考察（博士学位论文）［D］. 上海：华东师范大学，2008.

［29］СЕ ЮЙ-ЮАНЬ（谢毓元）. ИЗУЧЕНИЕ ПУТЕЙ СИНТЕЗА ДЕДИМЕТИЛАМИНОДЕЗОКСО-ТЕТРАЦИКЛИНОВ（4-去二甲基胺，12-去氧四环素合成途径之研究）（副博士论文）［D］. 苏联，1961.

［30］上海药物研究所. 主要科技成果选编1954—1984和1985—1996年（内部资料）.

[31] 郭保璋. 中国化学史略[M]. 南宁：广西教育出版社，1995.

[32] 中国化学会编. 中国化学会史[M]. 上海：上海交通大学出版社，2008.

[33] 董光壁编. 中国近现代科学技术史[M]. 长沙：湖南教育出版社，1997.

[34]《科学家传记大辞典》编辑组编. 中国现代科学家传记[M]. 北京：科学出版社，1991.

[35] 王扬宗，曹效业. 中国科学院院属单位简史[M]. 北京：科学出版社，2010.

[36] 樊洪业. 中国科学院编年史（1949—1999）[M]. 上海：上海科技教育出版社，1999.

[37]《院史资料与研究》（内部资料）. 北京：中国科学院院史文物资料征集委员会办公室办刊.

[38] 白春礼编. 杰出科技人才的成长历程[M]. 北京：科学出版社，2007.

[39] 杨正润著. 现代传记学[M]. 南京：南京大学出版社，2009.

[40] 讴歌著. 协和医事[M]. 北京：生活.读书.新知三联书店，2007.

[41] 金良浚、季明明. 研究体制改革[M]. 北京：北京现代管理学院，1986.

[42] 项目专家咨询组. 世界银行贷款中国重点学科发展项目评价报告. 北京：北京大学出版社[R]，2000.

[43] 华仁长. 我的科学生涯[M]. 上海：上海文化出版社，2011.

[44] 竺可桢. 竺可桢日记[M]. 上海：上海科技教育出版社，2005.

[45] 杨澜，朱冰. 一问一世界[M]. 南京：江苏人民出版社，2011.

[46] 唐纳德·里奇著，王芝芝，姚力译. 大家来做口述历史（第二版）[M]. 北京：当代中国出版社，2006.

[47] 刘深著. 葛庭燧传[M]. 北京：科学出版社，2010.

[48] 叶永烈著. 钱学森[M]. 上海：上海交通大学出版社，2010.

[49] 张纯如. 蚕丝——钱学森传[M]. 北京：中信出版社，2011.

[50] 徐中约. 中国近代史：1600—2000 中国的奋斗[M]. 北京：世界图书出版公司，2008.

后 记

2011年5月，在接受了采集工程项目培训后仍懵懵懂懂之际，我们带着项目书叩响了谢毓元院士办公室的大门。若早知它是如此浩大的一项工程，我们敢接手吗？至今仍在问自己这样一个问题。正可谓无知者无畏，我们这样一组没有丝毫近代史、科技史背景的小组，逐渐拉开了采集工程项目的序幕。

首先是从零学习口述史，买来或借来厚厚的科技史及近代史书籍，普及一下最基础的历史知识，这对于理解传主在每个时期的历史大背景非常有帮助。当然时间不等人，通常是边学习边开展工作，记得初次视频采访时，好像采访人比受访人还要紧张，好在谢先生总是那么随和、随意，从不会给我们增加任何压力，紧张的情绪也逐渐淡去。随着采访和撰写的不断深入，越来越被谢先生所吸引，不仅是他本人，还有他的家庭、他的经历，都吸引着我们去探究，去还原。第一次知道，还原历史是如此之难，需要太多的旁证。有时为了证明一个小小的问题，要查阅厚厚的几本书。不过，这不正是本次采集工程项目意义所在吗？尽可能地还原当时的历史，为后人提供借鉴。付出是巨大的，但收获更是丰厚，至少为我们打开了一个完全不同以往的领域，一种用史学眼光看问题的态度。

当然更多的是受到老先生的感染。在采访中他经常是不拘小节，直抒胸臆。不自觉间他真性情的流露，他淡泊名利、随遇而安的处世方式，都深深影响着我们，若能将这些内容在研究报告中真实地表达出来，在如今急功近利的年代，也未尝不是一个很好的教育素材。倍感信任的压力，也给了我们无穷的动力，好像已经不仅仅是为一个项目而做这样的事情，只为了让自己少些遗憾，尽力而为！此稿交付之际，仍感惶恐万分，还有很多内容需要补充、细化，还有很多疑点需要核实、考证。传主的一生是丰富多彩的，我们仍需要掌握更多的资料才能将研究报告完善。

项目已经进行两年多，在这段时间里有太多让我们感动的人和事，借此机会给予感谢！最应该感谢的就是谢先生本人的配合和支持。印象很深的一次是2012年5月对谢先生的第四次视频采访，我们把他专程从浦西请到药物所浦东张江拍摄，那天接连拍摄了四五个场景，要做不同的姿势，他全程极力配合，实为难得。还有一次是听说我们因实物资料太少而受到批评时，曾两度搬家的老先生是拼了老命帮我们翻箱倒柜地找实物，就是在这次搜集实物中，他将自己珍藏多年的学术交流时的幻灯胶片，从苏联带回的化学结构式画图板、手电筒、台灯，在实验室用过的剪刀，去印度学术交流时的笔插，以及与日本福田俊博士的所有来往信件，等等，一并找出并交予我们。他的认真和体恤让我们感动万分！

项目小组的成员，除了组长在项目后期可以抽身专职做这项工作，其他人员都是兼职。毛汝倩作为整个药物所的网络主管人员，辛苦忙碌自不必细说，但她坚持参与每一次视频采访并承担部分采访工作，在两次实地采访之行中，更是尽心尽力，在组长几乎是路盲的情况下，由她一路安排和指引，我们才顺利完成实地考察。撰写报告需要安静的环境，她在工作时间却难得这样的时刻，只好抽出元旦和春节的时间，完成报告第八章的撰写。杨春皓老师是传主的关门弟子，药物所课题组长，也承担着研究生教学工作，他肩上的任务更为繁重。即便如此，他也是抽出2012年整个国庆节和几个周末的时间，突击完成报告第六章和第七章的二、三小节。沈燕京老师，和谢先生相识多年，还是牌友，在几次重要的资料采集中，都起到引线搭桥的作用。没有大家拧成一股绳的力量，我们很难完成到现在的程度。

感谢所有受访人员，包括已经96岁高龄的谢毓寿先生，92岁高龄的丁光生先生，以及陈文致、严雪铭、胡玉麟、费开逵、胥彬等各位老师。还要感谢所有帮助过我们的人员，药物所退管会的毛云妹老师不厌其烦地为我们介绍一些相关老同志；北京外国语大学档案室的黄春香馆长，为我们调查留苏预备班情况尽可能提供便利；清华大学化学系的时燚老师热心地带我们去化学馆各处搜寻相关资料，并赠送几本内刊；苏州档案馆的蒋老师为我们讲解苏州的变迁并帮助从数据库中调取所有与传主有关的资料；还有苏州中学校史馆的朱九如老师、大儒中心小学校长杜坚民老师、谢毓元的外甥孙豪先生等等，不再一一赘述。没有各位倾力相助，我们实难完成这项任务。

当然，这项工作更离不开传主子女的理解和支持。谢先生的儿子谢家叶定居美国，闻听此事，连夜为我们书写了一篇回忆性文稿，将父亲为人为学为父进行了概述；文中极富感情和才情，特作为附记。谢先生的女儿叶家苏，接替已故母亲的任务，照顾老先生的生活起居。在报告成稿之际，她于2013年春节期间仔细审阅，并对细微处进行审校和修改。谢先生的学生在得知此事之后，也纷纷义不容辞地撰文，为采集小组提供更多的细节，特选几篇作为附记。

采集工程项目工程浩大，却是刻不容缓、功德无量的事情，做此次项目时更是深有体会。谢先生从事药化方面研究，早年和他一起共事并对他非常了解的几位化学方面的老先生，如赵承嘏先生、高怡生先生、嵇汝运先生等均驾鹤西去，对这块历史仅能从少量文字记载和部分档案中获取，这是远远不够的。

李明辉
2013年2月26日